乳幼児期における発達障害の理解と支援
②

知っておきたい
発達障害の療育

尾崎康子/三宅篤子
[編著]

ミネルヴァ書房

「乳幼児期における発達障害の理解と支援」刊行にあたって

　近年，発達障害に対して注目が集まっています。以前の特殊教育の時代には，障害は，知的障害，視覚障害，聴覚障害，肢体不自由などに分類されており，発達障害は，障害分類名として位置づけられていませんでした。それは，社会的にも法的にも適切な対応がなされていなかったことを表しています。その後，発達障害に対する社会的認知度が高まるにつれ，発達障害児への支援の必要性が各方面から指摘されようになりました。そして，2005年に発達障害者支援法ができ，2007年には特別支援教育が開始されたことにより，発達障害はたちまち多くの人によって認識されるとともに，文部科学省による2012年の調査で小中学校には6.5％の発達障害児がいることが報告されて，発達障害は決して稀な障害ではないことに社会は大きな驚きを覚えたものでした。

　乳幼児期の発達障害についても，この社会的背景の中で大きな関心が寄せられるようになりました。発達障害，特に知的障害のない場合には，従来，乳幼児期に診断されることは僅少でした。多くは「発達が気になる子」「ちょっと変わった子」として幼稚園や保育所に在籍して，一般の保育を受けていました。しかし，最近では，多くのアセスメントが開発され，幼児期に診断されることが多くなり，より早期に支援を受けることが可能になってきました。

　一方では，近年，発達障害に対する医学的心理学的研究が飛躍的に増えてきました。発達障害の早期発見と早期療育の重要性は，以前から叫ばれてきたことではありましたが，研究知見の蓄積によりその重要性はエビデンスに支えられた主張となりました。

　このように大きく変わってきた発達障害乳幼児を取り巻く状況について，多くの情報が世の中に流されていますが，それらが断片的に発信されるばかりであれば，相互の関係を知ったり，全体を捉えたりすることが難しくなります。そこで，発達障害の乳幼児を取り巻く状況を理解するためにも，まずは全体像を概観することが必要と考えて，本シリーズの刊行にいたりました。第1巻では「発達障害のアセスメント」，第2巻では「発達障害の療育」について，国内外の現況を把握し，深く理解できる内容にしました。本シリーズの出版を契機として，発達障害の乳幼児に対する支援が充実することを願っております。

　なお，本シリーズでは，発達障害のうち，自閉症スペクトラム障害，注意欠如・多動性障害，知的障害を取り上げています。学習障害も発達障害の一つですが，乳幼児期に学習障害が診断されることはほとんどなく，乳幼児期の療育も確立されていないため，今回は残念ながら取り上げませんでした。学習障害も乳幼児期にすでに一定の特徴を示していると言われており，今後乳幼児期の療育が開発されていくことを望んでいます。

　最後になりましたが，本シリーズ出版にあたり，企画段階から尽力をいただいたミネルヴァ書房の浅井久仁人氏に深く感謝いたします。

2015年秋　尾崎　康子
三宅　篤子

はしがき

　近年，日本における発達障害の早期支援を取り巻く状況は大きく変化してきました。発達障害者支援法では，乳幼児期から就労までを見通した発達支援の体制づくりが進められています。特別支援教育制度では，小中学校だけでなく幼稚園においても障害の状態に応じた個別の指導計画を立てることが求められるようになりました。また，発達障害の早期療育については，国内外で療育法の開発が相次ぎ，現在は数えきれないくらいの療育法が存在しています。

　しかし，実際の発達障害児を取り巻く状況が大きく改善されたかというと，必ずしもそうとは言えません。現実には，親や支援者にとって目の前の発達障害児にどのような療育をすればいいか分からないという状況がみられます。数えきれないくらいの療育法があっても，それがどのような内容で，どのような背景理論をもっていて，どのような子どもに適用するのがよいかが分からないのです。しかも，療育法の中には，ある子どもに適用するとかえってマイナスの結果を生むことがあるかもしれません。あるいは，その時，子どもに有効に働いていても，時間が経過すると，悪影響がでてくるかもしれません。

　そこで，我々は，親や支援者がその子どもにとって有効な療育法を選択できるために，現在提案されている多数の療育法を整理することが必要であると強く感じ，本書を企画しました。第1章では，発達障害乳幼児への療育に対する理解を深めるために，発達障害全体の療育について総合的に論じ，第2章からは発達障害ごとの療育の各論，すなわち，第2章は自閉症スペクトラム障害，第3章は知的障害，第4章は注意欠如・多動性障害に対する療育を具体的に記載しました。そして，最後の第5章では，発達障害全体の家族支援を論じました。そこでは，背景理論を理解しそれを支援に繋げるための専門的知識を提供した上で，現在，国内外で行われている療育を背景理論ごとに整理しました。また，国際的に認められており，国内においても良く知られている主要な療育については詳細に紹介しました。紹介にあたっては，最新の研究知見をまとめるとともに，療育法や手続きなどを図や写真で示しながらわかりやすく記載しました。同時に，療育のイメージがわかるように可能な範囲で事例を挿入しました。また，さらに学びたい人のために，章や項の最後に，参考となるリソースを掲載しました。それらを活用して，実際の療育に繋げていかれることを望んでおります。

　なお，本書に掲載されている事例は，本人や保護者の許可を得て個人が特定されないように改変したり，複数の事例を組み合わせて架空事例にしたものであることをご了承ください。

　乳幼児期はそれほど長い期間ではありません。この療育がだめなら次はこれをするというほどの時間的猶予はありません。本書が，可塑性の高い重要な乳幼児期において子

どもが最適な療育法が受けられるための一助になれば，我々にとってこれ以上の喜びはありません。

2015年秋　尾崎　康子
三宅　篤子

知っておきたい　発達障害の療育

目　次

「乳幼児期における発達障害の理解と支援」刊行にあたって

はしがき

障害名称等の表記について

第1章　発達障害の療育

1　乳幼児期における発達障害 …………………………………………… 2
2　発達障害の早期療育 …………………………………………………… 4
3　発達障害の早期発見と早期療育 ……………………………………… 6
4　早期療育における留意点 ……………………………………………… 8

第2章　自閉症スペクトラム障害（ASD）の療育

1　自閉症スペクトラム障害とは ………………………………………… 12
2　自閉症スペクトラム障害児への療育の歴史 ………………………… 17
3　自閉症スペクトラム障害児への療育 ………………………………… 19
コラム　自閉症スペクトラム障害の治療法とそのエビデンス…27
4　自閉症スペクトラム障害児への療育法 ……………………………… 33
　1）行動的アプローチ
　　① 応用行動分析（ABA）…34
　　② 機軸行動発達支援法（PRT）…40
　　③ 認知行動療法（CBT）…47
　　④ ソーシャルスキルトレーニング（SST）…54
　2）発達論的アプローチ
　　① DIR/Floortime モデル…61
　　② 対人関係発達指導法（RDI）…70
コラム　社会語用論的アプローチ…77
　3）包括的アプローチ
　　① TEACCH…83
　　② SCERTS モデル…92

③ アーリースタートデンバーモデル（ESDM）…101
　4）コミュニケーションスキルの療育法
　　　① 拡大代替コミュニケーション（AAC）…105
　　　② 絵カード交換式コミュニケーションシステム（PECS）…110
　　　③ ソーシャルストーリーズ…118
　　　④ コミック会話…123
　5）感覚統合療法（SIT）…128
コラム　海外の感覚運動統合の動向…140
コラム　海外の運動指導の動向…147

第3章　知的障害の療育

1　知的障害とは……………………………………………………………152
2　知的障害児への療育の歴史……………………………………………156
3　知的障害児への療育……………………………………………………159
4　知的障害児への療育法…………………………………………………164
　1）ダウン症の早期療育プログラム…165
　2）ポーテージプログラム…171

第4章　注意欠如・多動性障害（ADHD）の療育・治療

1　ADHDとは………………………………………………………………178
2　ADHD概念の歴史的変遷………………………………………………183
3　ADHD児への療育・治療………………………………………………184
4　ADHD児への療育・治療法……………………………………………188
　1）教育・療育的介入…189
　2）心理社会的介入…198
　3）薬物療法…205

第5章　家族への支援

1　家族支援の動向…………………………………………………………216
2　親の立場と親支援………………………………………………………217

3　発達障害の家族支援プログラム ……………………………………………217
4　家族支援の方法 ……………………………………………………………222
　1）ペアレントトレーニング（PT）…223
　2）トリプルP…231
　3）NAS アーリーバードプログラム：NAS EarlyBird Programme…239
　4）More Than Words プログラム…251

障害名称等の表記について

本書内では，障害の名称として，「自閉症スペクトラム障害」「注意欠如・多動性障害」「知的障害」を用いるが，以下に示す様々な名称とその略称を文脈に応じて使用することがある。

1. 自閉症スペクトラム障害（ASD）に関する名称
① DSM-5 日本語版
- 自閉スペクトラム症又は自閉症スペクトラム障害（Autism Spectrum Disorder：ASD）

② DSM-IV 及び DSM-IV-TR 日本語版
- 広汎性発達障害（Pervasive Developmental Disorders：PDD）
- 自閉性障害（Autistic Disorder）
- アスペルガー障害（Asperger's Disorder）

③ ICD-10 日本語版
- 広汎性発達障害（Pervasive Developmental Disorders：PDD）
- 自閉症（Autism, Autistic Disorder）
- アスペルガー症候群（Asperger's Syndrome）

④ 文部科学省「今後の特別支援教育の在り方について（最終報告）」(2003)
- 広汎性発達障害
- 自閉症（Autistic Disorder）
- 高機能自閉症（High-Functioning Autism）
- アスペルガー症候群

⑤ 発達障害者支援法（2004）
- 広汎性発達障害
- 自閉症
- アスペルガー症候群

2. 注意欠如・多動性障害（ADHD）に関する名称
① DSM-5 日本語版
注意欠如・多動症又は注意欠如・多動性障害（Attention-Deficit/Hyperactivity Disorder：ADHD）
② DSM-IV 及び DSM-IV-TR 日本語版
注意欠陥／多動性障害（Attention-Deficit/Hyperactivity Disorder：AD/HD）
③ ICD-10 日本語版
多動性障害（Hyperkinetic Disorders）

④ 文部科学省「今後の特別支援教育の在り方について（最終報告）」(2003)
注意欠陥／多動性障害（Attention-Deficit/Hyperactivity Disorder：ADHD）
⑤ 発達障害者支援法 (2004)
注意欠陥多動性障害
⑥ 日本精神神経学会「精神神経学用語集改定 6 版」(2008)
注意欠如・多動性障害（Attention-Deficit/Hyperactivity Disorder：ADHD）

3. 知的障害に関する名称
① DSM-5 日本語版
知的能力障害（知的発達症あるいは知的発達障害）(Intellectual Disability (Intellectual Developmental Disorder))
② DSM-IV および DSM-IV-TR 日本語版
精神遅滞（Mental Retardation）
③ ICD-10 日本語版
知的障害（精神遅滞）(Intellectual Disability (Mental Retardation))
④ 文部科学省「就学指導資料」(2002)
知的障害
⑤ 精神薄弱の用語の整理のための関係法律の一部を改正する法律 (1998)
知的障害

4. その他
いくつかの療育法では商標として登録されている場合があるが，文中の表記において煩雑をさけるため，Ⓡや TM の表示は行っていない。

第 1 章

発達障害の療育

1 乳幼児期における発達障害

（1）発達障害とは

　従来の特殊教育では，障害種類は，「知的障害」「視覚障害」「聴覚障害」「肢体不自由」「病弱・身体虚弱」「情緒障害」に分類されていた。この中には「発達障害」という分類もなく，その概念もあいまいであった。しかし，発達障害を取り巻く状況は，2000年代になると一変する。発達障害は，教育，保育，臨床心理，矯正の各分野で重要なキーワードとなり，発達障害への対応が迫られるようになった。

　その大きな転機となったのが，2005年に施行された発達障害者支援法であり，2007年から始まった特別支援教育であった。発達障害者支援法において，日本で初めて発達障害が法律上で明文化された。そして，特別支援教育では，発達障害が教育対象として正式に位置づけられたのである。

　それでは，発達障害とは具体的にどのような障害なのか。発達障害者支援法第2条に発達障害の定義が書かれている。その全文は以下の通りである。

発達障害者支援法（平成17年4月1日施行）
第二条　この法律において「発達障害」とは，自閉症，アスペルガー症候群，その他の広汎性発達障害，学習障害，注意欠陥多動性障害，その他これに類する脳機能の障害であって，その症状が通常低年齢において発現するものとして政令で定めるものをいう。

　すなわち，発達障害者支援法では，発達障害は，広汎性発達障害，学習障害，注意欠陥多動性障害，その他の脳機能障害と定義された。ところが，「発達障害」を文字通り解釈すると発達の障害であり，その筆頭に挙げられる知的障害がこの発達障害の定義に含まれないのである。この背景には，我が国の社会的事情があった。知的障害に関する法律はすでに確立しており，行政の施策も手厚く行われていたが，自閉症，学習障害，注意欠陥多動性障害については，法律も施策も制定されておらず，学校教育においても全く対応がなされてなかった。そこで，これまで法律や施策の対象から外れていたこれらの障害に焦点を合わすために作られたのが発達障害者支援法であった。しかし，この定義は，法律だけに留まらなかった。文部科学省がこの定義に追随するという声明を出したことにより，我が国の様々な領域で，発達障害の定義から知的障害が除かれることになった*。

　　＊本書では，発達障害の分類に，知的障害を加えて記載していく。

（2）DSM-IV-TR から DSM-5 への改訂に伴う用語の取り扱い

　米国精神医学会の診断マニュアルである Diagnostic and Statistical Manual of Mental Disorders（DSM）は，2013年5月に第5版が刊行され，DSM-5 となった。それまでの

DSM-IV-TR では，自閉症の上位概念として広汎性発達障害があり，その中に自閉性障害，アルペルガー障害，レット障害，非定型の広汎性発達障害が含まれていたが，DSM-5 では，下位区分をなくして自閉スペクトラム症／自閉症スペクトラム障害（Autism Spectrum Disorder）と総称されることになった。

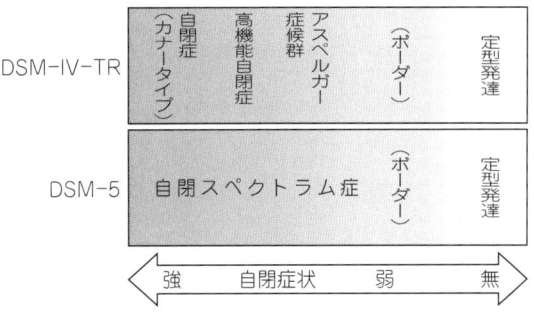

図表1-1 DSM-IV-TR と DSM-5 の対応に関する概念図

図表1-1 に，DSM-IV-TR の用語と DSM-5 の用語を対応した概念図を示す。

Attention-Deficit/Hyperactivity Disorder の名称は，DSM-5 でも継続して使われているが，日本語訳は，注意欠陥／多動性障害から注意欠如・多動症に変更された。

(3) その他の発達障害の定義

自閉症，知的障害，注意欠陥／多動性障害の定義は，米国精神医学会の DSM，世界保健機構（WHO）の ICD（International Statistical Classification of Diseases and Related Health Problems），そして我が国では文部科学省によって，それぞれの定義が公表されている。現在，DSM-5 と ICD-10 の定義は異なっているが，ICD-11 への改訂を視野に入れながら，ICD と DSM の定義の統合が検討されている。

文部科学省における自閉症と注意欠陥／多動性障害の定義は，「今後の特別支援教育の在り方について（最終報告）」（平成15年3月文部科学省），知的障害は，「就学指導の手引き」（平成14年6月文部科学省特別支援教育課）を参考に作成されており，以下にそれらの定義を示す。

(1) 自閉症（Autistic Disorder）の定義

自閉症とは，3歳位までに現れ，①他人との社会的関係の形成の困難さ，②言葉の発達の遅れ，③興味や関心が狭く特定のものにこだわることを特徴とする行動の障害であり，中枢神経系に何らかの要因による機能不全があると推定される。

(2) 注意欠陥／多動性障害（Attention-Deficit/Hyperactivity Disorder：ADHD）の定義

ADHDとは，年齢あるいは発達に不釣り合いな注意力，及び／又は衝動性，多動性を特徴とする行動の障害で，社会的な活動や学業の機能に支障をきたすものである。また，7歳以前に現れ，その状態が継続し，中枢神経系に何らかの要因による機能不全があると推定される。

(3) 知的障害の定義

知的障害とは，記憶，推理，判断などの知的機能の発達に有意な遅れがみられ，社会生活などへの適応が難しい状態をいう。

(4) 本書で用いる用語

上述のように，発達障害の用語は，現在，国内外で混在している状況である。本書で

は，我が国で広く一般に使用されている，「自閉症スペクトラム障害（Autism Spectrum Disorder：ASD）」と「注意欠如・多動性障害（Attention-Deficit/ Hyperactivity Disorder：ADHD）」の用語を用いることにする。

ただし，療育方法，論文，著作などでは，発表された時代によって様々な表記方法（例えば，自閉症，アスペルガー症候群など）が使われている。それらを引用する場合は，当時の表記方法を用いる。

＊詳しくは，viiページの「障害名称等の表記について」を参照。

2　発達障害の早期療育

（1）療育とは

療育という言葉は，1948年に肢体不自由児の父と言われた高木憲次が発表した造語であり，医療と育成を表している。しかし，現代では，療育は，肢体不自由から発達障害まで幅広い障害を対象とし，医療・保健・作業療法・理学療法・言語聴覚療法・保育・教育などの広い領域を含有している。療育という用語は，障害のある子どもに対して特別な配慮をした方法で関わるアプローチとして，広義の意味で用いられるようになった。

（2）障害幼児の療育の歴史

我が国の障害児教育は，明治時代に始まって以来，これまでに多くのノウハウが蓄積され，設備や体制が整備されてきたが，その対象と内容は，あくまで学校教育の範疇であり，乳幼児への対応にまで及ぶことはほとんどなかった。それに対して，乳幼児の障害児に関心をよせたのは，主に，母子保健の分野であった。それは，障害の早期発見と早期診断の必要性から始まった。1965年に母子保健法が公布され，乳幼児健診が義務づけられるようになると，健診が障害の早期発見の場として期待されるようになった。早期発見されれば，それに対する早期療育が求められるようになる。そのようなニーズのもとに，1968年以降，障害幼児のための療育の場や施設が徐々に開設されていった。

障害幼児の通園事業への行政の取り組みは，1972年に厚生省が「心身障害児通園事業実施要綱」を通知したことに始まる。その後，1996年に，「障害者プラン－ノーマライゼーション七か年戦略」の一つとして障害児（者）地域療育等支援事業が行われるようになった。その内容は，「各都道府県域において，療育に関する専門的指導等を行うことができる，障害療育の拠点となる施設の機能の充実を図るとともに，市町村が行う心身障害児通園施設事業等の地域療育に対し，障害児通園施設等が指導・支援する事業を，概ね人口30万人当たり2ヵ所ずつ目標として実施する」というものであった。これらの通園事業により，障害幼児の療育体制が全国的に整備される方向に進むことになった。

2005年には発達障害者支援法が施行され，2007年には特別支援教育が本格的に開始された。これにより，障害児者に対して誕生から死ぬまでの生涯発達にわたる一貫した支援を行うことが求められ，乳幼児期における療育も注目されるようになった。しかし，

障害児が身近な地域でサービスを受けられる支援体制はまだまだ十分な状況ではなかった。そこで，2012年4月の児童福祉法の一部改定の施行に伴い，身近な地域で支援を受けられるよう障害種別等に分かれていた障害児施設を通所・入所の利用形態別に一元化された。特に，通所型については，量的拡大を図る観点から地域の実情に応じた整備を促すことが目指された。障害児通所支援の一つに位置づけられた「児童発達支援」では，身近な地域で質の高い支援を必要とする児童が療育を受けられる場を提供することが求められた。

我が国の療育の歴史は，肢体不自由の治療と育成という観点から始まったが，社会のニーズに応えながら，21世紀以後急速に体制整備が進むようになり，療育は，身体障害，知的障害，発達障害の子どもを対象にした発達支援へと拡大していった。

（3）発達障害の療育の現状と課題

療育は，主に障害児通所施設や入所施設で実施されているが，その他に大学や専門機関の相談室，病院や保健所の関係機関，民間の教室やグループなどで行われている。それらで行われている方法は，大きく集団療育と個別療育に分けられる。どちらか一方を行うかそれとも両方を行うかは，それぞれの施設や機関の特性に合わせて選択される。障害児通所施設では，①精神発達の遅れや種々の障害をもつ子どもを対象に，②子どもの発達段階や特性に合わせた生活課題を設定し，③スモールステップで進み，④少人数のグループやクラス編成で，⑤子どもよりも大人（母親や保育士）との関係を軸にした集団療育を中心に据えることが一般的に行われている。集団療育の内容としては，遊びや体操などの保育を主体にして，規則的な日常生活の活動や基本的生活習慣の確立を行う。また，個別療育は，一人一人の子どもの特性と能力に合わせたきめ細かな対応を行うことが基本である。作業療法士，理学療法士，言語聴覚士，心理士などがいる場合は，基本的に，個別療育の形態で行われる。集団療育と個別療育にかかわらず，国内外で開発された療育の理論や手法を取り入れる試みは行われているが，一つの理論と手法だけに依拠するのではなく，必要に応じて取捨選択して複数取り入れていることが多い。

国内外で開発されている療育法には様々な種類があり，それぞれ背景理論，目的，方法，対象の障害などが異なっている。そのため，子どもに適用する際には，子どもや親のニーズと特性に合わせて療育法を用いることが求められる。子どもにとって必要ならば，いくつかの技法を組み合わせることも有用であろう。また，子どもの成長ごとに有効な技法を変える必要があるだろう。自分が慣れている手法だけを頑なに実施するのではなく，多くの療育法に関する専門的知識をもとに子どもに適した手法を選んでいくという，柔軟な姿勢で臨むことが大切である。

しかし，現在，開発されている療育法は，膨大な数にのぼり，それらを正確に把握することは難しい。それらの中には，療育効果に対して賛否両論があるものもあり，療育方法の正否を判断することが求められる。現代は，多くのメディアを通して療育の情報が提供されており，療育方法を把握しやすいと思われがちであるが，断片的な情報があふれて療育の全体像がわからなかったり，逆に情報が多すぎて整理できない状況を呈し

ている。最近では，この状況に対応するために，過剰な情報を整理して，専門家や親に提供する取り組みが行われている。2001年には，米国学術研究会議（National Research Council：NRC）が ASD 児の臨床実践の研究について組織的な総覧を行い，ASD 児のためのエビデンスに基づく臨床実践のガイドラインを提供した。また，療育法のエビデンスを比較検証する文献調査研究が行われたり，Web サイトで療育法を整理した情報が提供されている（例えば：raising children network, AUTISM SPEAKS）。

さらに我が国の課題として，研究で得られた効果的な療育法も研究者や NPO などの団体のレベルで留まっていることがあげられる。これを臨床現場に生かしていくためには行政と一体になった体制作りが欠かせない。最近では，地方自治体と研究者が共同して療育システムの構築を行っている例が報告されるようになった（例えば：大神，2008）。これらの取り組みが全国に広がっていくことが期待される。

3 発達障害の早期発見と早期療育

（1）早期発見と早期療育の重要性

早期発見と早期療育の重要性は，以前から叫ばれていることであった。しかし，近年では，第1巻で紹介したように，障害の診断検査やスクリーニング検査が多数開発され，早期発見の精度が，格段に向上してきた。また，早期発見された子どもに対して早期療育を行った結果を検証する研究が行われ，早期療育の効果が明らかになってきた。

早期発見・早期療育の効果を調べるために，NRC（2001）は，既存研究のレビューを行っている。出生から8歳までの ASD 児の早期介入の効果を調べた研究を集めて比較検討した結果，無作為選定による十分に統制された研究はほとんどないものの，様々な方法を用いた多数の研究に介入の有意な効果が認められたと結論づけた。

NRC は，それらの知見から，自閉症スペクトラム障害への効果的な介入に認められる要因を挙げた。主な項目は以下の通りである。

1. 自閉症スペクトラム障害が疑われれば，ただちに介入プログラムを開始する。
2. 日常的に，大人から十分な個別的配慮を受ける。
3. ペアレントトレーニングのような親支援の要素が入っている。
4. プログラムに対応してアセスメントを継続して行う体制が整っている。
5. 優先すべき指導は，①機能的，自発的コミュニケーション，②設定ごとに社会的状況を説明する，③仲間との相互作用に焦点をあてた遊びのスキル，④自然な文脈の中で新しいスキルを維持し般化する，⑤問題行動に対応する機能的アセスメントと肯定的な行動のサポートである。

また，Roberts & Prior（2006）は，自閉症の早期療育の効果に関するエビデンスのレビューを行い，早期療育によって自閉症スペクトラムの症状を改善すること，早期療育が発達を促進することを報告している。しかし，これらの早期療育の効果は，療育直後に調べており，療育後の長期にわたる効果を調べる必要性が指摘されている。

行政においても早期療育の効果について，「障害を早期に発見，療育を行うことにより，障害の軽減，社会適応能力の向上等を期待することができる。」（内閣府，2002a），そして「早期障害のある児童の育成については，できるだけ早期に，適切な医療的リハビリテーション，指導訓練などの療育を行うことにより，障害の軽減及び基本的な生活能力の向上を図り，自立と社会参加を促進している。」（内閣府，2002b）と言及している。

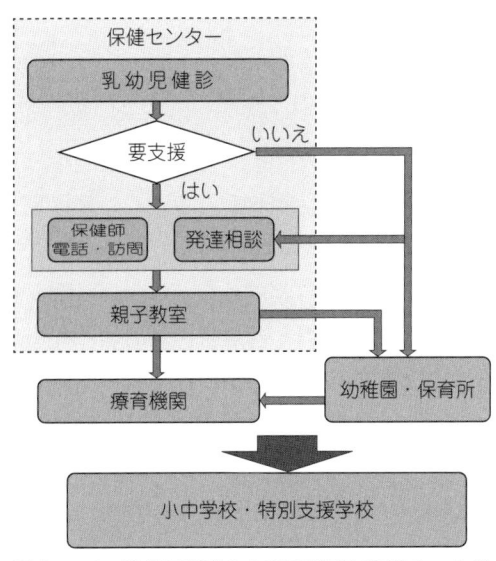

図表1-2　乳幼児健診から教育機関に至るルート例

（2）早期発見から早期療育へ

乳幼児期における早期療育を行うためには，障害の早期発見と早期診断を的確に行うことが必須である。重い障害の場合は，誕生間もない時期に家族が気づき，医療機関を受診して診断されることになるが，障害が軽い場合は，家族も障害であることがわからないことが多い。そこで，早期発見の場として機能しているのが乳幼児健診システムである。我が国の乳幼児健診は，高い受診率を保有する他の国に例を見ない優れたシステムである。そのため，健診で障害の兆候をチェックすれば，早期発見の確率は一段と高まることになる。

乳幼児健診における早期発見から教育機関に至るルートの例を**図表1-2**に示す。乳幼児健診では，医師による問診やスクリーニング検査から障害の兆候を把握し，後日，兆候を示したリスク児に対して精密検診を行う。そこで，早期診断されると，保健師が電話や家庭訪問を行い，親の相談に応じた後，親子教室や療育機関につなげていく。しかし，乳幼児健診ですべての障害をスクリーニングできるわけではない。特に，知的障害を伴わない高機能 ASD，ADHD，LD の障害は，1歳児健診や3歳児健診で早期発見されることが難しい。それらの障害が診断されるのは，幼児期後半になることが多いが，この時期は，ちょうど3歳児健診と就学時健診の間にあたり，公的な健診の空白期間である。そのため，5歳児健診を設けて発達障害の早期発見を進めている自治体もあるが，まだ一部の地域に限られている。

健診で診断されない場合でも，要支援児として親子教室で様子を見ながら，診断がついた時点で療育機関につなげていく。あるいは，健診では全く問題がなかった子どもが，幼稚園や保育所で初めて障害が診断された場合は，療育機関との併行通園を勧めるなど，様々なルートで療育機関とのつながりをもっていく取り組みが求められる。

4　早期療育における留意点

　早期療育は，幼少時から子どもの障害特性に合わせた支援ができること，またそれにより二次的障害を防ぐことができる点で，子どもの発達を支援する有効な方法であることが，広く認められている。しかし，やみくもに療育を行うことは慎まなければならない。子どもの特性と発達状況を的確に把握して，どのような支援が必要なのか，どのような支援が有効なのかについてよく見極めて，療育法を適用していかなければならない。あるいは，たとえその療育法が子どもに適していた場合でも，効果を求めてやり過ぎてはいけない。子どもにとって，幼児期は人生の基盤となる大事な時期である。幼児期に体験すべき楽しい遊び，身につけなければならない基本的生活習慣の確立を保障する時間が必要である。療育ばかりに気を取られて，子どものQOLを損なわないように気をつけなければならない。

　また，子どもだけでなく，家族のニーズにも配慮が必要である。子どもが障害と診断された場合，多くの親は精神的ショックを受ける。その後も悲哀と不安が長く続き，うつ状態になる人も多い。子どもの障害を受容するまでに長い時間がかかると言われている。また，障害児は育て難いことが多く，親は育児ストレスを多大にかかえている傾向にある。このような状況において，親のメンタルヘルスがかなり悪い時に，子どもの療育を勧めても，親は療育に前向きにならないばかりか，負担になってさらにメンタルヘルスが悪化することも考えられる。あるいは，子どもが少しでも良くなるようにと，療育にのめり込む親がいる。そのような場合，夫婦で意見が異なって夫婦関係が悪くなることも見られる。また，きょうだいがいる場合には，障害の子どもばかりに目が向けられ，他のきょうだいは放っておかれることも多い。家族内のバランスに注意をはらい，家族関係が悪くならないように気をつけなければならない。

　療育にあたって注意すべき点を以下にまとめる。

1. 療育の基本は，子どもが楽しく取り組めることにある。発達や能力を伸ばそうとするあまりやりすぎて，子どもの嫌悪体験にならないように注意する。
2. 療育によって障害が治るわけではない。子どもの障害特性や能力に合わせた支援をすることで，子どもが適応的に生活できることを目指す。
3. 幼児期の子どもにとって，遊びは生活の大半をしめる最も重要な活動である。それは障害児の療育でも同じであり，子どもの遊びを保障していかなければならない。
4. 養育者との愛着形成，規則的な日常生活の活動，基本的生活習慣の確立，身体運動発達，コミュニケーション能力の獲得など，幼児期にはこれらの発達課題を子どもに習得させていくことが重要である。
5. 乳幼児の療育においては，親は最良で最強の共同支援者である。療育内容を親に十分に理解してもらい共同で行っていくことが望しい。その際には，親のメンタル

ヘルスを考慮して進めていかなければならない。
6. 子どもや家族のニーズ，そして地域の事情を考慮して早期療育の実施の判断をしていく。

参考となるリソース

厚生労働省社会・援護局障害保健福祉部障害福祉課（2012）．児童福祉法の一部改正の概要について
　http://www.mhlw.go.jp/bunya/shougaihoken/jiritsushien/dl/setdumeikai_0113_04.pdf
文部科学省　特別支援教育について―主な発達障害の定義について―
　http://www.mext.go.jp/a_menu/shotou/tokubetu/004/008/001.htm
内閣府（2002a）．アジア太平洋障害者の十年（1993〜2002年）における障害者施策に関する行動実績　ESCAP「アジア太平洋障害者の十年（1993-2002）」最終年ハイレベル政府間会合報告書
内閣府（2002b）．障害の予防，早期発見，早期療育　平成14年版青少年白書
National Research Council (2001). *Educating Children with Autism*. Washington, D. C.: National Academy Press.
大神英裕（2008）．発達障害の早期支援―研究と実践を紡ぐ新しい地域連携―　ミネルヴァ書房
Roberts, J. M. A., & Prior, M. (2006). *A review of the research to identify the most effective models of practice in early intervention for children with autism spectrum disorders*. Australian Government Department of Health and Ageing, Australia.
AUTISM SPEAKS　　http://www.autismspeaks.org/
raising children network　　http://raisingchildren.net.au/

（尾崎康子）

第 2 章
自閉症スペクトラム障害（ASD）の療育

1 自閉症スペクトラム障害とは

（1）自閉症スペクトラム障害の定義および診断基準

　自閉症スペクトラム障害（Autism Spectrum Disorder：ASD）は，社会的コミュニケーションの困難さ，限定された反復的で常同的な行動，感覚過敏や鈍感さを主症状とし，発達初期からみられる発達障害の一つである。

　国際的に用いられている自閉症の診断基準として，米国精神医学会が作成した精神疾患の診断・統計マニュアル（Diagnostic and Statistical Manual of Mental Disorders：DSM）と世界保健機関が作成した国際疾病分類（International Statistical Classification of Diseases and Related Health Problems: ICD）がある。米国精神医学会では，2013年に公表した DSM 第5版（DSM-5）において自閉スペクトラム症／自閉症スペクトラム障害（Autism Spectrum Disorder）の診断名称を導入した。自閉症状が重度から軽度までスペクトラム（連続体）状にあるという自閉症スペクトラムの概念は，すでに20世紀末には提案されていたが，正式に診断基準が示されたのは DSM-5 が初めてである。

　一方，世界保健機関の国際疾病分類第10版（ICD-10）では，自閉症をスペクトラムとして総称せずに，小児自閉症（Childhood autism），アスペルガー症候群（Asperger syndrome）などの個別の分類表記が用いられている。また，我が国では，文部科学省が自閉症の定義や判断基準を示しており，行政や法律での用語は，必ずしも DSM や ICD に準拠しているわけではない。

　以下，それぞれの診断基準を述べていく。

① DSM における定義と診断基準

　DSM-5 による自閉症スペクトラム障害の診断基準を図表 2-1 に示す。Aの「社会的コミュニケーションおよび対人相互反応に持続的な欠陥」の(1)から(3)の3項目全てにあてはまり，かつBの「行動，興味，または活動の限定された反復的な様式」の(1)から(4)のうち少なくとも2つが認められることにより，自閉症スペクトラム障害と診断される。ただし，症状が「発達初期に存在している」と「現在の機能で社会的，職業的，あるいは他の重要な領域において臨床的に重要な障害を引き起こす」の基準を満たすことが必要である。また，DSM-5 では，重症度を社会的コミュニケーションの障害や，限定された反復的な行動様式に基づいて判断され，特定することになっている。

② ICD-10 における定義と診断基準

　ICD-10 では，「F00-F99 精神と行動の障害」の大分類のもとに「F80-F89 心理的発達の障害」の中分類があり，その中に「F84 広汎性発達障害」が位置づけられている。そして，「F84 広汎性発達障害」の下位分類として，「F84.0 自閉症」「F84.1 非定型自閉症」「F84.5 アスペルガー症候群」などがある（図表 2-2）。

図表 2-1　DSM-5 における自閉症スペクトラム障害の診断基準

自閉スペクトラム症／自閉症スペクトラム障害　Autism Spectrum Disorder
診断基準 299.00（F 84.0）

A．複数の状況で社会的コミュニケーションおよび対人的相互反応における持続的な欠陥があり、現時点または病歴によって、以下により明らかになる（以下の例は、一例であり、網羅したものではない）。

(1) 相互の対人的－情緒的関係の欠落で、例えば、対人的に異常な近づき方や通常の会話のやりとりのできないことといったものから、興味、情動、または感情を共有することの少なさ、社会的相互作用反応を開始したり応じたりすることができないことに及ぶ。

(2) 対人的相互反応で非言語的コミュニケーション行動を用いることの欠陥、例えば、まとまりのわるい言語的、非言語的コミュニケーションから、視線を合わせることと身振りの異常、または身振りの理解やその使用の欠陥、顔や表情や非言語的コミュニケーションの完全な欠陥に及ぶ。

(3) 人間関係を発展させ、維持し、それを理解することの欠陥で、例えば、さまざまな社会的状況にあった行動に調整することの困難さから、想像上の遊びを他者と一緒にしたり友人を作ることの困難さ、または仲間に対する興味の欠如に及ぶ。

B．行動、興味、または活動の限定された反復的な様式で、現在または病歴によって、以下の少なくとも 2 つにより明らかになる（以下の例は、一例であり、網羅したものではない）。

(1) 常同的または反復的な身体の運動、物の使用、または会話（例：おもちゃを一列に並べたり物を叩いたりするなどの単調な常同運動、反響言語、独特な言い回し）。

(2) 同一性への固執、習慣への頑なこだわり、または言語的、非言語的な儀式行動様式（例：小さな変化に対する極度の苦痛、移行することの困難さ、柔軟性に欠ける思考様式、儀式のようなあいさつの習慣、毎日同じ道順をたどったり、同じ食物を食べたりすることへの要求）

(3) 強度または対象において異常なほど、きわめて限定された執着する興味（例：一般的ではない対象への強い愛着または没頭、過度に限局しまたは固執した興味）

(4) 感覚刺激に対する過敏さまたは鈍感さ、または環境の感覚的側面に対する並外れた興味（例：痛みや体温に無関心のように見える、特定の音または触感に逆の反応をする、対象を過度に臭いだり触れたりする、光または動きを見ることに熱中する。

（出所）　American Psychiatric Association, 2013/2014.

図表 2-2　ICD-10 における自閉症スペクトラム障害の診断分類

F00-F99　精神と行動の障害（Mental and behavioural disorders）
　F80-F89　心理的発達の障害（Disorders of psychological development）
　　F84　広汎性発達障害（Pervasive developmental disorders）
　　　F84.0　小児自閉症（Childhood autism）
　　　F84.1　非定型自閉症（Atypical autism）
　　　F84.2　レット症候群（Rett syndrome）
　　　F84.3　その他の小児期崩壊性障害（Other childhood disintegrative disorder）
　　　F84.4　知的障害と常同運動に関連した過動性障害（Overactive disorder associated with mental retardation and stereotyped movements）
　　　F84.5　アスペルガー症候群（Asperger syndrome）
　　　F84.8　その他の広汎性発達障害（Other pervasive developmental disorders）
　　　F84.9　広汎性発達障害、特定不能（Pervasive developmental disorder, unspecified）

（出所）　World Health Organization, 2015.

F84における主な分類コードの症状は、以下の通りである。
ⅰ）F84 広汎性発達障害

対人的相互作用とコミュニケーションのパターンにおける質的障害及び限定された常同的で反復的な関心と活動のレパートリーによって特徴づけられる障害の一群である。これらの質的障害は、すべての状況おける個人の機能に広汎的に認められることに特徴がある。

関連する医学的病態や知的障害を識別する必要がある場合は、追加コードを使用する。
ⅱ）F84.0 小児自閉症

広汎性発達障害の一つの型であり、a）発達の異常あるいは障害が3歳までに認められること、b）精神病理の三つの領域、すなわち、対人的相互作用、コミュニケーション、限定された常同的で反復的な行動において機能障害の独特な様式をもつことによって定義される。これらの特異的な診断特徴に加えて、その他の非特異的な一連の問題（例えば、恐怖症、睡眠と摂食の異常、かんしゃく発作、（自己に向かう）攻撃性）がよく見られる。

さらに下位分類には、自閉的障害（Autistic disorder）、幼児自閉症（Infantile autism）、幼児精神病（Infantile psychosis）、カナー症候群（Kanner syndrome）がある。
ⅲ）F84.1 非定型自閉症

広汎性発達障害の一つの型であるが、自閉症とは、発症年齢が違うかあるいは診断基準の三つの特徴のすべてを満たさないことで異なっている。本項目は、発達の異常や障害が3歳以後にのみ認められる場合で、自閉症診断に要する精神病理の三つの領域（すなわち対人的相互作用、コミュニケーション、限局した常同的で反復的な行動）のある領域において特徴的な異常が認められても、他の一つあるいは二つにおいてかなり明白な異常が見られない場合に使用する。非定型自閉症は、重度知的障害や重度の特異的な受容性言語発達障害を伴う人にもっとも多く生じる。
ⅳ）F84.5 アスペルガー症候群

疾病分類学的な妥当性が明確でない障害であり、自閉症を特徴づけているものと同じ対人的相互作用の質的障害を特徴とし、限定された常同的で反復的な興味と行動のレパートリーを伴っている。本来の自閉症と異なっているのは、言語あるいは認知の発達に全般的な遅延ないし遅滞が見られないことである。この障害は、しばしば顕著な不器用さを伴う。これらの異常は、青年期や成人期の生活にまで持続する傾向が強く認められる。成人期早期に精神病的エピソードが見られることがある。

② 文部科学省における定義と診断基準

文部科学省では、特別支援教育の実施にあたって発達障害の定義を行った。そこでは、自閉症と高機能自閉症の名称を用いて定義を示した（図表2-3）。また、アスペルガー症候群にも言及し、アルペルガー症候群が、知的発達の遅れを伴わず、かつ、自閉症の特徴のうち言葉の発達の遅れを伴わないものであり、高機能自閉症やアスペルガー症候群が、広汎性発達障害に分類されるものであると記載している。

図表 2-3　文部科学省による自閉症及び高機能自閉症の定義

> **自閉症の定義**　〈Autistic Disorder〉
> 　自閉症とは，3歳位までに現れ，①他人との社会的関係の形成の困難さ，②言葉の発達の遅れ，③興味や関心が狭く特定のものにこだわることを特徴とする行動の障害であり，中枢神経系に何らかの要因による機能不全があると推定される。
>
> **高機能自閉症の定義**　〈High-Functioning Autism〉
> 　高機能自閉症とは，3歳位までに現れ，他人との社会的関係の形成の困難さ，言葉の発達の遅れ，興味や関心が狭く特定のものにこだわることを特徴とする行動の障害である自閉症のうち，知的発達の遅れを伴わないものをいう。
> 　また，中枢神経系に何らかの要因による機能不全があると推定される。

（出所）　平成15年3月の「今後の特別支援教育の在り方について（最終報告）」参考資料より．

（2）自閉症に関する概念と用語の変遷

　米国の児童精神科医のカナー（Kanner, L）は，1943年に発表した「情緒的接触の自閉的障害」の論文において，乳幼児期からの生得的な情緒的接触の自閉的障害を主徴とする11症例を報告し，翌年の1944年に，それらを早期幼児自閉症（Early Infantile Autism）と命名した。これによって「自閉症（Autism）」の概念が初めて世の中に示された。この後，自閉症の原因に対して様々な見解が出されていくが，それに伴い自閉症概念も変更されていった（次節を参照）。

　1970年代になって英国のラター（Rutter, M）は，自閉症が心因障害でも統合失調症のような内因性障害でもなく，また脳器質的障害の徴候もないことから，自閉症を発達障害に位置づけた。これに基づき，米国精神医学会の DSM 第3版である DSM-Ⅲ（1980）では，自閉症の上位概念として広汎性発達障害（Pervasive Developmental Disorders：PDD）のカテゴリーを初めて導入した。その後に発表された DSM-Ⅳ（1994）や DSM-Ⅳ-TR（2000）においても引き続き用いられたため，PDD は，長い間にわたり自閉症の上位概念として使用された。DSM-Ⅳ-TR では，PDD の下位分類が次のようになされている。

　① 自閉性障害（Autistic Disorder）
　② レット症候群（Rett's Syndrome）
　③ 小児期崩壊性障害（Childhood Disintegrative Disorder）
　④ アスペルガー障害（Asperger's Disorder）
　⑤ 特定不能の広汎性発達障害（Pervasive Developmental Disorder Not Other Specified）

　一方で，自閉症の臨床と研究が積み上げられてくると，自閉症には重度から軽度まで存在することが指摘されるようになる。そして，アスペルガー障害は社会的コミュニケーション障害の連続体上にあり，アスペルガー障害は自閉症と定型発達の中間的存在であるという考えが議論され（Baron-Cohen, 1995；Wing, 1981），この自閉症状の連続体は，光のスペクトラムになぞらえて自閉症スペクトラムと呼ばれた。

　自閉症スペクトラムの概念は，2013年に公表された DSM-5 に引き継がれることにな

る。DSM-Ⅳ-TRでは，PDDという大きなカテゴリーのもとに自閉性障害，レット障害，小児期崩壊性障害，アスペルガー障害，特定不能の広汎性発達障害の下位分類が含まれていたが，DSM-5では，この下位分類をやめて，それらを総称した自閉症スペクトラム障害を導入した。ただし，レット障害についてはX染色体異常が判明したため除外された。DSMでは，ここに，それまでのPDDの名称は使われなくなるとともに，自閉性障害やアスペルガー障害などのPDDの下位分類も表記されなくなった。すなわち，DSM-5では，自閉症の診断がカテゴリー的診断から量的診断に変更されたことを意味する。

　また，DSM-5ではDSM-Ⅳ-TRとは診断基準の数が異なっている。DSM-Ⅳ-TRのPDDでは，①対人的相互反応の質的障害，②コミュニケーションの質的障害，③行動，興味，および活動の限定された反復的で常同的な様式の3つの症状が示されていたが，DSM-5の自閉症スペクトラム障害では，DSM-Ⅳ-TRの①と②を統合した「社会的コミュニケーションおよび対人的相互反応における持続的障害」と「行動，興味および活動の限定された反復的な様式」の2つになった。なお，新しく「感覚刺激に対する過敏さまたは鈍感さ」が追加された。結局，DSM-5とDSM-Ⅳ-TRでは，診断基準の数は異なるものの同じ内容を含んでいると言えよう。

参考となるリソース

American Psychiatric Association (2013). *Diagnostic and Statistical Manual of Mental Disorders 5th ed. (DSM-5)*. Washington D. C.: American Psychiatric Association.
（米国精神医学会　日本精神神経学会（監修）（2014）．DSM-5精神疾患の診断・統計マニュアル　医学書院）

Baron-Cohen, S. (1995). *Mindblindness: An essay on autism and theory of mind*. Boston: MIT Press Bradford Books.

厚生労働省　疾病，傷害及び死因の統計分類
　　http://www.mhlw.go.jp/toukei/sippei/

文部科学省　特別支援教育について―主な発達障害の定義について
　　http://www.mext.go.jp/a_menu/shotou/tokubetu/004/008/001.htm

Wing, L. (1981). Asperger syndrome: A clinical account. Psychological Medicine, **11**, 115-130.

World Health Organization (2015). International Statistical Classification of Diseases and Related Health Problems 10th Revision (ICD-10)-2015-WHO Version for; 2015
　　http://apps.who.int/classifications/icd10/browse/2015/en#/F80-F89

〈尾崎康子〉

2 自閉症スペクトラム障害児への療育の歴史

　カナー（Kanner, L.）が，1943年に自閉症の症例を発表して以来，自閉症の原因に関する見解が次々と出され，コペルニクス的転回と言われるまでに大きな変更が繰り返されてきた（詳しくは，第1節（2）を参照）。治療方法は原因に応じて考案されてきたため，自閉症の治療方法もまたこれまで様々な変遷を辿ってきた。自閉症研究の初期では，自閉症は後天性情緒障害であり，その原因は母子関係であると考えられていた。そのため，治療は精神療法を中心に行われており，特に，ベッテルハイム（Bettelheim, B.）の「絶対受容」の治療が支持を集めていた。しかし，1960年代以降，自閉症は先天性発達障害と捉えられるようになり，母子関係が自閉症の原因ではないことが明らかになると，これらの治療もまた否定されることになった。

　その後も自閉症の原因として，1967年にラターによる認知・言語障害説が，1980年代には社会性障害説が提唱され，原因仮説は大きく変更されていった。これらの原因仮説は，その後に自閉症の真の原因でないことが検証されたものの，それらの原因に応じて考案された療育方法は，自閉症の障害特性を捉えたものであったため，現在も修正や改良を加えられながら行われているものが多い。

　1960年代には，学習理論に基づいた行動療法や応用行動分析が始まり，対人関係や社会的適応行動に問題をもつ自閉症の対応方法として定着していく。また，言語発達に遅れをもつ自閉症に対して，言語訓練などの言語発達を促す療育法が行われるようになったのもこの頃である。また，同じ1960年代には，米国のノースカロライナ州でショプラー（Schopler, E.）がTEACCHプログラムを創始する。これは，行動理論に加えて認知理論を重視したもので，自閉症の視覚優位性を考慮した構造化を考案するなど，独自の自閉症療育プログラムを確立していった。1970～80年代になると，ロバース法（Lovaas Program），機軸行動発達支援法（Pivotal Response Treatment），ソーシャルスキルトレーニング（Social Skills Training）など，行動療法や応用行動分析をもとにアレンジを加えた様々な療育法が登場してくる。1980年代後半には，社会性の障害が自閉症の中核障害であることが指摘されるが，自閉症の社会性の脆弱性については，それまでに開発されていた行動療法や応用行動分析に基づく行動的アプローチで対応することによって成果をあげており，それらの療育法は引き続き内容の精査とレベルアップをしながら発展していった。

　1980年代までの自閉症の療育は，行動的アプローチとTEACCHが中心であったが，1990年代になると，自閉症治療として新しく発達論的アプローチが提唱されるようになり，状況が異なってきた。発達論的アプローチが登場した背景として，まず，発達心理学を中心に社会的認知発達の研究が進んだことが挙げられる。1980年代後半に，バロン－コーエン（Baron-Cohen, S.）によって，自閉症が心の理論の発達に問題をもつことが指摘され，さらに，それは乳幼児期の共同注意の障害にさかのぼることが主張された。

```
┌─────────────────┐  ┌─────────────────┐  ┌─────────────────────┐
│ 伝統的行動介入  │  │ 現代型 ABA      │  │ 構造化をともなう    │
│                 │  │                 │  │ 社会語用論的/発達論的介入 │
│ 例：ロバース法  │  │ 例：自然言語パラダイム │  │                     │
│                 │  │   機軸行動支援法 │  │ 例：More Than Words プログラム │
│                 │  │                 │  │   アーリーバードプログラム │
└─────────────────┘  └─────────────────┘  └─────────────────────┘
          ┌─────────────────┐  ┌─────────────────┐
          │ 複合型          │  │ 社会語用論的/発達論的介入 │
          │ 例：TEACCH      │  │                 │
          │   SCERTS モデル │  │ 例：DIR/Floortime │
          │   LEAP          │  │                 │
          └─────────────────┘  └─────────────────┘
```

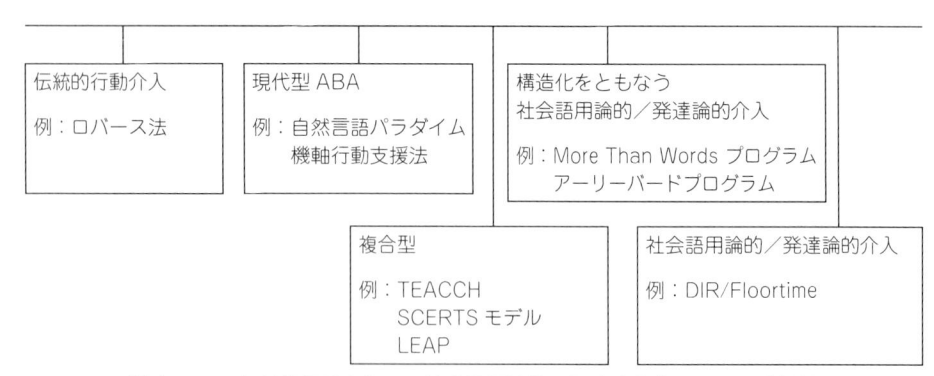

図表 2-4 伝統的行動介入から社会語用論的／発達論的介入までの連続体

(出所) Prizant & Wetherby (1998) を一部改変.

　また，言語獲得の理論家であるトマセロ (Tomasello, M.) は社会-語用論的アプローチを唱える中で，自閉症の共同注意と社会的コミュニケーションの問題を言及した。自閉症の社会的認知発達の障害や偏りは，脳科学者や神経科学者にとっても社会脳との関わりで重要なテーマとなり，脳活動計測によっても検証されるようになった（千住, 2012）。一方では，発達心理学と乳幼児精神保健の学際的領域でも，トレヴァーセン (Trevarthen, C.) が，乳幼児期における間主観性の発達における共同注意の成立に着目し，自閉症への間主観的アプローチが有効であることを主張した。また，我が国では，小林（2000）は，自閉症を間主観性の発達の躓きに由来する関係性障害と捉えて関係障害臨床を行った。

　発達論的アプローチは，社会的認知発達とその関連領域に関する様々な研究知見が蓄積されたことにより可能になった。発達論的アプローチとして最も有名な DIR/Floortime モデルを考案したグリーンスパン (Greenspan, S.) は，これらの定型発達の知見をもとに 8 つの発達段階を作成し，自閉症の発達段階に合わせた支援を行った。また，対人関係発達指導法（RDI）でも同様に，ガットステイン (Gutstein, S. E.) が独自の発達論を展開して療育法を提案している。

　米国では，発達論的アプローチが台頭してきたことに対して，背景理論が異なる行動的アプローチとの対立が起こり，どちらのアプローチに正当性があるかという論争が続いた。しかし，臨床現場では，子どもの特性や発達状況に合わせて，様々なアプローチが併用されており，背景理論が異なっていても子どもに有効であることは示されていた。また，発達論アプローチでも一部応用行動分析の要素を取り入れたプログラムが発案されたり，その逆に，応用行動分析に社会性やコミュニケーション発達に関する知見を取り入れた現代型行動的アプローチと言われるものもみられるようになった。さらには，発達論的アプローチと行動的アプローチの両者を統合する包括的アプローチが登場する。その代表的なプログラムである SCERTS モデルは，有効な理論や方法をすべて統合するというスタンスのもと，発達論的アプローチ，応用行動分析，TEACCH などの方法を取り込み，新たに体系化したものである。

　SCERTS モデルを創設したプリザント (Prizant, B. M.) は，行動的アプローチと発達論的アプローチは，厳格な伝統型行動介入（例えば，ロバース法）と社会語用論的/発達

論的介入（例えば DIR/Floortime）を両極とする連続体上に整理することができると示唆している（Prizant & Wetherby, 1998）（図表 2 - 4）。

　我が国では，これまで自閉症の療育は，主に行動的アプローチが中心であった。発達論的アプローチについては，最近ようやく，DIR/Floortime や RDI が紹介されたばかりであり，実践的な取り組みは一部で行われているに留まっている。今後，発達論的アプローチも受け入れながら，子どもの特性や発達状況に合わせて，様々なアプローチが柔軟に選択できる環境が望まれる。

3　自閉症スペクトラム障害児への療育

（1）自閉症スペクトラム障害の療育の概要

　現在，自閉症スペクトラム障害（ASD）に関して，大変多くの療育法が開発されている（表2A）。それらは，その背景理論によって，「行動的アプローチ」「発達論的アプローチ」「包括的アプローチ」に分けることができる。また，療育の対象スキルによって，「コミュニケーションスキルの療育法」と「感覚運動の療育法」に分けられる。これらは，いずれも欧米で考案された療育法であるが，我が国で独自の観点をもって創始された療育法を「日本発祥の療育法」としてまとめた。療育の詳細な説明は，次節に譲り，ここではアプローチ別に ASD の療育全体を概観していく。

① 行動的アプローチ

　1930年代にスキナー（Skinner, B. F.）が学習理論に基づいて創始した行動療法は，1960年代には，自閉症に対して適用されるようになった。応用行動分析（ABA）とは，行動の法則を生活や臨床活動に適用する実践と研究を示している。学習理論に基づいたあるいは関連した療育法を総称して，行動的アプローチと呼んでいく。

　適用が始まった初期段階では，多くの場合，厳密なオペラント条件づけを用いた行動療法的介入であった。その後，応用行動分析が適用されるが，その手続きは，個別形態で，一連の学習課題を提示して正しい応答に対して報酬を与えるものであった。このような高度に構造化された介入は，伝統型行動的介入であり，その代表的な療育法がロバース法である。その後，日常生活に介入技術を適用し，般化や自発性の向上に焦点を当てた応用行動分析（ABA）が展開される。このような介入は，現代型 ABA と呼ばれる。その代表的な療育法が，機軸行動発達支援法（Pivotal Response Treatment）である。現代型 ABA は，自然主義的行動アプローチとも呼ばれ，現代の応用行動分析の主流となっている。なお，絵カード交換式コミュニケーションシステム（Picture Exchange Communication System：PECS）も応用行動分析に基づいている。

　一方では，1970年代以降，行動療法に認知療法を取り入れた認知行動療法が展開されていく。ソーシャルスキルトレーニング，CAT-kit，ソーシャルストーリーズも認知行動療法に基づくものである。

② 発達論的アプローチ

　発達論的アプローチは，定型発達の研究に基づいた発達論のもとに，子どもが社会的相互作用を行う能力に焦点が当てられ，子どもが他者に注意を向け，他者との相互作用を行い，そしてそれらを通して多様な情動を経験することを支援するものである。

　現在，我が国に紹介されている海外の発達論的アプローチとしては，DIR/Floortimeモデルと対人関係発達指導法（Relationship Development Intervention：RDI）がある。我が国で考案された療育法としては，長崎ら（2009）の社会性発達支援プログラムがある。近年，発達心理学や発達認知神経科学など学際的に社会的認知発達に関する研究知見が積み上げられている。これらの知見を基にした新しい療育法が，今後さらに提案されていくことだろう。

③ 包括的アプローチ

　行動的アプローチと発達論的アプローチなど複数の理論的背景や手法を統合して用いる療育法を包括的アプローチと呼んでいく。この観点から言えば，行動理論と認知理論をもとにしている TEACCH も，包括的アプローチと言える。最近発表された療育法の多くは，基本的に，発達論的アプローチと行動的アプローチを統合して体系化している。その代表的な療育法として，SCERTS モデル，アーリースタートデンバーモデル（Early Start Denver Model：ESDM），LEAP（Learning Experiences-An Alternative Program for Preschoolers and Parents）がある。

④ コミュニケーションスキルの療育法

　言語発達の遅れやコミュニケーションの困難さをもつ自閉症スペクトラム障害に対して，コミュニケーションスキルを向上させるための取り組みが多数行われている。

　言語訓練が始まった1960年代は，言葉の理解や表出を促す取り組みが主であったが，最近では，自閉症の社会的相互作用の困難さに焦点を合わせ，言葉をもたない子どもには，言葉の代替となるツールを使わせて，社会的相互作用を向上させていくことが行われている。これは補助代替コミュニケーション（Augmentative & Alternative Communication：AAC）と呼ばれ，絵，シンボル，手話，会話補助装置の様々な方略やツールが用いられている。絵カードを用いているのが，絵カード交換式コミュニケーションシステム（Picture Exchange Communication System：PECS），会話補助装置を使うのが VOCA（Voice Output Communication Aid），手話を使うのがマカトン法（Makaton）である。

　その他にも，応用行動分析に基づいて，文章による説明を通じて相手の理解を深めるソーシャルストーリーズや語用論に基づいたインリアルアプローチがある。

⑤ 感覚運動の療育法

　ASD の特徴として，感覚過敏や運動の不器用も以前から指摘されている。そのため，感覚や運動に焦点を合わせた療育法も数多く開発されている。感覚統合療法やムーブメント療法は，元来，身体障害を対象に開発されたもので，米国では ASD に対する効果

が疑問視されることもあるが，我が国では，ASD に合わせた療法として定着している。また，音楽療法は，すべての人に適用されるものであるが，最近では ASD を始めとして発達障害全般を対象にした音楽療法が積極的に行われている。

⑥ 日本発祥の療育法

これまで述べてきた療育法の大半は，欧米で開発されたものを日本に導入して実施している。しかし，欧米と日本では，背景にある文化が異なり，対人関係や感受性も微妙に違っているため，日本文化や日本人に合わせたアレンジが必要になってくる。一方，日本で独自に開発された ASD の療育法がある。特に，受容的交流療法や生活療法は，日本での長年の実践を踏まえて考案されており，日本の風土や日本人に適していると言えよう。その他に，ピアジェの認知発達段階に沿って支援を行う認知発達治療や乳幼児精神保健分野の関係性発達に基づく関係障害臨床がある。

（2）自閉症スペクトラム障害の療育法とエビデンス

① エビデンス・レビュー

1943年にカナーによって自閉症の症例が発表されて以来，試行錯誤を繰り返しながら，様々な療育法が開発されてきた。現在，国内外で認められている主要なものを表2A に示したが，これ以外に公表されていないものも含めると ASD の療育法は，膨大な数にのぼると推定される。これらは，様々な背景理論をもち，多様な手法からなっているため，療育の効果を検証することが必要である。1995年には，米国心理学会第12支部心理学的手続きの促進と普及に関する特別委員会（APA；Task Force, 1995）が，有効性と効果性を満たす介入法やそれに必要な構成要素を記したガイドラインを作成した。また，2001年に米国学術研究会議（National Research Council）が既存研究のレビューを行っている。このように欧米では，2000年前後から相次いで自閉症療育の効果に関するエビデンスのレビューが発表されるようになったが（例えば；Roberts & Prior, 2006），我が国ではまだ一部の発表に留まっている（例えば；奥山，2009）。

いずれのエビデンス・レビューでも，エビデンスがでているのは，行動療法や応用行動分析に関わる療育法であった。これらは，介入のターゲットや支援技法が明確であるため，効果を計測しやすいという利点がある。一方，発達論的アプローチでは，目指している社会的相互作用は評価が難しく，またアプローチの特性上客観的評価にそぐわないため，エビデンスはこれまであまり確かめられてこなかった。最近では，発達論的アプローチを取り入れた ESDM のエビデンスを示す論文が発表されているので，今後のエビデンス研究の取り組みが期待される。

② 賛否両論のある療育法

近年，ASD の人数が増えているという報告が相次いでいる。しかし，学際的に第一線で自閉症研究が行われてきたにもかかわらず，いまだに ASD の増加の要因や ASD の原因も特定されていない。そのような状況の中で，ASD 児の子育てに不安をもつ親

は，藁をもつかむ気持ちで効果のある療育を探し求めている。しかし，膨大な数にのぼる療育法の中には，効果がないどころか危険を伴うものもあり，どの療育法を取捨選択すればいいかを的確に判断していくことが求められる。

　最近では，療育法を比較検討する研究（例えば：佐藤克敏・涌井恵・小澤至賢，2007），そして賛否両論のある療育法を挙げる専門書（例えば；Chawarska, Klin, & Volkmar, 2008/2010）やホームページ（例えば；raising children network）が公表されている。Chawarska et al.（2008/2010）は，賛否両論がある懐疑的な療育方法として，促進コミュニケーション，即時プロンプト法，抱っこ療法などを挙げている。また，補完代替医療（CAM）の介入法として，食餌療法，栄養療法，キレート療法など様々なものがあるが，Chawarska et al.（2008/2010）はそれらも賛否両論のある療育法として挙げている。オーストラリア政府の外郭団体が運営するホームページであるraising children networkでも，補完代替医療に警告を与えている。キレート療法は，効果がないことが証明されているだけでなく，子どもに危害を与えることがあるため，危険な方法とされている。

　また，エビデンスがあると認められた療育法であっても，多面的な視点で検討する必要がある。例えば，ロバース法は，著しい効果が上がることで有名であるが，2～3歳の子どもに対して週40時間の集中的介入を2～3年にわたって行うために，子どもの生活の多くを療育に費やしてしまい，子どもにとって重要な遊び活動などに時間がとれなくなるというデメリットがある。また，長時間の強制的な療育が，後年のトラウマを生じさせるとの指摘もあるため，療育直後の効果を求めるだけでなく，長期にわたって予後がよいかを調べる必要がある。同じことが，ドーマン法にも言える。これらの療育法に親が没頭することも多いが，没頭するあまりに，家族内のバランスが崩れることもあるので注意が必要である。

参考となるリソース

Barton, E. E., & Harn, B.（2012）. *Educating young children with autism spectrum disorders : A guide for teachers, counselors, and psychologists.* Corwin : California.

Gray, C.（1994）. *Comic strip conversations.* Jenison : Jenison Public Schools.（グレイ，C. 門眞一郎（訳）（2005）．コミック会話―自閉症など発達障害のある子どものためのコミュニケーション支援法―　明石書店）

Gray, C.（2000）. *The new social story book.* Arlington : Future Horizons.（グレイ，C. 大阪自閉症研究会（編），服巻智子（監修）（2010）．ソーシャルストーリー・ブック　入門・文例集　改訂版　クリエイツかもがわ）

Chawarska, K. Kilin, A., & Volkmar, F.（2008）*Autism spectrum disorders in infants and toddlers : Diagnosis, assessment and treatment.* New York : Guilford Press.
（ハヴァースカ，K.・クリン，A.・フォークマー，F. R.（編）　竹内謙彰・荒木穂積（監訳）（2010）．乳幼児期の自閉症スペクトラム障害―診断・アセスメント・療育―　クリエイツかもがわ）

石井哲夫（1995）．自閉症と受容的交流療法．中央法規出版

小林隆児（2000）．自閉症の関係障害臨床―母と子のあいだを治療する―　ミネルヴァ書房

長崎勤・中村晋・吉井勘人・若井広太郎（2009）．自閉症児のための社会性発達支援プログラム―意図と情動の共有による共同行為―　日本文化科学社

National Research Council (2001). *Educating children with autism.* Washington, DC: National Academy Press.

奥山眞紀子（2009）．発達障害者の新しい診断・治療法の開発に関する研究．厚生労働科学研究費補助金こころの健康科学研究事業平成21年度総括・分担研究報告書

太田昌孝・永井洋子（1992）．認知発達治療の実践マニュアル―自閉症の Stage 別発達課題―　日本文化科学社

Prizant, B. M., & Wetherby, A. M. (1998). Understanding the continuum of discrete-trial traditional behavioral to social-pragmatic developmental approaches in communication enhancement for young children with autism/PDD. *Seminars in Speech and Language*, **19**(1), 329-353.

Prizant, B. M., Wetherby, A. M., Rubin, E., & Laurent raising children network.
http://raisingchildren.net.au/

Roberts, J. M. A., & Prior, M. (2006). *A review of the research to identify the most effective models of practice in early intervention for children with autism spectrum disorders.* Australian Government Department of Health and Ageing, Australia.（原典は以下のホームページを参照）
http://www.health.gov.au/internet/main/publishing.nsf/Content/mental-pubs-r-autrev

佐藤克敏・涌井恵・小澤至賢（2007）．自閉症教育における指導のポイント―海外の4つの自閉症指導プログラムの比較検討から―　国立特殊教育総合研究所研究紀要，**34**，17-33.

千住淳（2012）．社会脳の発達　東京大学出版会

竹田契一・里見恵子（1994）．インリアル・アプローチ―子どもとの豊かなコミュニケーションを築く―　日本文化科学社

Task Force on Promotion and Dissemination of Psychological Procedures (1995). Training in and dissemination of empirically-validated psychological treatments. *Clinical Psychologist*, **48**(1), 3-23.

Tomasello, M. (1999). *The cultural origins of human cognition.* Cambridge, MA: Harvard University Press.（トマセロ，M., 大堀壽夫・中澤恒子・西村義樹・本多啓（訳）（2006）．心とことばの起源を探る―文化と認知―　勁草書房）

Trevarthen, C. Aitken, K., Papoudi, D., & Roberts, J. (1998). *Children with autism: Diagnosis and interventions to meet their needs.* London: Jessica Kingley.
（トレヴァーセン，C.・パプーディ，D.・ロバーツ，J.・エイケン，K., 中野茂・伊藤良子・近藤清美（監訳）（2005）．自閉症の子どもたち―間主観性の発達心理学からのアプローチ―　ミネルヴァ書房）

The CAT-Kit　　http://www.catkit-us.com/

武蔵野東学園　　http://www.musashino-higashi.org/top.htm

日本マカトン協会　　http://homepage2.nifty.com/makaton-japan/

日本ムーブメント教育・療法協会　　http://jamet.jp/

（尾崎康子）

表2A 自閉症スペクトラム障害の療育一覧表

療育タイプ	名　称	創始者と創始年代	対　象	目　的	内　容
行動的アプローチ Behavioral Approach	応用行動分析 Applied Behavior Analysis (ABA)	米国の心理学者であるSkinner, B. F. の学習理論に端を発する行動分析学が，1960年代頃から各分野で応用される。	ASD児者，その他の発達障害児者	社会性，コミュニケーション，学力，日常生活のスキルを向上させ，問題行動を減少させる。	スキルと問題行動のアセスメントに基づき，明確な行動目標を設定して，スキルを教える支援計画のもとに実施する。
	機軸行動発達支援法 Pivotal Response Treatment (PRT)	1980年代に米国の心理学者であるKoegel, L. K.とKoegel, R. Lによって創始。	ASD児者	社会性，コミュニケーション，遊びのスキルを向上させる。	ABAに基づき日常生活で教えるための技術である。子どもの発達の鍵（機軸）となる領域に焦点を合わせ支援することにより，さらに複雑なスキルや行動を発達させていく。
	認知行動療法 Cognitive Behavioral Therapy (CBT)	1970年代に，認知療法のEllis, A. や Beck, A. が積極的に行動療法の技法を取り込んで発展させた。	ASD児者，その他の発達障害児者，うつ病，不安障害	好ましい行動を増加させ，問題行動を軽減する。	行動療法と認知療法の技法を組み合わせて実施。ASD児の場合，感情をコントロールすることを習得するために認知行動療法が取入れらることがある。
	CAT-kit Cognitive Affective Training	英国の心理学者であるAttwood, T. が開発。	アスペルガー症候群（7歳〜成人）	感情認識とコントロールを学ぶ。	認知行動療法を応用しながら物事の認識や自動思考を変え，感情を自己コントロールできるようにする。そのためには，表情が書かれた教材を使って表情認知を学んだり，感情の度合いを温度計の教材で表すなど，様々に工夫された教材を使って感情コントロールなどを学んでいく。
	ソーシャルスキルトレーニング Social Skills Training (SST)	1970年代に，カリフォルニア大学ロサンゼルス校の医学部精神科のLiberman, R. P. が考案。	ASD児者，その他の発達障害児者	コミュニケーション技術であるソーシャルスキルを向上させることにより，人間関係を構築したり，集団生活に適応できるようにする。	基本的には，ソーシャルスキルを習得するために，モデリング，ロールプレイ，実技リハーサルなどを行う。小さい子どもには，ゲームを通してソーシャルスキルを学ばせる。
発達論的アプローチ Developmental Approach	DIR/Floortimeモデル DIR/DIR Floortime Model	1980年代に，米国のGreenspan, S. と Wieder, S. によって創設。	ASD児，その他の発達障害児	発達理論に基づき，感覚の発達，運動スキル，認知情動発達，コミュニケーションを向上させる。	遊びを通して，親や他者との相互作用を頻繁に取れるように子どもに働きかける。大人は，子どもと同じフロアーに座って一緒に遊ぶ。
	対人関係発達指導法 Relationship Development Intervention (RDI)	1980年代に，Gutstein, S. E. が始め，米国テキサスにあるConnections Centreを中心に広めていった。	ASD児，ADHD児	社会認知発達プロセスにそって，社会性のスキルと対人関係発達を促す。子どもの社会的関わりに対する動機づけと関心を高め，社会的関係を楽しむ能力を高める。	関係発達アセスメントに基づき，個別プログラムを作成する。コーチとして位置づけられた親は，プログラムに沿って，子どもに対してスキルの習得を支援するための訓練を受ける。
	社会性発達支援プログラム	2009年に，筑波大学附属大塚特別支援学校での授業や個別指導などの実践をもとに，長崎勤らが考案。	ASD児	社会性の発達を促す。	社会的認知発達の研究を基礎理論としており，それに基づく発達段階に合わせた社会性を促す活動を行う。

第2章　自閉症スペクトラム障害（ASD）の療育

包括的アプローチ Comprehensive Approach	TEACCH Treatment and Education of Autistic and related Communications-handicapped Children	1960年代に，ノースカロライナ大学のSchopler, E.によって創設。	ASD児者	ASD児者の学習と発達を向上させる。	TEACCHプログラムは，スキルの習得を容易にし，独立を促進するため，環境を構造化することに焦点が当てられる。
	SCERTSモデル SCERTS model	2000年に，米国のWetherby, A. M.とPrizant, B. M.が，多くの治療方法論を組み立てて，新たにモデルの体系化を行った。	ASD児（就学前～小学生）	理解力，言語，社会情動の発達及び感覚処理を向上させる。	コミュニケーション，情動調整，交流型支援の3領域からなり，コミュニケーション，社会的関係性，感覚的特性，家族に焦点を当てた介入を行う。
	アーリースタートデンバーモデル Early Start Denver Model (ESDM)	1981年に，デンバーにあるコロラド大学健康科学センターで創始。	ASD児（1～5歳）	社会性，コミュニケーション，学力，日常生活のスキルを向上させる。	発達論に依拠しながら，行動的技法を取り入れたプログラムである。目標を達成するための行動方略を提示し，それを促す支援を行う。具体的には，自然なジェスチャーを形成し，動作模倣スキルを教え，コミュニケーション訓練などを行う。
	LEAP Learning Experiences-An Alternative Program for Preschoolers and Parents	ペンシルバニア州においてStrain, P.が開発。	ASD児と定型発達の統合保育	プリスクールにおいて，ASD児が定型発達児とともに活動するなかで，ASD児向けに修正されたカリキュラムを行う。	就学前の統合保育と親のための行動スキル訓練からなる。主として発達論的アプローチによるが，行動分析の側面も合わせもつ。
コミュニケーションスキルの療育法	絵カード交換式コミュニケーションシステム Picture Exchange Communication System (PECS)	1980年代に，米国の応用行動分析学者のBondyと言語病理学者のFrostが開発	ASD児者	コミュニケーションを向上させる。	音声言語による意思伝達できない人をサポートする補助代替コミュニケーション（AAC）の一つで，絵カードを使ってコミュニケーションを行う方法。
	VOCA Voice Output Communication Aid	1980年代からVOCAが使われるようになる。	ASD児者	コミュニケーションを向上させる。	AACの一つ。ボタンを押すと音声がでるツールであるVOCAを使って，コミュニケーションをはかる方法。
	マカトン法 Makaton	1972年に，英国のWalker, M., Johnson, K., Cornforth, T.が開発。	ASD児者，知的障害児者	言語理解，音声表出，コミュニケーション意欲を向上させる。	AACの一つ。音声言語，動作サイン，線画シンボルの3つのコミュニケーション様式を，文脈を理解する鍵となる単語のみに，会話にそって同時に提示する方法。
	ソーシャル・ストーリーズ Social Stories	1990年代に，米国のGray, C.が開発。	ASD児者	社会的な場面で重要な情報をわかりやすく見つけやすくすることによって，自閉症の社会性の特性を改善する。	文章による説明を通じて，相手の気持ちや考え，その場の状況の理解を深めて，適切なふるまい方を学ぶ方法。
	コミック会話 Comic Strip Conversation	1990年代に，米国のGray, C.が開発。	ASD児	ASD児の視覚的情報の理解が得意である特性を生かしてコミュニケーションを促進する。	人物を線画で描いて会話の様子を図示することによって，会話のやりとり，相手の思いや感情を視覚的に補って，応答の仕方を学ぶ方法。

	インリアル Inter Reactive Learning and Communication (INREAL)	1974年に，米国のコロラド大学の Wise, R. と Heublein, E. により開発。	言葉に遅れをもつ子ども	自由な遊びや会話場面を通して，相互に反応しあうことで，学習とコミュニケーションを促進する。	会話や遊びの主導権を子どもにもたせ，子どものリズムに合わせて，ターンテーキングを行う。大人の言葉かけとして，ミラリング，モニタリング，エキスパンションなどの言語心理学的技法を使う。
感覚運動の療育法	感覚統合療法 Sensory Integration Therapy (SIT)	米国の作業療法士である Ayres, A. J. によって，1950～60年代に理論化され，1970年後半に，子どもの療育法として発展させた。	ASD児，その他の発達障害児，感覚統合障害児	前庭覚，触覚，および固有覚刺激の入力を通じて，感覚過敏の問題を改善するとともに，脳の感覚処理能力を向上させる。	様々な感覚刺激を与える。具体的には，ハンモックに乗せて揺らしたり，平均台でバランスをとらせたり，体をブラッシングするなどを通して，神経系の機能に働きかけ，適応的行動の発達を促す。
	ムーブメント療法 Movement Therapy	1970年に米国の Frostig, M. によって理論化と実践の体系化が行われた。1977年に日本に紹介され，日本独自の療法として展開される。	ASD児を含む発達障害児，定型発達児	子どもの自主性，自発性を尊重し，子ども自身が動くことを学び，動きをとおして「からだ」と「あたま」と「こころ」の調和を身につける。	様々な遊具や音楽，プールやトランポリン，パラシュートなど，遊びの要素を含んだ楽しい環境を使いながら，自発性と人間の尊厳を大切にする活動を行う。
	音楽療法 Music Intervention Therapy	1900年代前半に米国で，障害児に対して行われたのが最初である。その後，1950～60年代に英国に広まった。	ASD児，その他の発達障害児，定型発達児者	社会性とコミュニケーションスキルを向上させる。	様々な音楽活動を通して，他者とコミュニケーションをはかり，対人関係を構築していく。
日本発祥の療育法	認知発達治療	1970年代以降の東大病院の精神神経科小児デイケアでの臨床研究に基づいて，太田昌孝が創案。	ASD児	ピアジェ等の発達理論を参考にした認知発達段階（太田ステージ）に基づき，認知発達を向上させる。	ステージ毎の発達課題への取り組みを通して，適応行動の拡大や問題行動の減弱や克服を図っていく。
	受容的交流療法	1980年代からの子どもの生活研究所での臨床実践を通して，石井哲夫によって創案。	ASD児	人との触れ合いや交流を通して，周囲の状況や人との関わりを主体的に行えるような自我の働きを育む。	子どもの態度や行動だけで一方的に排除したり否定したりせずに，その奥にある心の動きを考え，まずは受け入れ，共感し，理解することから始める。そして人間的な触れ合いや交流を積極的に展開していく。
	武蔵野東学園・生活療法 Higashi/Daily Life Therapy	1964年に北原キヨ園長のもとで武蔵野東学園で治療教育が開始され，その教育実践から考案された。	ASD児と定型発達児との混合教育	定型発達児との混合教育において，日常生活に必要なスキルを身につける。	子どもの活動を通して，個性を深く理解し，その成長の落ち込み部分を毎日の生活の中で綿密な計画のもとにトレーニングし，子ども自身の力で障害を乗り越えさせ，社会に自立させていく。
	関係障害臨床	1990年代に小林隆児によって創案。	ASD児	他者との関係性発達を促す。	子どもと母親との情動を調整し，愛着とコミュニケーションを育むための支援を行う。

コラム　自閉症スペクトラム障害の治療法とそのエビデンス

1. はじめに

　自閉症スペクトラム障害（Autism Spectrum Disorders：ASD）の早期発見と早期介入は，ASD支援における最優先課題である。初めてASDと診断される平均年齢は，特に高機能ASDでは就学後数年以上経ってからとなることが多く，すべてのASDのある子どもがニーズに応じた早期介入を受けられる，という理想的な状況からはほど遠いのが実情である。診断が遅れるということは，周囲はその子どもの正確なニーズが把握できていないことを意味し，早期療育はもとより，日常の家庭や集団生活で適切なかかわりができていないことを意味する。幼児期に適切な介入が行われると，ASD児の発達が促されるだけでなく，日常生活機能の向上につながることが実証されている。疾患の治癒とは異なるものの，このことは子ども本人だけでなく，家族にとってもより高いQOLが期待できると思われる。

　一般論は早期療育を是とするものの，残念ながら科学的根拠のある療育法はきわめて少ない。さらに療育効果が実証されただけでは十分でない。親に「我が子に一番良い治療は何か」と問われて答えられるだけの根拠も必要である。A君に著しい効果を示した療育プログラムがB子にも同様に有効とは限らない。どの療育法にもメリットとデメリットが必ずあり，症例に応じた適応があると考えられる。親もまた我が子についてもっとよく知る権利をもっており，実際，ASDの診断直後の親に対する心理教育は親自身のメンタルヘルスを改善する。我が子の発達や行動の意味を正しく理解し，必要な支援にアクセスできるよう，関係者は子どもを包括的に評価したうえで，根拠にもとづいて伝える責務がある。そのためには実証的研究が実証科学のルールに則った適切な方法で一層進められねばならないが，我が国では熱心な支援活動がなされているものの，この点では遅れをとっていると言わざるをえない。

　本章では，我が国でも実践されているASDの中核的な対人コミュニケーション症状の改善を目的とした療育法について概説する。多くのASD児は，中核症状だけでなく，様々な合併精神症状（いらいら，不安症状，うつ症状，多動，不注意，自傷，睡眠障害など）のために日常生活に大きな支障を来し，治療を要する。これらの評価と治療は重要であるが，本章は枚数の関係から割愛し，我が国でもよく使用されている薬物治療に言及するにとどめた。

2. 個別の治療技法
① 行動療法
　行動療法とは，古典的あるいはオペラント条件付け，観察学習，モデリングといった

理論を元に発展した技法で，行動に焦点を当て直接介入することにより短期間で効果が認められる点を特徴とする。自閉症児に対しても，コミュニケーションや対人行動の獲得や，常同行動，自傷行為，攻撃的行動などの軽減によく用いられている。行動療法に基づく自閉症児に対する治療教育法として米国を中心に，1960年代から実践され，多数エビデンスが報告されている応用行動分析（Applied Behavior Analysis：ABA）を紹介する。

　最も有名なのはロバース（Lovaas, O. I.）らが用いる不連続試行訓練（Discrete Trial Training：DTT）で，教えようとするスキルを小さく不連続なステップに分解して少しずつ教えていく技法である。達成するまで試行を何度も繰り返すのが特徴である。欠点は，報酬が子ども自身の動機付けではなく，大人によって用意された物という点や，機械的で反復的である点などである。近年のABAプログラムは，より自然な場面を利用して幅広い適応能力の獲得を目指す技法として，機軸行動発達支援法（Pivotal Response Treatment：PRT）が開発されている。DTTとの違いは，1）大人主導ではなく子ども自身の始発による，2）報酬は子どもの内因的動機づけを利用する，3）ドリルに従った指示ではなく自然な場面で行う，などである。長所は言語能力の般化や自発的な言語使用が促進されること，親の感情にポジティブな影響を与えること，である。その一方で，PRTは子どものモチベーションが高い課題には効果があるが，モチベーションのもちにくい課題や自発性の乏しい子どもでは効果が上がらない。

　自閉症児に対する包括的早期療育プログラムとして，DTTの1対1指導を週40時間，2年以上継続するというロバース法が有名であるが，近年，使用される技法は多様となる傾向にあり，週20時間未満の施行や，家庭中心施行などのバリエーションについての研究も増えている。我が国では主に後者の折衷的なABAアプローチが行われている。

② 言語やコミュニケーションに焦点化した療法

　ASD児への言語療法は，言語聴覚士によって行われる正統的なものの他，様々な形で単独あるいは他のプログラムと併用して行われている。ASDでは，発話訓練だけでなく，コミュニケーションにおいていかに社会的にことばを使用できるかを目標としなくてはならない。したがって，ASD児の場合は言語理解以前に非言語性のコミュニケーションの理解に注目する必要がある。つまり，相手の表情やジェスチャー，声の調子や文脈から，相手が何を感じ／知り／考えているかを読み取る能力（マインドリーディング）がターゲットとして含まれる。支援法には，視覚的な手がかりを使った様々な方法がある。

　絵カード交換式コミュニケーションシステム（Picture Exchange Communication System：PECS）は，子どもがほしい物を絵，シンボル，写真を示すことで他者とのコミュニケーションを図ることを教える，ABAの原理に基づいたプログラムである。発話を妨げるのではないかと心配する親もいるが，言語のない子どものコミュニケーションに役立ち，発話を促すこともある。ソーシャルストーリーズは，ASD児のソーシャルスキルの向上を目的としてキャロル・グレイによって開発された。子どもが直面している

問題に関連した情報を集め，ストーリーのトピックを決め，その子どもに応じた特定の状況についてのソーシャルストーリーを作成する。可能であれば，子どもと一緒にストーリーを書き，ストーリーを読み聞かせたり，一緒に読んだりする。

③ 感覚運動的介入
■感覚統合
　主に微細運動スキル，あるいは平衡感覚（前庭器官），体位イメージ（固有感覚），および触覚といった運動スキルの改善を目的とする作業療法から発展し，感覚，感触を刺激，あるいはリラックスさせることで，刺激に対しての不安を取り除くことを目的とする。作業療法士や理学療法士によるマッサージ，揺らす，跳ねるなど感覚への刺激，および粗大あるいは微細運動機能に対する訓練を中心に行われる。
■音楽療法
　子どもの好む音楽を用いて個別あるいは集団で実施し，発達促進に用いる。言語によるやりとりを必要としないので，多くの発達障害児に適用されている。
■運動療法
　脳性麻痺児の訓練方法として知られているものの中には，ASD児に対して知能や情緒，社会的発達に対する療育効果もあるという主張のもとに実施されている動作法がある。動作法は，自分の体を意図的に弛緩させたり，緊張させたり，動かしたりするという体験を通して，行動の主体者としての自己意識を確立し，コミュニケーションの活性化をはかるものとされる。方法として，慢性緊張を処理するための弛緩訓練，正しい動かし方を学習するための単位動作訓練，重力に対して自分の体を適切に位置付けるタテ系動作訓練がある。

④ 発達論的介入及び包括的治療プログラム
　このカテゴリーには通称フロアタイムアプローチ（Floortime）と呼ばれるDIRモデル（Developmental Individual-difference Relationship-based model），SCERTSモデルがそれぞれ相違点はあるけれども代表的なプログラムである。折衷型ABAとは目標が似ているようだが，個々の症状や能力をターゲットにするのではなく，その基盤にある機能的な発達段階を促進することに焦点を当てるものであり，理念的には行動療法とは相容れない。
　太田ステージはPiagetの段階区分に即した太田ステージ評価に基づいて配列された認知発達課題学習を基礎におく。認知の発達を促すことが，情緒や対人関係などの発達をも促すことになり，さらには異常行動を改善することにつながるとする包括的な発達促進を目的とする。発達段階に沿って課題をスモールステップで褒めてすすませるもので，ABAと発達的モデルの中間の要素をもつ。適切な認知課題を用いれば，子どもの内発的な動機付けによる学習が可能となる。利点は，発達の遅れが重く異常行動が激しい子どもに対してシンボル表象能力を高める。
　TEACCH（Treatment and Education of Autistic and related Communication Handicap-

ped Children）は，生涯を通じた診断評価，治療，コンサルテーション，地域連携，就労支援，生活支援，家族支援などをカバーする多領域サービスシステムとでも言うべきものである。理論的には，行動療法や発達的視点，そして生態的な視点に立脚する。もともとは，1960年代に広がった自閉症は親の養育が原因だとする心因説に対抗して打ち立てられた。可能な範囲で最大限に地域の中で自立して生活するようになることを目標とするため，ABAや発達論的技法を部分的に取り入れている。統合教育の意義はケースバイケースで，むしろ子どもの発達上不適切な場合もあると考え，通常学級で統合教育を受けることには重きを置かない。TEACCHの主眼は，日課，儀式といった子どもの強い好みを用いて構造化された環境でスキル学習をさせることにある。行動マネージメントシステム色が強いので，能力の限られた自閉症児にとって生産的なプログラムである反面，一般社会にて生活を送る可能性が高い高機能ASD児が本当の意味で，移行や変化に適応できるようになるとは限らない。

　生活療法（武蔵野東方式）は1964（昭和39）年の武蔵野東幼稚園創立と同時に始められた治療教育である。ボストンに開設されたHigashi Schoolに，世界中から子どもが入学していることで一躍有名になった。就学までに集団生活に慣れさせ，自立度を高めることが目的とされている。個別評価に基づく指導と同時に，運動，音楽，芸術などの集団教育を通して，身体的，社会情緒的，認知的水準の向上を目的とする。

3. 薬物治療

　ASD中核症状の改善を目的とする治療として，対人コミュニケーション症状に有効とするエビデンスのある薬物治療は現時点で存在しない。英国のNICEガイドラインでも，この目的で自閉症を有する子どもや青年に抗精神病薬，抗うつ薬，抗けいれん剤を用いてはいけない，と明記されている。

　合併精神症状の軽減を目的とする治療には，以下のものがある。

① いらいら，興奮に対する非定型抗精神病薬（リスパダール，エビリファイ）の有効性については限定的なエビデンスにもとづき米国では認可されているが，我が国ではまだこれらの治療薬として認可されていない。いずれもドーパミンやセロトニンなどの受容体に抑制的に働く作用がある。体重増加や眠気などの副作用が報告されており，長期的な安全性については不明である。

② 強迫症状，不安症状に対する選択的セロトニン再取り込み阻害剤（Selective Serotonin Reuptake Inhibitor：SSRI）（ルボックス，デプロメール）は成人でのエビデンスはあるが，児童に有効とするエビデンスはない。ASD児童にしばしば合併する上述の症状に対しても，薬物治療の有効性や安全性にはまだ十分なエビデンスがない。それでも必要なケースは実際にあるので，使用の際には環境調整や心理行動的介入をまず行ったうえで，なおかつ薬物治療の必要性を慎重に評価する必要がある。その際も，家族が主体的に障害の理解を深め，特性に応じた生活上の工夫に取り組む勇気と意欲を維持できるよう常に配慮が必要である。安易な薬物偏重は，有効でない場合でも漫然と投薬が続けられたり，副作用を症状の増悪と誤解してさらに薬物の投与量が増える悪

循環に陥ったりするなどの危険性をはらんでいる。③合併する注意欠如・多動性障害の症状に対する中枢刺激薬（コンサータ）の有効性（6歳未満の幼児は除く）のエビデンスはあるが，治療開始の際には同様の配慮を要する。

4. ASD児に対する有効な療育とは

　前掲のような特定の理論に基づく療育プログラムはどのように有効性が示されているのだろうか。症例報告のみのものから，一定の手続きに則ったエビデンスのあるものまで様々である。英国のNICE（National Institute for Health and Clinical Excellence）ガイドラインでは，ASDは頻度の多い，しかも生涯持続しうる障害であることから，一例報告に基づいて有効性を主張するのではなく，幅広いユーザー視点で，実証的なエビデンスに基づき，かつ費用対効果を考慮に含める必要があると強調されている。最もエビデンス・レベルが高い手続きは，無治療あるいは異なるタイプの治療を受けた対照群をおいた無作為化比較試験（Randomized Controlled Trials：RCT）と呼ばれる手続きである。バイアスがかからないように選ばれたASD群とその対照群は，治療前と，少なくとも6ヵ月後，そして1年後の予後について，標準化された指標を用いて評価され，比較される。予後判定には，子どもの行動や機能，親の満足度やストレスについて，客観的な評価尺度や親記入式，あるいは自己記入式の質問紙を用いるのが適切である。さらに統計学的および臨床的に十分意味のある大きさの効果が示される必要がある。研究においては，費用対効果も検討されねばならない。しかしながら，そのようなエビデンスは今のところ，ABA以外では極めて少なく，我が国では満足ゆくエビデンス・レベルの報告は少ないと言わざるをえない。ただし，効果検証研究の実施を妨げる我が国独特の要因や海外とのサービス体制の違いを踏まえてあらためて文献に当たると，例えばある療育プログラムだけが有効で，その他は効果がないと短絡的な判断をしたり，海外で有名なプログラムを即我が国に導入するべきだ，というような乱暴な結論とは違った解釈ができるだろう。複数の療育プログラムから読み取れることは，望ましい療育プログラムが満たすべき構成要素には何があるか，である。

　重要な療育の要素は，ASD児の学習特性を考慮してプログラムが考えられているか，最初は高度に支援的な環境が用意されているか，次第に般化できるよう自然な環境へと移行支援がなされているか，ASD児特有の予測の困難さを考慮した，予測可能性とルーティンの保証がなされているか，自傷やこだわりなどの問題行動へのアプローチが必要に応じてなされているか，就学への移行支援はなされているか，家族が積極的に参加できるような心理教育支援がなされているか，ASD児に有用な視覚的な手がかりが十分に活用されているか，時間数は十分に保障されているか，多領域の専門家の関与があり，包括的な内容となっているか，などである。

5. さいごに

　我が子がASDと診断された後の親は，我が子に最適な療育とはどのようなものか専門家に尋ね，そしてそれを我が子に与えたいと願うであろう。しかしながら，ASD児

の個人差が大きいことを考慮すると，様々な個人要因や家族要因が治療効果にどのように関連するかについてはまだよくわかっておらず，一人の我が子にとって最適な療育は何か，といった質問に答えられるエビデンスは残念ながらまだないのである。それでも，前述の，ASD児の療育に共通して大切な要素を説明することは，情報が氾濫するなか，一定の指針となり，ややもすれば我が子を見失いそうになる親にとって専門家の力強い励ましとなるであろう。

子どもによっては，ASD共通のプログラムに加えて，よりコストの高い個別的な特殊なプログラムが必要となることもあろう。その際にはこれまで概観してきたような複数のオプションの中から，実証的なエビデンスに基づいて，その子どもに最適なプログラムを選んで勧めることができるようになるのが理想的である。療育の提供者がこうした的確な情報を親に提供できるためには，もっと我が国の発達臨床がエビデンスを尊重し，エビデンスに裏付けられた実証的なサービスとならねばならない。これからの私たちは，1960年代に自閉症は冷蔵庫のような母親が原因だとする理論が力をもち，その指導のもとで家族には子どものどんな行動もひたすら受容することを強いられ，その結果，成人した自閉症者たちは地域で暮らすためのスキルをもたず，長期間精神病院に入院するしか選択肢がなくなったいという歴史的な過ちを二度と繰り返してはならない。失敗例も含めた療育に関する貴重な経験を広く共有するために，実証性の高い情報を適切に選んで誤解を招かないよう発信する必要がある。

参考となるリソース

Dawson, G., & Osterling, J. (1997). Early intervention in autism. In M. J. Guralink (ed.), *The effectiveness of early intervention*. Baltimore : Paul H. Brookes.

Howlin, P., & Rutter, M. (1987). *Treatment of autistic children*. John Wiley & Sons.
（石坂好樹・門眞一郎（監訳）(1990). 自閉症の治療 ルガール社）

Mastergeorge, A. M., Rogers, S. J., Corbett, B. A., & Solomon, M. (2003). Nonmedical intervention for autism spectrum disorders. In S. Ozonoff, S. J. Rogers, & R. L. Hendren (Eds.), *Autism spectrum disorders : A research review for practitioners*. Washington. DC : American Psychiatric Publishing.

New York State Department of Health, Early Intervention Program. *Clinical Practice Guideline : Report of the Guideline Recommendations - Autism / Pervasive Developmental Disorders*. Assessment and Intervention for Young Children (Age 0-3 Years). Retrieved Jan 28, 2014.
http://www.health.state.ny.us/community/infants_children/early_intervention/autism/index.htm. updated Sep 2005.

NICE (National Institute for Health and Care Excellence) clinical guideline 170 : Autism. The management and support of children and young people on the autism spectrum. Retrieved Jan 28, 2014.
http://guidance.nice.org.uk/CG170, issued August 2013.

Roberts J. M. A., & Prior M. A. Review of the research to identify the most effective models of practice in early intervention for children with autism spectrum disorders. Retrieved Jan

28, 2014.
http://www.health.gov.au/internet/main/publishing.nsf/%20content/mental-pubs-r-autrev, updated July 2006.

（神尾陽子）

4 自閉症スペクトラム障害児への療育法

表 2A において，基本的な内容が説明されている．以下では，その中の主要な療育を取り上げて，詳細に説明していく．

1) 行動的アプローチ
    ① 応用行動分析（ABA）
    ② 機軸行動発達支援法（PRT）
    ③ 認知行動療法（CBT）
    ④ ソーシャルスキルトレーニング（SST）
2) 発達論的アプローチ
    ① DIR/Floortime モデル
    ② 対人関係発達指導法（RDI）
3) 包括的アプローチ
    ① TEACCH
    ② SCERTS モデル
    ③ アーリースタートデンバーモデル（ESDM）
4) コミュニケーションスキルの療育法
    ① 拡大代替コミュニケーション（AAC）
    ② 絵カード交換式コミュニケーションシステム（PECS）
    ③ ソーシャルストーリーズ
    ④ コミック会話
5) 感覚統合療法（SIT）

1）行動的アプローチ

① 応用行動分析（ABA）

1 応用行動分析学とは

　応用行動分析学（Applied Behavior Analysis：ABA）は米国の心理学者スキナー（Skinner, B. F.）によって創始・発展してきた行動分析学の1分野であり，行動分析学の理念や原理を社会的な問題に応用し解決に寄与することを目的とした学問体系である。ABAは特定の療法や介入技法を表すものではないが，米国でもロバース（Lovaas, 1987）らの自閉症の早期高密度行動介入プログラム（Early Intensive Behavioral Intervention）を指していると思われたり，我が国でも行動療法と同義に用いられたり，特別支援教育に関連する特定の技法を指すものと誤解されることが多い。

　応用行動分析学の領域は，教育・福祉・医療・産業・社会政策など幅広い領域に及んでいるが，研究数が最も多いのが自閉症スペクトラムに関する領域である。自閉症や特別支援教育に関連する研究領域としては，トークンエコノミー，社会的スキル訓練，自己決定，セルフマネジメント，コミュニケーション指導，問題行動に対する機能分析，身辺自立，就労援助，余暇指導，ペアレントトレーニングなど幅広い領域に及んでいる。

　米国では大学や研究者が設立した団体などの専門機関が，ABAに基づく独自のプログラムを開発・運営していることが多く，代表的なものとしてニューイングランドセンターやロバース・インスティチュート，ケーゲル自閉症センター，ダグラス発達障害センター，プリンストン子ども発達インスティチュート，PECS（Picture Exchange Communication System）などがある。またTEACCHプログラム，ポーテージ・プログラムなど多くの自閉症の支援・教育プログラムにも指導技術として行動分析学の行動変容の技術が取り入れられている。

　ABAは学問体系であり，特定の「療法」や「プログラム」ではなく，多くの知的障害や自閉症の教育プログラムの中に見えない形で浸透している。様々な療育プログラムをメーカーの自動車に喩えれば，ABAはその車のエンジンの作動原理のようなものである。

2 自閉症への適用

　ABAによる指導プログラムの開発研究は，1960年代から無発語の自閉症児に対する音声言語の獲得を目指してスタートし，自閉症や知的障害に関する指導研究としては最も長い歴史をもっている。1960～1970年までに研究数は100以上に上り，無発語の自閉症児に対する言語獲得や問題行動の低減など教育可能性の道を切り開いてきた。70年代から80年代にかけては，研究数はさらに拡大し，DeMeyerら（1981）は1970年代に公刊された1,100以上の研究をレビューし，「自閉症児の行動レパートリーを最大限に広

げるための最良の治療法は，系統的な行動的教育プログラムであるということを圧倒的な数のエビデンスが強力に示している」と結論づけている。

初期のプログラムは，子どもが集中しやすく統制された環境で指導者からの明確な質問や働きかけ（「これは何？」等）に対して特定の応答反応を期待され，適切な反応について強化される不連続試行訓練（Discrete Trial Training：DTT）を中心とし，学習態度（着席行動・アイコンタクト等）の形成から始まり，動作模倣，音声模倣へと移行する形式を取る。DTT は現在でも ABA の訓練手法の基本となっており，ABA 以外の自閉症の教育プログラムにも応用されている。

80年代後半からの自閉症に対する ABA は，Lovaas（1987）に代表されるように，より早期から DTT による訓練を親指導プログラムなどとともに集中的に取り入れる「早期高密度行動介入」と，いわゆる「現代型 ABA」といわれるコミュニケーション行動の機能に焦点化し，音声言語に代わる絵カードやサインなどの補助代替手段の教示，自然な社会的文脈の中での教示，子どもからの始発を重視するアプローチの大きく2つに分かれて発展してきている。

3　早期高密度行動介入

早期高密度行動介入研究の先駆けは Lovaas（1987）の研究である。彼は介入群として2，3歳の自閉症児19名に対して週平均40時間の療育を2年以上にわたって実施し，統制群として週10時間以下の治療を受ける群（19名）と別の機関で処遇される群（21名）を設定した。その結果，7歳時点での介入群の平均 IQ83，統制群 IQ53であり，介入群において著しい改善が示された。また介入群の12名は小学校入学前に知的に正常域に達し，そのうち9名は通常学級への編入が報告された。その後 McEachin ら（1993）は，Lovaas（1987）研究の参加児が平均11.5歳になった時点で追跡調査を行い，最もよい結果を示した9名の子どものうち8名は知能検査と適応行動尺度で同年代の定型発達児と区別がつかなかっただけでなく13歳になった時点のフォローアップにおいてこの8名は普通クラスでサポートなしで過ごせていることを報告している。

Lovaas（1987）研究は当時の自閉症介入研究の中では先例のない効果研究として大きなインパクトをもたらし，発表から多くの論争を巻き起こしたが，現在に至るまで指導時間数や比較群を変えた多くの追試研究や再現研究が繰り返し行われてきている。

4　現代型 ABA

現代型 ABA と言われるプログラムは，Lovaas（1987）などが主に採用した伝統的な DTT 型の教授法に対して，日常的な文脈を利用した「自然場面での言語教授法（Naturalistic Teaching Approaches）」に中心をおいたアプローチの総称である。現代型 ABA は，機会利用型指導法（Incidental Teaching）に代表されるように70年代以降多く開発されてきた。これらは，子どもが発話しやすい環境設定を日常の文脈の中に作り上げ日

常場面で指導することでコミュニケーション発達への効果を報告している。MADSEC（2000）による自閉症研究のレビューにおいても早期高密度介入と並んで，積極的行動支援（positive behavioral support），機能的アセスメント（functional assessment），機能的コミュニケーション訓練（functional communication training）に関する研究が取り上げられ，その効果が認められている。

5　機軸行動発達支援法（PRT）

　機軸行動発達支援法（Pivotal Response Treatment：PRT）は現代型 ABA の代表とも言える包括的な指導プログラムである。機軸行動（pivotal response）とは他の多くの行動に影響を及ぼし，広範囲な改善と般化の改善をもたらす中核となる行動である。DTT による教授法のように行動を一つずつすべて教えるのではなく，自閉症の発達を阻害している重要な基軸行動を重点的に教えることで，他の行動の発達も促すことをねらいとしている。Koegel ら（1989）はこの自閉症の障害の中核領域として「社会的－コミュニケーション的相互交渉に従事するための動機付け」「子どもから開始される社会的始発」「行動の自己統制」の3つを挙げている。PRT は共同注視を含めたコミュニケーションの自発を重視することにより，自然な環境で広範な自発的な学習の機会を広げる。またセルフマネージメントを教えることで問題行動の低減や自然な環境で親や大人達への依存性を少なくし自立性を高めることを目標としている。

6　井上（2008）による幼児期の自閉症スペクトラムのプログラムの例

　井上（2008）によるプログラムは，大学での ABA 研究によって得られた実践研究のデータを基に課題リスト化されたもので幼児期の初期課題を以下に示す。実際のプログラムは認知・言語発達の状態，感覚過敏・自閉症状の重篤さなどによって一人ひとりに合わせて作成される。

（1）身体遊びを利用したかかわり行動の形成
　基本的には不連続試行による課題と現代型 ABA や PRT でみられるような日常場面やフリーな遊び場面を利用して行う課題の2つを組み合わせて行う。
　前言語段階にあたる乳幼児期の ASD 児においては，人に対する自発的接近が乏しく，対人回避傾向が顕著であり，アイコンタクトや共同注視，模倣反応も乏しい傾向がある。また身体を触られたり，手をつなぐといった身体接触に対して拒否したり過敏に反応する場合も多い。しかし，一方では感覚・運動遊び・身体遊びなどは好ましい活動として定着しやすいため，児の緊張を誘発しないように接近方法やスピード・声かけの強度などに注意しながら，セラピーボールを使用した身体遊び（図表2-5），タカイタカイ，くすぐりごっこ，毛布ブランコなど子どもが好む活動要求場面をつくる。これらの活動は子どもだけでは成立しない活動であり，必ず大人の介在を必要とするところから要求

コミュニケーション自発の機会となる。

セラピストは子どもがその活動になれた段階で、活動を停止して待ち、子どもからのアイコンタクトや接近、手差し、指さし、発声・発語などが自発するのを待つ。一定時間待っても困難な場合は、身体介助や動作・音声モデルの提示などで反応を促す。子どもがこれらのかかわり行動を自発した場合、セラピストは即時にこれらの遊びを再開・提供することで大人に対する自発的かかわり行動を強化し、生起頻度を高める。

このように対人接触を伴う身体遊び活動を要求コミュニケーション場面に積極的に導入することで、対人回避や接触に対する過敏性を緩和する効果も期待できる。身体接触による過敏性の除去は、デスク場面での不連続試行課題への導入の際に強化子としての身体遊びや身体的介助の導入を容易にするという利点がある。

図表2-5 子ども一人では成立しない大人との身体遊びを利用した要求場面を利用してコミュニケーション行動を教える

（2）不連続試行訓練（DTT）の導入

DTTによる学習は、手かがりと反応、強化という流れが明確であり、効率的な学習を可能にする。特に動作模倣や音声模倣などが困難なASD児に対しては、着席しての刺激提示は、注意を集中させやすく強化も容易である。子どもを無理に着席させるのではなく、後ろから抱っこして着席させ、デスク上におかれたおもちゃや課題に短い時間従事させ、逸脱してしまう前に身体遊びで強化する。再度デスクに誘導することを繰り返しながら徐々に着席しての課題時間を増加させる。

DTT導入時での課題は、型はめやプットイン課題、受け渡し課題など児が簡単に遂行できるものに限定する。課題の負荷をできるだけ少なくして、提示→課題遂行→身体接触による強化を反復することで課題従事時間を延ばしながら、一部の課題の難易度を徐々に上げたり、動作模倣や音声模倣など難易度の高い課題を導入したりする。導入する課題の種類は、マッチング、分類等の認知課題、線引きやはさみ、ピンセット箸の使用といった微細運動課題、平均台やトンネルくぐり、トランポリンなどを取り入れたサーキット課題（粗大運動）などである。

幼児期の初期のプログラムにおいてはまず上記の大人との1対1の関係の中で物の受け渡し、順番待ち、役割交代などの基礎的な対人スキルを学習し、園などと連携して日常の小集団遊びの中での般化を促す。また勝敗の理解や複雑なルールの理解の指導なども1対1でルール獲得させ、余暇スキルや集団参加スキルの拡大を図る。

（3）身辺自立指導

排泄、衣服の着脱、入浴、食事など基本的な身辺自立スキルは、幼児期から学齢期に

かけての主要な指導対象となる。ASDの場合は，これらのスキルについて未学習というだけではなく，感覚過敏やこだわりなどが原因で一度獲得したものができなくなってしまったり，特定の場面でしかできなかったりする場合もある。これらの身辺自立課題は日常場面が主体となるため，ペアレントトレーニングを主軸にして指導する。

（4）基礎的な学習指導

　読み書きや計数などは学校での学習や学校適応に有用なだけでなく将来的な生活にも有用となるため，就学前から指導を開始することが望ましい。子どもの発達に合わせて，絵カードの命名や文字カードの弁別から読み指導の段階を開始し，なぞり書きや写し書きから書字指導の段階を開始する。また概念学習については，大小，長短，多少などの基礎的な相対的な概念から開始し，前後左右上下などの空間概念，音の大小や重さなどの不可視的な概念へと進める。子どもの知的能力によって展開や発展は様々であるが数の指導は，時計やお金の計算や管理へと実用的な生活スキルへと発展させる。

7　今後の課題

　ABAによるアプローチは早期高密度行動介入をはじめ，様々な現代型ABAによる包括的プログラムに分化し，他の理論とも融合しながら発展してきている。ABAは特定の思想家や臨床家，研究者によって作られたものではなく，多くの研究者が別々な機関や時代に研究し，エビデンスを集積した技法の集合体である。このためABAは他の心理療法とは異なり，それが開発された時代背景や価値観に左右されず，学術的な進歩に合わせてその形を変えて応用することが可能である。我が国の実践に必要なことはABAの実践・養成機関を設立することのみならず，ABAのエビデンスを療法や技法というラベルに固執することなく，既存の療育機関や教育・福祉のシステムの中でいかに活用するか，という点にあると考える。

8　療育機関・療育が学べる機関

　ABA療育機関については複数の民間団体があり，ネットなどで検索可能である。療育機関の選択に関しては料金や地域，セラピストの専門性，スーパーバイズ体制などを考慮して自己判断する必要がある。療育が学べる機関としては日本行動分析学会のホームページ「行動分析が学べる日本の大学」や日本認知・行動療法学会ホームページ，CiNiiなどでキーワード検索して臨床研究論文を探して担当教員にメールなどで問い合わせたり，臨床心理士や他資格を取得できるかも合わせて情報収集したりするとよい。

参考となるリソース
　アルバート，P. A.・トルートマン，A. C.　佐久間徹・谷晋二・大野裕史（訳）（2004）．はじめての応用行動分析　二瓶社

DeMyer, M.K., Hingtgen, J.N., & Jackson, R.K. (1981). Infantile autism reviewed : A decade of research. *Schizophrenia Bulletin,* **7** : 388-451.

Koegel, L. K., Koegel, R. L., Harrower, J. K. et al., (1999). Pivotal Response Intervention Ⅰ : Overview of Approach, *Journal of the Association for Persons with Severe Handicaps,* **24** (3), 174-185.

Koegel R. L., Schreibman, L., Good, A., Cerniglia, L., et al. (1989). *How to teach pivotal behaviors to children with autism : A training manual.* Santa Barbara : University of California.

井上雅彦（2008）．家庭で無理なく楽しくできる生活・学習課題46―自閉症の子どものためのABA基本プログラム―　学研

Lovaas, O. I. (1987). Behavioral treatment and normal educational and intellectual functioning in young autistic children. *Journal of Consulting and Clinical Psychology,* **55**, 3-9.

MADSEC (2000) Report of the MADSEC autism task force : Maine Administrators of Services for Children with Disabilities.

McEachin, J. J., Smith, T., & Lovaas, O. I. (1993). Long term outcome for children with autism who received earlier intensive behavioral treatment. *American Journal on Mental Retardation,* **97**(4), 359-172. 98.

ミルテンバーガー，レイモンド・G．園山繁樹・野呂文行・渡部匡隆・大石幸二（訳）（2006）．行動変容法入門　二瓶社

三田地真実・岡村章司・井上雅彦（2009）．子育てに活かすABAハンドブック―応用行動分析学の基礎からサポート・ネットワークづくりまで―　日本文化科学社

野呂文行（2006）．園での「気になる子」対応ガイド―保育場面別Q&A・保護者他との関わり・問題行動への対応など―（子どもの健康を守る！シリーズ）　ひかりのくに

奥田健次・小林重雄（2009）．自閉症児のための明るい療育相談室―親と教師のための楽しいABA講座　学苑社

オニール，R.E.ほか　三田地昭典ほか（訳）（2003）．子どもの視点で考える問題行動解決支援ハンドブック　学苑社

リッチマン，S．井上雅彦・奥田健次（監訳）（2003）．自閉症へのABA入門―親と教師のためのガイド―　東京書籍

ルイセリー，J.K.・キャメロン，M.J.　園山繁樹（翻訳）（2001）．挑戦的行動の先行子操作―問題行動への新しい援助アプローチ　二瓶社

山本淳一・池田聡子（2006）．応用行動分析で特別支援教育が変わる―子どもへの指導方略を見つける方程式―（シリーズ教室で行う特別支援教育）　図書文化社

杉山尚子・島宗理・佐藤方哉・マロット，R.W.・マロット，A.E.（1998）．行動分析学入門　産業図書

ダグラス発達障害センター　www.dddc.rutgers.edu

ケーゲル自閉症センター　www.education.ucsb.edu/autism/

ロバース・インスティチュート　www.lovaas.com

ニューイングランドセンター　www.necc.org

日本行動分析学会「行動分析が学べる日本の大学」　http://www.j-aba.jp/university.html

PECS Picture Exchange Communication System　www.pecsusa.com

プリンストン子ども発達インスティチュート　www.pcdi.org/

　　　　　　　　　　　　　　　　　　　　　　　　　　　　　　　　　　（井上雅彦）

> 1）行動的アプローチ
>
> ## ② 機軸行動発達支援法（PRT）

1 PRTとは

　機軸行動発達支援法（Pivotal Response Treatment：PRT）は，応用行動分析（Applied Behavior Analysis：ABA）と発達的なアプローチの手続きを用いた包括的なサービス提供モデルであり，米国学術研究会議（National Research Counsil：NRC, 2001）によって認定された10あるASD児のための包括的モデルプログラムのうちの１つである。PRTは1970年代にカリフォルニア大学サンタバーバラ校（University of California, Santa Barbara；UCSB）の教育心理学者であるロバート・L・ケーゲルとリン・カーン・ケーゲル（Kooegel, R. L & Koegel, L. K.），およびカリフォルニア大学サンディエゴ校（University of California, San Diego：UCSD）の心理学者のシュライブマン（Schreibman, L.）らによって開発された。

　PRTは，子ども中心，自然な環境での介入，家族の参加，機軸（pivotal）領域（後出）への介入，を基本としている。子どもの日常生活の自然な文脈の中で学習の機会を提供することを目的とし，家族が子どもの活動全体に対し，一日中介入できるよう，両親を指導することにも焦点が当てられている。機軸領域とは，ASD児がより広範囲にわたって機能的に学習するために必要不可欠な中核となる領域を指し，一つひとつの行動の学習に取り組む代わりに，機軸領域に焦点を当てて介入を行う。現在まで研究されてきている機軸領域は，動機づけ，対人的やりとりの開始，多様な手がかり刺激（multiple cues）に対する反応性（例：複数の要素をもつ刺激の弁別），自己管理，共感の５つである（Koegel & Koegel, 2006）。

　PRTのストラテジーは，アーリースタートデンバーモデル（ESDM）（本書101ページ参照）の中核要素にもなっている。

2 PRTの機軸領域

　前述したように，PRTの機軸領域は５つある：①動機づけ，②対人的やりとりの開始，③多様な手がかりへの反応，④自己管理，⑤共感。ここでは幼児に対する標的スキルとされることが多い①〜③について解説する。

① 動機づけ

　動機づけは，PRTのアプローチの中でも特に重要な部分であり，"自然で""直接的な"強化に焦点を当てている。例えば，子どもが遊びの中で人形に興味を示した場合，それ自体が強化子となる（強化子はお菓子など行動に無関係なものではない）。子どもは

人形を要求するために意味のある行動あるいはその試みをすれば，人形を手に入れることができる。他に，子どもの興味をひく新しい活動を引き出すためには，単におもちゃを与えるよりも，他のおもちゃと2つ並べて提示して"選択"させることが有効である。また，他者と長く意欲的に遊べる可能性を高めるためには，"コントロールのシェア"（言い換えれば，主導権のバランス）も鍵となる。子どもが始めた遊びの中で課題を設定する場合，セラピストが連続して課題を実施するのではなく，子どもが遊びをコントロールできるようにすることで，子どもの反応がよくなり，多くの課題をこなすよりも学習速度も増すとされている。

Koegel & Koegel（2006）　　Koegel & Koegel（1995）
図表2-6　PRTの参考図書

② 対人的やりとりの開始

　対人的やりとりに対する自発性を高めるために，対人的やりとりに関する行動の始発や取り組み（engagement）を重視する。子どもが自発的に重要な行動を示したなら，それを見逃さずに即時に強化し，その行動あるいは活動を展開していくことが重要である。

③ 多様な手がかり刺激への反応

　おもちゃやものに含まれる多様な手がかりに対する反応を引き出す。ASD児は環境の中にあるものを弁別する際に，限定された部分だけに反応するという特徴がある（Koegel & Koegel, 1995）。そのため，複数の要素からなるおもちゃ（色，形，数，名称，用途など複数の要素）を見せ，同じものについて，セラピストから2つ以上の質問をしたり，子どもから2つ以上の反応を引き出す。具体例を挙げると，ボールを見せて，「これは何？」「これは何の形？」「何色？」などと尋ね，それぞれ「ボール」「丸」「緑」などという反応を引き出す。また，色鉛筆で遊びたい子どもに，青と赤の色鉛筆および青と赤のクレヨンの計4本を見せて，「青い，色鉛筆とって」と言い，複数の指示の弁別を学習させるようなストラテジーも取られている。この機軸領域へのアプローチは適切な言語水準の子どもに対して行う。この機軸領域の彼らの能力を改善させることで，自然な環境の中でより正確で効果的な学習が可能となる。

3　PRTとDTTとの相違点

　ABAに基づいた介入技法の代表的なものに，不連続試行訓練（Discrete Trial Training：DTT）とPRTがある。両者の基本的なメカニズムは共通しており，「行動」を行動単独ではなく，Antecedent（先行条件）「どのような状況で」―Behavior（行動）「ど

んな（適切な・問題）行動が起き」—Consequence（結果）「その結果どうなったか」という3つの枠組みで捉える。これは三項随伴性と呼ばれ，応用行動分析学ではしばしばABC分析と言う。子どもがなぜこのような行動を起こすのかをその行動の前後関係からきちんと理解することが，適切な働きかけにつながり，適切な行動の形成ならびに不適切な行動の減少につながる。

　ASD児へのABAに基づく介入では伝統的にDTTが行われてきた。DTTは，正確な強化の伝達，誤学習をさせないような刺激提示などにより，自然に学習することが困難なASD児にとって，スキル学習のために非常に有用な技法である。しかしながら，般化の困難さ，進歩の遅さ，子どもの自発性の育ちにくさなどの問題が指摘されている。これらを解決するため，PRTはASD児の言語とコミュニケーションの発達を促す，より自然なアプローチを目指して開発された。

　DTTは4つの要素（弁別刺激，プロンプト，反応，強化刺激）から成る一連の試行を不連続に繰り返し行う指導法である。1つのスキルをマスターするまで，何度も繰り返し行う。DTTは，高度に構造化されており，刺激の選択，標的行動の基準，強化の方法は，それぞれの試行の開始前に，あらかじめすべて明確に決められる。子どもの正反応のみが強化され，誤反応や逸脱行為は無視される。行動形成には，プロンプト（正反応を引き出すための付加的な手がかり刺激），行動形成（最終的に獲得させたい行動に向け，それに近い行動を段階的に強化していくこと），行動連鎖（複雑な要素をもつ行動を，小さなステップに分けて教えること），フェイディング（プロンプトを徐々に少なくしていくこと）などが用いられている。

　DTTとPRTの違いは，前述したABCの内容の違い，および重点を置く標的スキルの違いとして捉えることができる。先行条件（A）に関しては，DTTは課題以外の刺激を取り除き，課題に注意が向きやすいようなより構造化された指導場面（例：子どもとセラピストが机に向かい合って椅子に座る）を設定することが多く，セラピスト主導の介入を行う。PRTは様々な玩具などを配置した自然な遊び場面を設定し，子ども主導であることが多い。行動（B）に関しては，DTTでは子どもの反応（行動）はあらかじめ設定されている。一方，PRTではあらかじめ設定せずに，子どもの行動をよく観察し，どんなことが教えられるのか判断して，子どもに求める反応をその場で決める。結果（C）に関しては，PRTでは課題に直接関係があり本人の動機づけが関係している強化子が与えられるのに対し（例：子どもが車のおもちゃを欲しがっている場合，子どもが「車ちょうだい」と言えば，そのおもちゃを与える），DTTで使用する強化子は必ずしも課題に関連していなくてもよい（例：「車ちょうだい」と言うことが目標である場合，それができたらお菓子がもらえるなど）。DTTでは，子どもに獲得させたい課題を繰り返して施行するのに対し，PRTでは一定間隔をあけることが多い。PRTでは活動の選択権は子どもにあるため，同じ課題をまとまって繰り返し施行することが難しいのである。しかしながらPRTは，このように自然な場面で自然な強化子を用いて指導を行うことにより，獲得したスキルが日常生活に般化しやすいように計画されている。また，標的行動は，DTTでは特定の行動やスキルを対象とすることが多いのに対し，PRT

では機軸となる行動を対象とする。

　PRT と DTT の相違点を整理してきたが，通常，いずれか二者択一で介入技法を選択するわけではなく，それぞれの技法の特徴をよく理解して目的に応じて使い分けられている。例えば，対人コミュニケーション行動や遊びスキルの獲得については PRT を，モチベーションを抱きにくいトイレットトレーニングなどの自助スキルの獲得については DTT を使用するなどである。子どもの注意力や興味，学習態勢に合わせ，目的に応じて子どもが一番学習できる指導環境を設定し，療育をすすめていくのが肝要である。

4　PRT の原則

　ここでは上記で述べてきた PRT の中核となる原則について，再度整理する。PRT は，子どもにとって意味のある日常の活動や課題を通じて介入することが機能的な学習につながることを強調している。また，子どもの応答性向上およびやりとりの継続のためには，自発性と選択が必要不可欠であるとしている。すなわち，介入は，子どもの興味，願望，要求に応じていなければならず，また自然な強化が非常に重要である。

セラピストの質問／指示／子どもに反応させるための機会提供は：
① 子ども自身に活動・対象を選択させる
② 子どもの注意をひきつけて，明確で途切れなく，課題に適切である
③ 発達的に適切な獲得課題（これから獲得を目指す課題）と維持課題
　（すでに獲得している課題）の両方を組み合わせる
④ 子どもの発達水準に適切であれば，指示に多様な手がかり刺激を含める

強化は：
⑤ 行動に付随して即時に行う
⑥ 反応するための意味のあるあらゆる試みに対して行う
⑦ 自然で直接的に行う

5　PRT プログラムの実施方法

（1）プログラムの目的
　PRT は，ASD 児のコミュニケーション，言語，ポジティブな対人的行動の発達を促進し，自己刺激行動などの不適切な行動の軽減を目的としている。

（2）PRT の対象と指導者（セラピストとスーパーバイザー）
　プログラムの対象は，主に ASD 児である。指導者は，PRT の専門トレーニングを受けた心理士，特別支援教育の教師，言語聴覚士やその他の専門職などであり，プログラムは，通常，家庭や学校で行われる。指導者自身の PRT 実施の質を確保するために，

図表 2-7　PRT プログラムの例（一部抜粋）

PRT の月間目標（3歳6ヵ月：男児）

	対人的やりとり		言　　語	遊　　び
プログラム	やりとりを広げ，おもちゃを共有する	感覚的／対人的ルーティン	要求のために三語文を使う	好きなおもちゃで遊びの動作模倣
獲得課題	・好きなおもちゃを20秒間交替で使う	・歌や対人的ゲームを開始する	・三語文を使う ・要求や発話の際に指さしする ・選択する際に指さしする ・"～してもいい？"と言う	・3段階の動作模倣
維持課題	・身ぶりなしで順番交替 ・5分間おもちゃで遊ぶ ・要求や発話時にアイコンタクトする	・歌の動作を模倣する	・二語文を使う ・単語を使う ・"～が欲しい"と言う	・1～2段階の遊びの動作模倣

あらかじめ決められた複数のチェック項目について適用適切度（fidelity of implementation）が測定され，80％以上を保つことが求められている。

　PRT に限らず，ABA アプローチを用いたプログラムでは，クライアントである子どもとその家族に対して，数名のセラピストと1名のスーパーバイザーが関わるのが一般的である。子どもおよびその親を直接指導するのはセラピストの仕事で，スーパーバイザーはクライアントごとに個別指導計画を作成し，またその名前が示す通りセラピストをスーパーバイズするのが主な仕事である。スーパーバイザーは指導計画が順調に進んでいるか，問題はないかなどのチェックと，親との相談などのために定期的に各家庭や学校を訪問する。スーパーバイザーになるためには，修士以上の学歴，認定行動分析士（Board Certified Behavior Analyst；BCBA）の資格を有している必要がある。

（3）プログラムの内容とデータ収集

　PRT のプログラムは，ASD 児や学校・家庭のルーティンに応じた目標やニーズに沿うよう，また発達的アプローチに基づき，個別に作成される。プログラムは，基本的に対人的やりとり，言語，遊びスキルについて，それぞれ目標行動が設定される。子どもにどのような目標行動を設定するかは，スーパバイザーの子どもの発達段階に関する知識，経験，力量に委ねられる部分が大きいと考えられる。**図表 2-7** に ASD 児への PRT プログラムの例を示す。セッション中の子どもの行動は，毎回データ収集表に記入したり，10分程度録画して行動をコーディングし，標的行動の到達度を数値化して評価する。子どもの行動の進歩や改善に応じて，各セッションの目標やニーズは変化する。

　PRT のプログラムは，通常，週に25時間以上の ASD 児への介入および親への指導から構成される。さらに，ASD 児に関わる周囲の人々全員が一貫して PRT の手法を用いて関わることが推奨されている。

補足：ABA に基づく支援カリキュラム―STAR
　　プログラム―

　PRT には，基本的にカリキュラムはないが，Arick ら（2004）によって，包括的支援プログラムとして自閉症研究成果指導法（Strategies for Teaching Based on Autism Research；STAR）(https: //starautismsupport. com/research-0) が開発されている。この STAR プログラムの特徴は，PRT，DTT，機能的ルーティン（Functional Routine），積極的行動支援法（Positive Behavior Supports；PBS）の技法を活用し，支援カリキュラムがある点である。理解言語，表出言語，自発言語，機能的ルーティン，前アカデミック，遊び，対人的相互作用の 6 つの領域におよぶ 169 の課題から構成されている。

図表 2-8　STAR プログラムキット
（出所）http: //starautismsupport. com/ curriculum/star-program

6　評価と今後の課題

　近年，発達障害にかかわらず，支援手段は科学的にその効果性や安全性が検討された，エビデンスベースドプラクティスであるべきという認識が国際的に高まってきている。ABA は最も長く，また多岐にわたって研究された支援手段の一つであり，その効果に関する豊富なエビデンスをもっていると言える。RPT の研究結果からは，全体的に，ASD 児の言語，対人的スキル，遊びスキルを向上させることに成功し，同時に問題行動は減少したというエビデンスが示されている（Koegel & Koegel, 1995, 2006 など）。近年では，無作為化比較試験（RCT）においても PRT の有効性が確認されている（Mohammadzaheri et al., 2014；Schreibman & Stahmer, 2014）。PRT は主に就学前の子どもや小学生に対して使用されてきたが，PRT は青年期や成人に対しても有用であることが研究によって示されている（Koegel, et al., 2013a；Koegel et al., 2013b）。PRT アプローチは ASD 症状を抱えるすべての年齢帯の人に役に立つものである。

　近年，ASD 児の行動上の改善に加え，脳機能についても好ましい変化が認められたという報告がある。2 名の ASD 児童に対して 4 ヵ月間 PRT を施行し，実施前後で比較したところ，行動指標（アイコンタクト，対人的コミュニケーション，適応行動）における著しい改善と共に，fMRI においても対人的刺激を提示した際に定型発達児が用いる脳の領域に活性化が認められるようになった（Voos et al., 2013）。今後は，PRT ならびに他の介入技法によって，ASD 児の行動変容だけでなく，脳機能の変化および脳の可塑性がもたらされるのかどうか，領域架橋的な研究の推進がますます求められる。

参考となるリソース

Arick, J., Loos, L., Falco, R., et al. (2004). *The STAR Program : Strategies for Teaching Based on Autism Research.* Austin, TX : PRO-ED.

Koegel, L. K., Ashbaugh, K., Detar, W. J., & Regester, A. (2013a). Increasing socialization in adults with asperger's syndrome. *Psychology in the Schools.* **50**(9), 899-909.

Koegel, R. L., Kim, S., Koegel, L. K., & Schwartzman, B. (2013b). Improving socialization for high school students with ASD by using their preferred interests. *Journal of Autism and Developmental Disorders.* **43**(9), 2121-2134.

Koegel, R.L., & Koegel, L.K. (1995). *Teaching children with autism : strategies for initiating positive interactions and improving learning opportunities.* Baltimore : Paul H., Brooks Publishing Co.

Koegel, R. L., & Koegel, L. K. (2006). *Pivotal Response Treatments for Autism : Communication, Social, Academic Development.* Baltimore, MD : Paul H. Brookes.
（ケーゲル，R.L・ケーゲル，L.K.氏森秀亞・小笠原恵（監訳）（2009）．機軸行動発達支援法　二瓶社）

Mohammadzaheri F., Koegel, L. K., Rezaee, M., & Rafiee, S. M. (2014) A Randomized Clinical Trial Comparison Between Pivotal Response Treatment (PRT) and Structured Applied Behavior Analysis (ABA) Intervention for Children with Autism. *J Autism Dev Disord.* 2014 May 20. [Epub ahead of print]

National Research Council. (2001). Educating Children with Autism. Committee on Educational Interventions for Children with Autism. Catherine Lord and James P. McGee, (eds.) *Division of Behavioral and Social Sciences and Education.* Washington DC : National Academy Press. http://www.iidc.indiana.edu/?pageId=407#sthash.9h3qWDDV.dpuf

Schreibman, L., & Stahmer, A. C. (2014). A randomized trial comparison of the effects of verbal and pictorial naturalistic communication strategies on spoken language for young children with autism. *J Autism Dev Disord.* 2014 May ; **44**(5), 1244-51. doi : 10.1007/s10803-013-1972-y.

Voos, A. C., Pelphrey, K. A., Tirrell, J., Bolling, D. Z., Vander Wyk, B., Kaiser, M. D., McPartland, J. C., Volkmar, F. R., & Ventola, P. (2013). Neural mechanisms of improvements in social motivation after pivotal response treatment : two case studies. *J Autism Dev Disord.* 2013 Jan ; **43**(1), 1-10. doi : 10.1007/s10803-012-1683-9.

（稲田尚子）

1）行動的アプローチ

③ 認知行動療法（CBT）

　ASD の不安や怒りといった感情のコントロールや，障害理解を含めた自己理解のためには，認知行動療法が効果的であるという報告がある。幼児期でも，すでに不安や恐怖をもっている子どもはいる。こうした幼児には，個別あるいは 2〜3 人の小人数で，喜びや親しみといったポジティブな感情を含む自身の感情への気づきを促したり，感情の強さを教えていくことができる。また，不安，恐怖，怒りといったネガティブな感情の対処法（コーピングスキル）を身につけていくことが必要であるし，低年齢であっても可能であると考えられる。自己理解や他者への関心を育てるプログラムについては，4〜5 歳であれば，グループで十分に行える内容なので，楽しみながら，自己の特性，特に長所に気づいたり，他児への関心を高めることができる。

1　認知行動療法とは

　認知行動療法（Cognitive Behavioral Therapy：CBT）とは，大野（2010）によると，「人間の気分や行動が認知のあり方の影響を受けるという理解に基づいて，認知の偏りを修正し，問題解決の手助けをすることによって精神疾患を治療することを目的とした短期の構造化された精神療法である」。不安障害，強迫性障害，気分障害（うつ），摂食障害，統合失調症などの多くの精神疾患に効果があることが実証されている。認知行動療法の主な技法に曝露があるが，これは不安や恐怖の対象を，その強度によって段階的に分け，認知的なとらえ方を変えることで克服していくという療法である。

2　ASD への認知行動療法の適用と目的

　ASD の子どもでは「心の理論」（他者の考えや感情を理解する本能的な能力をさす）の獲得が遅れ，また，遅れるだけでなく，生涯にわたって他者の感情認知に障害があることが知られている。また，最近の研究では，自己の感情認知にも障害があることが明らかになってきた（Williams, 2010）。したがって，ASD 児者では，自己の感情に気づきにくく，ネガティブな感情に適切に対応することが難しい。この結果，不安障害，強迫性障害やうつといった精神症状を呈することも多くみられる。特に，不安障害は児童期からみられることが報告されている（van Steensel, 2011）。
　近年，認知行動療法を ASD の感情コントロール，特に不安のコントロールに応用する研究が発表され，それに伴って，臨床での取り組みも増えている。ただ，認知行動療法といっても，ASD の特性に配慮したプログラムが必要であり，安易に一般的な曝露を伴う認知行動療法を行うべきではない。ASD に特化した認知行動療法は，認知の偏

りをすべて正すわけではなく，認知の偏りを自分で気づき理解し，それに対処する方法を身につけることを目的とする。したがって，不安などの曝露についても，不安を感じている自分の認知を変えて克服するというよりも，不安を克服するための対処法を身につけていくことになる。また，プログラムの中で，多くの視覚的支援を行うことも重要である。認知行動療法以前に，構造化などの ASD 支援を行うことも必須である。

また，本人への介入だけでなく，ペアレントトレーニングのような，親が子どもの障害や行動を理解し適切に対応できることを目的とする親教育が，非常に重要であることが示されており，子どもへの介入（グループの場合も個人の場合も）と並行して親教育が実施される。認知行動療法の対象は主に学齢期以上ではあるが，そのエッセンスは幼児にも応用できるので紹介する。

3 理論的背景

ASD では，児童期から不安障害，強迫性障害といった精神症状が併存することがしばしばある。特に，不安障害や不安の症状に対して，小集団認知行動療法により改善がみられたという報告がある（Sofronoff et al., 2005, 2007；Wood et al., 2009；White et al., 2009, 2013；Sukhodolsky et al., 2013.）。

ASD の不安への認知行動療法について，初めて精緻な研究を行ったのは，アトウッド（Attwood, T.）のグループの Sofronoff ら（2005）で，ランダム化比較試験により，10歳から12歳までの71名の ASD 児とその家族を3グループ（子どもだけへの介入，子どもへの介入と親へのペアレントトレーニング，統制群）に分け，介入前・後とフォローアップ（6週間後）でその効果を検討した。その結果，子どもへの介入とペアレントトレーニングを並行して行った群が，もっとも効果的があることが示された。その後，ほとんどの研究や臨床においては，子どもへの認知行動療法と同時に親教育が並行して行われている。以下に，プログラムの概要を紹介する。

4 アトウッドのプログラムの実施方法

① 対　象
高機能 ASD の5〜6歳以上から小学生くらいまでの子ども，認知行動療法による感情コントロールは成人期まで可能である。

② 指　導　者
ASD に詳しい心理学の専門家が望ましいが，親や教師，言語療法士，作業療法士なども実施可能である。

③ リソース：アトウッド博士の〈感情を見つけに行こう〉不安のコントロール
この本（図表2-9参照）は，6回のプログラムが実施できるマニュアルとなっている。

このプログラムの特色としては，感情コントロールのコーピングスキルを道具に喩えて「身体の道具」「リラックスの道具」「交流の道具」などと名付け，それらが「感情の道具箱」の中にあると考える。こうすることによって，子どもにも理解しやすくなっている。

また，同じくアトウッドによる The Cognitive Affective Training（CAT）-kit もあり，これを利用することもできる。The Cat-kit の使い方については研修を受けることが推奨され，日本では From A Village で受けることができる。

④ 手続き

個人のペースに合わせて個別で実施することも可能であるが，研究で効果検証され本でも紹介されている小グループ，6回1クール（1回2時間）の方法を紹介する。6回の各回で感情に気づくことや，不安に気づいた後，どのように，それに対応するかを学べるようになっている。最初は，感情プログラム自体に拒否感をもたないようにするために，ポジティブな感情から始める。したがって，第1回目のセッションでは，幸せについて考えていく。どのような状況で，幸せを感じたか経験を通して考えていく。同時に，その時の身体反応も思い出す。最終的に，ネガティブな感情である不安についても，それが起こる状況やその時の身体反応を考えていくことができるようになる。

また，感情についても視覚化し，強いものから弱いものへと序列化して理解していく。その時の身体反応に気づくと同時に，不安についてはその発散方法を学ぶ。このプログラムでは，対応方法を「道具」と呼んでいるが，「運動の道具」「リラックスの道具」「交流の道具」などの種類の異なる対応方法を身につける。

図表2-9 アトウッド博士の〈感情を見つけに行こう〉不安のコントロール

図表2-10 The CAT-kit

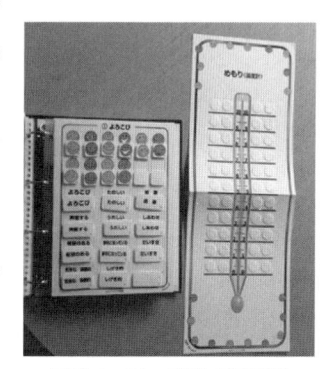

図表2-11 感情の温度計

⑤ グループの進め方

子どものグループなので，参加する子どもたちが楽しめる活動が考えられている。感情の強さを表すのに，実際のロープの上に立って表すというゲームをしたりする。たとえば，第1セッションであれば，ロープの一方の端が少しうれしい状態で，もう一方の端はとてもうれしい状態として，現在どのくらいうれしいかを実際に立って示す。また，感情の強さを数値で示すという工夫もされている。各子どもにワークブックが用意されており，それに記入してから発表するという形で，グループは進行していく。これは，

図表 2 - 12　各セッションの内容

	内　　容
第1セッション	幸せについて考える。どのような状況で起こるのか，その時の身体反応はどうかを理解する
第2セッション	不安（感じる状況とその時感じる身体症状）と感情の道具箱についての紹介
第3セッション	感情の道具箱についてのワーク（交流の道具，考えることの道具，そのほかの道具，おかしな道具）を通して，使い方を学ぶ
第4セッション	感情の幅や強さを学ぶ（感情の温度計の説明もする）＆ グループで不安をコントロールできた方略や道具を共有する
第5セッション	ソーシャルストーリーを感情コントロールのためにどう使うか ＆ 良くない考えをどう消すかの方法
第6セッション	不安をマネージメントするプログラムの確認

話をすることが苦手な子どもにとっても，発表が楽になり，活動をふりかえった時に自分が何を考えて発表したかが，理解できるようにという工夫である。第1セッションの最初には，自己紹介の時間があるが，その時も，自分の好きなもの，長所，得意なことなどポジティブなことを取り上げて話す。この場合も，ワークブックに記入後に発表する。各回の内容は**図表 2 - 12**の通りであるが，その回でやったことについての宿題が毎回出される。

　次に，ノースカロライナ医学部精神科 TEACCH 部で実施されている，自己理解（障害特性への理解）を高める子ども向けのグループについて，紹介する。実際に，不安等はなくとも，子ども自身が他者との違いに気づき，それを受け入れたり，自分の好きなことを表明する機会をえることは，本人の自己効力感を育て，ひいては適切な自己評価につながる。

　この自己理解をすすめるグループは，全5～6回で，ASD の小学校低学年の子どもを対象としている。グループは，子ども4～5名からなり，セラピストが1名で行っている。他者と自分の違い，違いを受け入れることなどが目的で行われている。2名のペアで実施する場合もある。また，挨拶や自己紹介といった，スキルの構築も目指しており，より SST の要素が強くなっている。隔週1回で約2ヵ月行われる。年間，同年齢のグループは1回実施だが，進級するごとに年1回，学年や年齢に合わせた自己理解グループに参加できるようになっている。

　子どものグループの活動時間は90分で，同時並行で親グループが行われている。親グループでは主に心理士であるセンターのディレクター（センター長）が ASD についての講義をし，それをもとに親が質問をしたり，親同士がディスカッションするという流れになっている。親に自閉症特性を理解してもらい，家庭での対応を適切なものにしてもらうことを目的とするが，親同士の連携をとることも目的の1つなので，ディスカッションに時間が割かれている。

図表 2-13　グループの部屋

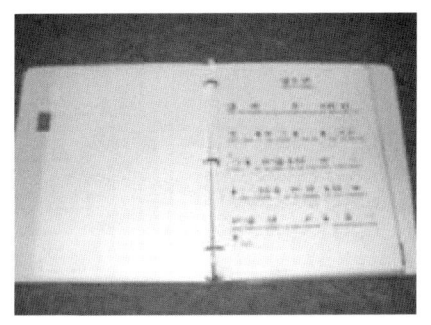

図表 2-14　グループで使用する各自のファイル

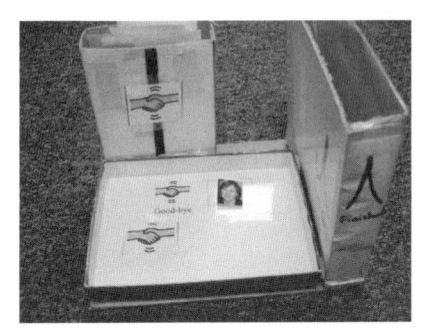

図表 2-15　挨拶のカード

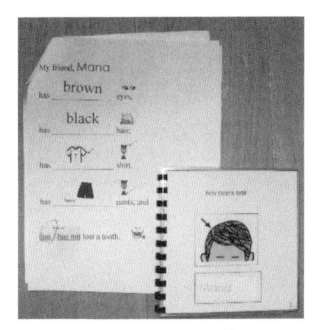

図表 2-16　友達の特徴を見つけようゲーム

子どものグループ活動の内容：**図表 2-14** のようなファイルが各自に用意される。表紙にスケジュールがはられており，終わるとチェックする形式になっている。ファイルの中には，グループのルールやその日の課題の手順書が入っている。記入して発表する形式である。

部屋：落ち着いた雰囲気にしてあり，座る位置は子どもの様子を考えてセラピストが決め，毎回同じ位置に座る。

ある日のスケジュール

1. テーブルゲーム：自由遊びをしながらメンバーがそろうのを待つ。メンバーどうしが関われるようなゲームが用意されている。
2. スケジュールを読む：全員がそろうと各自のバインダーにつけられたスケジュールを確認する。
3. ルールを読む：グループのルールを毎週違うメンバーが読む。
4. 「こんにちは」の挨拶：名前のカードが回されて，引いたカードに基づいて，メンバーどうしが一対一で挨拶をする（**図表 2-15**）。
5. 自分について話す：その回のテーマ，「好きなゲーム」「好きなイベント」について手順書をみながら話す。
6. 「ここに誰がいる？」ゲーム：名前を覚えるために作られたゲームでメンバーの特徴と名前をマッチングさせる（**図表 2-16**）。
7. トイレ休憩：トイレのカードをもってトイレに行く。トイレの前には並ぶ位置を

示すカードが床におかれている。
8. おやつタイム：ピザを食べながら，その日の話題（毒のある動物，クリスマスにもらう予定のものなど：各回の話題は，子どもの興味に基いてセラピストが決める）について話す。
9. 見せてお話：手順書にそって，各自もってきた自分の興味のあるものについて話す。
10. 「さよなら」の挨拶：カードが回り，それに基づいて一対一で挨拶を交わす（図表 2 - 15）。

全5回の流れの中で，手作りのゲームを通してメンバーのことを知ったり，関わりをもったりできるように工夫してある。

5 まとめと幼児への応用

今回は，アトウッドによる子どものための認知行動療法のマニュアルを中心に紹介したが，これ以外に，アメリカでは，Facing Your Fear (Reaven, et al., 2011) というマニュアルも開発され，それに基づいた不安への認知行動療法が，研究的な検証をしながら，実施されている。実際には子どもの特性に合わせて既存のマニュアルを改変したり，独自の教材を用いることも必要だと考えられる。ASDへの認知行動療法は，一般の認知行動療法とは違い，不安や怒りといった感情をコントロールするための対応方法を教えることを大切にする。また，ASDの子ども本人へのアプローチだけでなく，親がASDの特性を理解すると同時に，その他の特性を含めて我が子を受容し，適切に対応できるようになることを非常に大切にしている。そのために，ペアレントトレーニングなどの親への心理教育が必須と言える。後半で触れた，障害を含めた自己への気づきのプログラムも同様で，子どもへのアプローチと同時に親への心理教育が重要である。

参考となるリソース

Attwood, T. (2004). *Exploring Feeling: Cognitive Behavior Therapy To Manage Anxiety*. Future Horizons Inc. Arlington.
（アトウッド，T. 辻井正次（監訳）(2008). アトウッド博士の〈感情を見つけに行こう〉不安のコントロール　明石書店）

Attwood, T., Callesen, K., Nielsen, A. (2009). *The Cognitive Affective Training-kit (The Cat-kit)*. Future Horizons Inc. Arlington. 日本語版：The Cognitive Affective Training-kit (The Cat-kit) 感情認識トレーニング．From A Village, 2010.

大野裕 (2010). 認知療法・認知行動療法治療者用マニュアルガイド　星和書店

Reaven, J., Blakeley-Smith, A., Nichols, S., & Hepburn, S. (2011). *Facing Your Fear*. Paul H. Brookes Publishing Co, Baltimore.

Sofronoff, K., Attwood, T., & Hinton, S. (2005). A randomized controlled trial of a CBT intervention for anxiety in children with Asperger syndrome. *J Child Psychol Psychiatry*, **46** (11), 1152-1160.

Sofronoff, K., Attwood, T., Hinton, S., & Levin, I. (2007). A randomized controlled trial of a cognitive behavioural intervention for anger management in children diagnosed with Asperger syndrome. *J Autism Dev Disord*, **37**(7), 1203-1214.

Sukhodolsky, D. G., Bloch, M. H., Panza, K. E., & Reichow, B. (2013). Cognitive-behavioral therapy for anxiety in children with high-functioning autism: a meta-analysis. *Pediatrics*, **132**(5), e1341-1350.

van Steensel, F. J. A., Bögels, S. M., & Perrin, S. (2011). Anxiety disorders in children and adolescents with autistic spectrum disorders: A meta-analysis. *Clin Child Fam Psychol Rev*, **14**, 302-317.

White, S. W., Ollendick, T., Scahill, L., Oswald, D., & Albano, A. M. (2009). Preliminary efficacy of a cognitive-behavioral treatment program for anxious youth with autism spectrum disorders. *J Autism Dev Disord*, **39**(12), 1652-1662.

White, S. W., Ollendick, T., Albano, A. M., et al. (2013). Randomized controlled trial: Multimodal Anxiety and Social Skill Intervention for adolescents with autism spectrum disorder. *J Autism Dev Disord*, **43**(2), 382-394.

Williams, D. (2010). Theory of own mind in autism: Evidence of a specific deficit in self-awareness? *Autism*, **14**(5), 474-494.

Wood, J. J., Drahota, A., Sze, K., Har, K., Chiu, A., & Langer, D. A. (2009). Cognitive behavioral therapy for anxiety in children with autism spectrum disorders: a randomized, controlled trial. *J Child Psychol Psychiatry*, **50**(3), 224-234.

From A Village　http://www.from-a-village.com/catkit-seminar.html

（黒田美保）

> 1）行動的アプローチ
> ### ④ ソーシャルスキルトレーニング（SST）

1 ソーシャルスキルトレーニング（SST）とは

　ソーシャルスキルは Social Skills の訳語で，「社会的技能」「社会的スキル」などと称される場合が多い。これは社会生活や人との関係を上手に営んでいくために必要となる技能や能力である。ここでいう技能や能力は，決して遺伝ではなく，人との相互作用や様々な経験を通して身につけていくものである。近年では，対人的場面や社会性において求められるスキルとして，一般的に使われる用語となっている。それらの技能・能力を身につけるための訓練が，ソーシャルスキルトレーニング（Social Skills Training：SST）である。ソーシャルスキルトレーニングは SST と略して呼ばれることが多い。

（1）SST の目的
　SST の目的の基本は，聴くスキル，話すスキル，会話するスキルなどの日常生活における対人的場面や様々な問題・課題に対処・対応するために必要なスキルの獲得やその能力の向上とされる。例として，相手が何を言っているのかを理解し，自分の考えや意見を正しい文法で表現し，会話のキャッチボールが行えるように訓練するものである。そして，獲得したスキルを応用して，どんな場面でどんな言葉を発したらよいか，本当のことでも言ってはいけない場合があるなど，場の空気を読んで行動することを学習していく。挨拶やお礼などは，代表的なソーシャルスキルである。したがって，発達の遅れや偏りがある子どもにかぎらず，すべての幼児や児童において，その年齢や所属する集団，場面，状況に応じて必要とされるスキルと言える。
　一方，発達障害のある子どもの場合，ソーシャルスキルの獲得が年齢より遅れていたり，不適切な言葉や行動で表現しがちなことが多い。そうしたときには，その子どもの状態（発達状況や問題行動など）にあった最適なソーシャルスキルを教えていき，トラブル回避や様々な場面・状況のつまずきに対応させていく。すべての子どもに必要なスタンダード・スキルと，個に応じて必要とされるスキル，いわばオプションバージョンの 2 つがある。

（2）理論的背景
　行動療法や認知行動療法の技法の中で，他者との関係やコミュニケーションをうまく行うことに焦点を当てパッケージ化したものが SST である。1970年代以降に，子どもから大人まで，様々なフィールドで広く導入されて発展した。特に，子どもの育ちを見守るだけでなく，「具体的な行動を教える」「意図的に達成に導く」ことが重視された。

2　SSTの方法と実際

（1）対象と指導者

　ソーシャルスキルを学ぶ対象は，広くすべての子どもと言える。年齢としては，スキルの内容にもよるが，3歳以降の子どもから，青年・成人までが対象となる。意図的・専門的なプログラムで構成されたSSTの対象には，ソーシャルスキルの獲得が遅れていたり，不適切な言葉や行動などで表現する幼児・児童や青年・成人とされる。具体的には，知的障害，ASD，ADHDなどの発達障害のある人のなかで，社会的場面における「状況理解がうまくない」「感情コントロールがうまくない」「多動・衝動性が強い」「こだわり・過敏さが強い」「表現力の未熟さがある」といったつまずきが著しい者が対象となる。

　SSTは，専門機関などに通わなくても，保育所・幼稚園で保育者が実践したり，家庭で保護者が指導することも多い。子ども理解（アセスメント）が適切になされ，対象児に必要なソーシャルスキルを特定し，その獲得に向けた工夫（指導手続き）が展開されることが重要であり，指導者の資質や立場などにとらわれず，誰しもが指導者になれる。

（2）プログラムの構成

① 指導内容について

　対象となる子どもの年齢や発達障害などによるつまずきの状態，所属する集団などによって，SSTの指導内容が異なる。**図表2-17**に大まかなソーシャルスキルの段階を呈示した。幼児・児童の場合は，レベル1〜2がターゲットスキルとなることが多い。狭義のSSTでは対人的場面におけるコミュニケーション領域のスキルのみを扱うが，幼児期では身辺処理にかかわる排泄や着脱，食事などの生活スキルの実行に伴い，必ず他者とのコミュニケーションスキルが求められることが多く，その比重が高い。そうした状況を踏まえ，本書では，生活習慣に関わるスキルをソーシャルスキルの初期段階に含めている。

　また，ソーシャルスキルには3つの側面がある（**図表2-18**）。一般的に，挨拶や謝罪，お礼などの言葉を発することができる表現スキルが強調されがちであるが，対人的な場面における一般常識や相手を理解する，身近なできごとの意味を認識するといった「理解系」，言葉やジェスチャー，感情表現などの「表現系」，加えて，自分自身の様々な特性を理解し，ある程度コントロールするスキルである「自己認知・制御系」の3側面がある。対象児の年齢や状態などに応じて，どの側面が不充分であるかを見極めて，指導内容を考える。基本スキルの具体例を**図表2-19**に示した。

② 指導手続き

　SSTは，モデリングやロールプレイングなどの訓練を行うことで適応行動のパター

```
レベル1  基本的生活スキル
 （排泄，衣服の着脱，食事など）

レベル2  コミュニケーションに必要な基本的スキル
 （アイコンタクト，挨拶，姿勢，適切な
  ことばの使用や談話，態度など）

レベル3  仕事や地域において必要なスキル
 （電話，交通機関の利用など）

レベル4  高度な対人関係スキル
 （問題解決，ユーモアなど）
```

図表2-17　ソーシャルスキルの段階

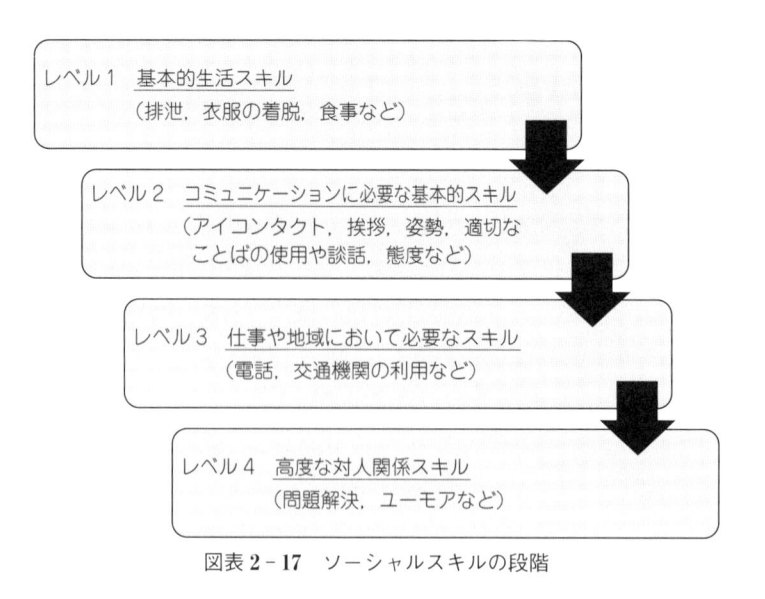

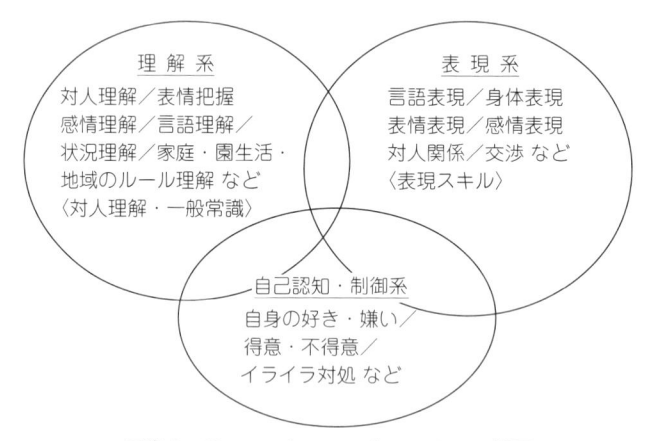

```
理解系
対人理解／表情把握
感情理解／言語理解／
状況理解／家庭・園生活・
地域のルール理解 など
〈対人理解・一般常識〉

表現系
言語表現／身体表現
表情表現／感情表現
対人関係／交渉 など
〈表現スキル〉

自己認知・制御系
自身の好き・嫌い／
得意・不得意／
イライラ対処 など
```

図表2-18　ソーシャルスキルの3つの側面

ンを子どもに身につけさせる。手続きとして，基本的には以下に示す5つの過程（要素）を含んでいることが望ましい。

(i) **教示**〔やるべきことを言葉で説明したり指示して教える〕

　言葉のみでは効果がない場合，子どもの言語理解力に応じて，写真や絵，シンボル，手順表などを提示しながら，視覚的な支援や見通しをもたせるサポートを展開する。

(ii) **モデリング**〔望ましい見本を提示する〕

　読み取りが苦手な子どもの場合は，どの部分を見ればよいかを具体的に教示して挙げる。

(iii) **行動リハーサル**〔ロールプレイングや劇遊びで演じながら練習させる〕

　成功体験を優先する。遊びやゲームの中で練習したり，ワークシートを用いて確認させるなど，多層的にリハーサルを行う。

(iv) **フィードバック**〔適切な行動を強化・修正する〕

　子どもの行動がよかったか，もう少し直した方が良いのかを振り返り評価させる（指導者だけでなく，子ども自身も含めて）。また，どの場面においても実践できること

図表 2-19　ソーシャルスキル（基本スキル）の一覧

話す	・相手に聞こえる声で話す　・相手の顔を見て話す　・全体に向けて大きな声で話す
聴く	・話し手に体を向けて聴く　・話し手の顔をみて聴く　・友達の意見を最後まで聴く ・行っていた活動を中断して聴く
挨拶する	・自分から挨拶する　・相手の方を向いて丁度よい大きさの声で挨拶する　・知っている人や先生に挨拶する
やりとりや会話をする	・自分から声をかける　・言葉でやりとりする　・かかってきた電話に対して簡単な応対ができる
話し合う	・人の意見を聞いて賛成や同意を表明する　・じゃんけんや多数決で決められる
応答する	・働きかけられた時，応答する　・大人の質問に礼儀正しく答える　・名前を呼ばれた時に返事する　・人に何か頼まれた時，応じる　・断りたい時，適切に断る
質問する	・わからないことがあった時，先生や友達に尋ねる　・授業中わからないことを挙手して質問する
お願いする	・「やめて」等の言葉で拒否したり抗議する・友達がよくないことをしていたら注意する
主張する（依頼する）	・して欲しいことを要求する　・「貸して」と言って許可を求める　・「いいよ」と相手が言ってから借りる／了解してくれたらお礼を言う　・優しい頼み方ができる
関係をつくる	・自己紹介できる　・友達を遊びに誘える　・友達と親和的に遊べる　・相手と分け合う　・玩具を分けたり，一緒につかうことを求める
関係を維持したりよりよい関係にする	・友達や先生に何かしてもらった時，感謝の気持ちを伝える　・友達と約束する　・友達の嫌がることをしない　・友達の行動を手伝う　・友達をほめる　・友達が一人で寂しそうな時，声をかける・友達を心配する　・友達が失敗した時，励ましたり慰めたりする
問題を解決する	・困ったときに助けを求める　・自発的に友達と仲直りする　・友達から攻撃を受けた時，相手にしないで対処する
対人関係・集団に参加する	・仲間に入りたい時「入れて」等と言える　・順番を理解して行動する　・ルールを理解して参加する　・順位や勝敗を意識して遊ぶ／友達と協力する　・形式にそって号令をかけることができる　・周りの動きをみて判断しながら自分も行動できる　・場に応じた行動や態度がとれる
感情を処理する	・気持ちを適切に処理する　・過敏な反応を抑える　・自分の思いが否定された時，興奮しないでいられる　・怒りを適切に表現する　・相手の表情の違いや変化に気づく　・表情から相手の感情を推し量る　・喜び，怒り，不安，哀しさを共感する

を目指し取り組ませる．般化を促すためには本人を取り巻く環境へ働きかけることも必要である．

　この中で，特に，ⅱ）モデリング，ⅲ）行動リハーサルの2つが指導上は重要である．指導者がていねいにわかりやすく見本を示したり，演じてみせる，ロールプレイングの場面設定をして実際的に指導することがポイントとなる．また，発達障害などによるつまずき行動が著しい場合は，トラブルの起こりそうな場面を予測し，それに近い状況をロールプレイングの中で再現したり，適切なふるまいについて具体的に教示していく（例えば，「先生助けて」「やめて」と言えるようにロールプレイングなどで練習する）．そして，般化や応用といった成果に結びつけるためには，子ども自身がうまくできたかできなかったかを認識するような自己評価につながる，ⅳ）フィードバックが重要である（例えば，「うまくできたと思う？」「どこを直すといいと思う？」などの質問をしながら共

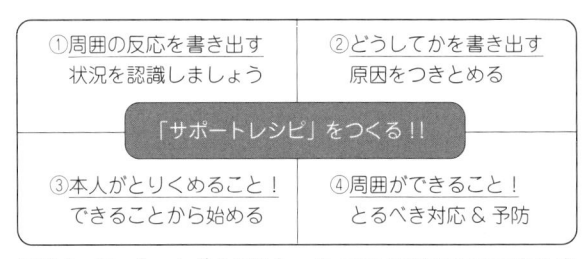

①周囲の反応を書き出す 状況を認識しましょう	②どうしてかを書き出す 原因をつきとめる
「サポートレシピ」をつくる!!	
③本人がとりくめること! できることから始める	④周囲ができること! とるべき対応＆予防

図表 2-20 「つまずき行動」への SST 開始前の計画書作成

に強化・修正していく)。

③ 指導計画と評価

問題行動の改善やトラブルの回避に向けた SST を展開する際には，指導計画書(子どもをサポートするためのレシピといったもの)を作成することが望ましい。例えば，欲しい物があるときにお友だちをたたいて奪ってしまう子どもの場合，「a. その行為による周囲の反応を書き出す(お友だちや周囲は，とても嫌がったり怖がったりしていることを本人に理解してもらう)」「b. どうしてやってしまうのかを書き出す(欲しくなったら我慢できず，「かして」と言う前に手が出てしまう)」「c. 本人がとりくめるスキルを特定して練習する(「それ欲しいから，かして」と言う)」「d. 周囲ができることを考えて実践する(周囲の子どもたちに対して「かして」と言われたら優しく対応してあげるように事前に説明しておいたり，「かして」と言えたら側にいる大人は即座にほめてあげる)」の 4 つを事前に確認しておく。

SST の指導評価は，指導場面において，ターゲットとしたソーシャルスキルが形成されたかどうかではなく，広く日常の生活や家庭・園の場面で「場面・状況にふさわしい行動が増えたか？」「他者とうまくコミュニケーションできているか？」「危険やトラブルを回避することが増えたか？」などの変化がみられたかを評価する。評価の仕方は様々にあるが，指導前・後におけるトラブルや不適切な行動の頻度・回数や子どもの実際の行動を 3～5 段階によって指導者または保護者などが評定する(例として，○できる，△時々できる，×できない)。

(3) リソース

様々な保育所・幼稚園，幼児教室(民間の塾や指導機関など)において，基本的なマナーやルールなどの約束事を理解する SST は展開されている。発達障害などのソーシャルスキルにつまずきのある子どもの場合は，療育の一つとして，病院(主に大学附属病院や障害児専門の医療センターなど)や発達支援センター，保健センター，特別支援学校の幼児向け教室，NPO 法人(障害児指導機関)などで行われている。近年多くみられる幼児期プログラムとして，小学校通常学級への就学に向けた適応指導を中心とする SST の実践がある。

図表 2-21　切り替えがうまくない姿　　図表 2-22　サポートを受けて取り組む姿

3　プログラムの実際

場面の切り替えに柔軟に対応できない子どもの SST プログラムを紹介する。

① つまずきの姿

　給食の時間になっても遊びをやめて，お部屋に入ることを強く拒否する。保育者が手をつないでお部屋に連れていこうとしても，大声でわめいて「まだ遊びたい」と抵抗する。何度か「給食を食べようよ」と誘うと，ひっくりかえって泣き出してしまう。

② つまずきの原因とアプローチ

　「次の活動への見通しがもてない」「過敏さやこだわりがあり柔軟に対応できない」「感情のコントロールがうまくない」といった原因が考えられる。こだわりや感情のコントロールは少しずつ時間をかけて改善していけるとよいと考えて，すぐにできることとして，「見通しをもたせる」という指導を行い，場面の切り替えがスムーズにできるようにアプローチした。

③ SST プログラム

　まずは，朝の登園時や遊びの前に，『今日の予定』について子どもに理解させる。具体的には，(i)予定を表にして子どもに提示する，(ii)時計の絵を描いて「10のところに針がいったら集合だよ」と話す，(iii)子ども自身に予定を言わせる，を実践した。次に，朝の時間帯や遊びの前に，上手にお部屋に戻る姿を見せたり（モデル提示），子どもにお庭から靴を履き替えてお部屋に入る動作を実演させる。

　その際に，「上手にできたね」「これなら給食の時間になったら，いい子でお部屋に入れるかな」などとほめる。

④ 実際の場面での実践

　前もって作成した予定表や時計の絵を提示しながらサポートする。少しでもうまくできた姿があればほめる。うまくできない場合は，遊びの時間を延長したりしながら，繰

り返しサポートしていく。

4 指導効果と今後の課題

　SST の実践効果は，直接的効果と間接的効果がある。指導ターゲットとしたソーシャルスキルの使用や般化をみていく視点と，自尊感情や自己効力感，生活満足度などへの影響や反映をみていく視点がある。研究的には，そうした尺度を用いて測定される。

　幼児に対する SST の導入について疑問視する意見がある。社会的な場面における状況理解や他者理解（感情を含む）などが，発達段階初期にある幼児には難しいのではないかという見解からである。しかし一方で，集団生活がスタートする3歳以降の幼児期においては，ソーシャルスキルを個々の子どもの発達状況に応じながら学ぶことはあたりまえの環境であるともされている。就学移行プログラムで指摘されるように，「適応」を優先しすぎて集団や学校生活の'枠'にはめようと無理強いするのは避けて，豊かな生活と楽しく周囲と過ごせるためのスキルを育むことが重視されるべきであろう。

参考となるリソース
井澤信三・霜田浩信・橋本創一ほか（2008）．ちゃんと人とつきあいたい―発達障害や人間関係に悩む人のためのソーシャルスキル―　エンパワメント研究所
橋本創一・細川かおり（2009）．DVD ちゃんと人とつきあいたい！―発達障害や人間関係が苦手な人のためのソーシャルスキル・トレーニング（幼児・児童編）―　アロウィン
霜田浩信・渡邉貴裕・橋本創一（2009）．実際のつまずきに向き合う・予防する子どもの SST プログラム（CD-ROM 付）　ラピュータ
橋本創一・細川かおりほか（2011）．小1プロブレム・予防&改善プログラム―特別支援教育と学級経営・学習活動に使える目的別メニュー55―　ラピュータ
橋本創一・横田圭司ほか（2012）．人間関係でちょっと困った人&発達障害のある人のためのサポートレシピ53―本人と周囲がおこなうソーシャルスキルトレーニング―　福村出版
橋本創一・渡邉貴裕ほか（2012）．知的・発達障害のある子のための「インクルーシブ保育」実践プログラム―遊び活動から就学移行・療育支援まで―　福村出版

（橋本創一）

2) 発達論的アプローチ
① DIR/Floortime モデル

1 発達論的アプローチ

　ASD の療育では，発達論的アプローチという発達の縦軸（＝発達段階）にあわせた技法が注目を集めている。発達論的アプローチは発達の力を最大限に生かす技法であると言われている。ここではその1つである DIR/Floortime モデルを紹介する。

　発達論的アプローチの共通点として，十一（2007）は以下の諸点を挙げている。
① コミュニケーション能力の習得は，できるだけ人と人との関わりの中で行う。
② 子どもの内側からの意思伝達欲求を引き出し，子どもからのコミュニケーションが意味あるものになるよう，周囲が子どもに合わせていく。
③ 知能や認知機能は情動と一体化して発達する。あらゆる学習の前提として，子どもの情動の安定化を重視する。
④ ほかの子どもたちを媒介とした学習場面を積極的に活用し，少人数の関わりを通じて対人行動の基本を体得する。
⑤ 子どものコミュニケーション行為は，基本的に一度はありのままを受け入れ，子どもからの意思伝達を促す。
⑥ 子ども主導を心がけ，大人からの指示をできるだけ減らす。子どものモチベーションを高めるかかわりにより，自発性や能動性を維持しつつ，コミュニケーションのレパートリーを豊かにする。

筆者はこれに加え，
⑦ ASD の基盤にある認知障害や情報処理障害そのものを標的とする。応用のきかない表面的な技術や，環境に適応するためだけのテクニックを教えるのではない，という点を付け加えたい。

　グリーンスパン（Greenspan, S.）によって創案された DIR/Floortime モデルも発達論的アプローチの一つである。新しい技法というよりも，伝統的な関わり方の集大成であり，比較的普遍性の高い方法である。応用行動分析のような特別なトレーニングは不要で，TEACCH のように構造化された環境にも依存しない。家庭，学校，療育施設などあらゆる場所で，誰でもが簡単に取り組める。以下，概要を述べていく。

2　DIR/Floortime モデルの概要

（1）DIR とは
　DIR は Developmental, Individual-Difference, Relationship-Based の略で「発達段階と個人差を考慮に入れた，相互関係に基づくアプローチ」と訳している（Greenspan,

2006/2009)。

① Developmental：発達段階にあわせた関わり

　発達段階を無視した関わりでは，発達は限られたものになる。DIR では 6 つの基本的な発達課題と 3 つの応用段階を設定しており，それに沿った関わりをしていく。

　もう一つ大切なことは，一つ一つの発達項目だけをスキルアップさせるのではなく，包括的に関わることである。人間の発達項目はそれぞれが独立して発達すると考えられてきたが，近年の研究からは発達の各項目はお互いに深い関係があることがわかってきた。つまり，言語，運動，認知の発達などを独立して評価するのではなく，それぞれが子どもの中でどれくらい統合されているか，個々の要素が全体の中でどのように機能しているかを考えなくてはならない。言葉だけを単独で発達させる関わりよりも，全体を発達させていく関わりの方が効率的なのである。

② Individual-difference：情報処理能力の個人差

　人間が生きていくには様々な情報処理が必要であるが，生得的な情報処理能の個人差は大きい。この個人差を強く意識して関わることで，認知や行動の能力をより発達させ，適応を高めることができる。

　ここで情報処理については，便宜上，以下の 3 つに分類して考える。

- 感覚情報入力に対する反応
- 入力された情報の解析と統合
- 出力にあたる運動の計画と遂行能力

　発達障害だけでなく，様々な精神疾患の背景に，情報処理特性の個人差が影響していることも分かってきている（Greenspan, 2009/2014）。

③ Relational-Based：感情面で意味のある人間関係

　感情が発達に強く影響を及ぼす。公平という概念を学ぶには，公平もしくは不公平に扱われたという，感情を伴った体験をすることが早道である。言語，認知課題，数概念などはすべて，感情的に意味のある人間関係の中で学習できる。感情は学習の原動力である。

　発達には一番身近な養育者との安定した「温かな関係性」が欠かせない。ASD の原因自体は親子関係にはないが，それでもなお，「温かく十分な人間関係」の中でこそ，その子のもっている発達の力が十分に発揮される。

（2）DIR/Floortime モデルの創始者

　グリーンスパン（1941 年ブルックリン生まれ，2010 年ベセスダにて逝去）は，ジョージ・ワシントン大学の精神医学・行動科学および小児科学部門の臨床教授および Interdisciplinary Council on Developmental and Learning Disorders の会長をつとめていた児童精神科医である。

　グリーンスパンは『Zero to Three 3 歳までの精神保健と発達障害の診断基準』（2000）の創案者の一人である。もともとグリーンスパンは，養育困難を抱える母親と子どもの，乳児期からの感情的な関わりについての研究を行ってきた。そこで得た教訓

から，子どもの発達には情緒的な安定が不可欠という結論に達し，DIR/Floortime モデルのセントラルドグマを導いたのである。

（3）DIR/Floortime モデルの目指すところ

DIR の目標は発達のための基盤を作り，各発達段階で欠かすことのできない能力を身につけさせることである。発達段階のどこに位置するかを明らかにし，それに見合った関わりによって困難な段階をマスターさせていく。

具体的には以下の3点が目標となる。

① 温かい気持ちと喜びをもって人と関わること
② 目的と意味のあるコミュニケーションができること
③ 論理的かつ想像力豊かに考えられること

3 DIR/Floortime モデルの発達段階について

6つの基本段階と3つの応用段階がある。

① 注意の共有と情動の調整が始まる（0～3ヵ月）

人生の最初の数ヵ月で，赤ちゃんは自分の内的感覚に気づき，そこから生まれる感情を周りに伝えることを学ぶ。伝えるためには，赤ちゃんが周囲の世界へ注目する必要があると同時に，周囲の人間も赤ちゃんの感情を満たす努力をする必要がある。つまり，大人と赤ちゃんの注意を合わせていく必要がある。感覚処理は個人差があるので，赤ちゃんが最も好む刺激を探していく。反対に，早期の感覚刺激がすべて不快なものであると，外界に無関心になってしまう。

② 周囲との関わりが豊かになる（2～5ヵ月）

赤ちゃんと大人の注意が合っていくと，情緒的な相互交流が増え，やりとりが豊かになる。大人の声の調子や表情から，その感情や意図を読み解くことができるようになっていく。パターンを読み取り，読み取ったことを，意味に応じてカテゴリーに分類することも可能になっていく。これらが知能を獲得する基盤となる。

③ 双方向コミュニケーションになっていく（4～10ヵ月）

自分の感情を，声や身振りや表情などの何らかのシグナルに変換し，周囲に伝えられるようになる。大人はそのシグナルをできるだけ正しく読み取って対応する必要がある。このような行き交いが，双方向のコミュニケーションにつながるからである。大人が微笑みかけたら，赤ちゃんも微笑み返す。この段階を習得すると，言葉がなくてもコミュニケーションができるようになっていく。

この時期には論理と現実感覚も芽生え，理にかなったコミュニケーション，つまり因果関係のある関わりが始まる。自分の行動と他人の行動を区別し始める。自分の意図を

実感するにつれて，自分自身の意志も生まれ，自我が芽生えていく。

④ 身近な問題を解決していく（10〜18ヵ月）

　双方向のコミュニケーションができるようになると，身近な問題を解決できるようになる。おなかが空いたらうなり声で示して空腹を満たしてもらう。退屈になると指さして絵本を持ってきて読んでもらえるようになる。

　大人との温かい関わりの中で，自分の感情をコントロールできるようになっていく。感情をシグナルで伝えたり交渉したりすることで，自分の意図を満たしてもらえるからである。もし，満たされなくとも，あやされて満足できるようになる。

　自我が膨らみ，自分を規定することも始まる。自分が確立することで，自分とあなたという認識，ついで，自分と他人の境界が形成されていく。

　物理的因果関係についての理解も進む。ハンドルを回すと人形が箱から飛び出す，ものを叩くと大きな音が出るなどがわかってくる。パターンを理解することで世の中の仕組みの理解が進み，次を予測し，適切な言動ができるようになっていく。

⑤ 言葉を身につける（18〜30ヵ月）

　言葉を理解し，日常生活で使用できるようになるためには，複雑な感情を様々なシグナルに変換し，相手に適切に伝えられるようになる必要がある。シグナルに変換された感情は，言語の発達につながり，より高度な知能レベルに発達していく。

　感情をシグナルに変換することで，行動と感覚を分け，イメージを言葉としてこころにもつことができる。つまり，感情を神経細胞の電気的活動に変換し，言葉の記憶として保持することができるようになるのである。

　そのためには，感情的に意味のある体験やコミュニケーションのやりとりを通じて，イメージに意味が与えられ，感情が言葉に置き換えられ，言語能力が発達していく必要がある。自分の要求や感情を行動や言葉と結びつけることが困難な場合，この段階に到達するのに多大な困難を伴う。

⑥ 感情的思考，論理的思考，現実感覚が身につく（30〜42ヵ月）

　論理的な思考能力が発達し，内省ができるようになっていく。自分の考えと他人の考えを論理的に結びつけることが可能になる。子どもにとっては毎日が新しいことの連続である。自分の周りに起こっている出来事を，論理的に理解し整理していくことは，膨大な「新しい現実」を理解するために欠かせない。

　この段階では，外的な出来事経験を内的な感情体験と結びつけるようになると同時に，それらを区別することもできるようになっていく。つまり，客観的な経験と主観的な体験を分けることができるようになる。また，論理的思考により議論や数学や科学などの新しい技法を身につけることもできる。

　定型発達ではこの6つの発達段階を，遅くとも4-5歳までに獲得し，次の3つの発達段階へ進むための準備が完了する。次の発達段階は個人差が非常に大きく，発達障害の

有無にかかわらず，一生かかっても獲得できない場合もある。

⑦ 多面的な因果関係と三角的な思考ができるようになる

単純な「原因→結果」の考えから，多面的な因果関係の思考へと発達していく。そして物事の原因には複数の可能性があることを理解していけるようになる。

⑧ グレー・ゾーンの理解，様々な感情の区別ができるようになる

多面的な考え方をすることで，感情や出来事を様々な濃淡で理解し，それらの相対的な影響を理解できるようになる。白黒はっきりした考えでなく，グレー・ゾーンの考え方ができるようになる。妥協することを覚え，様々な問題，特に集団内で生じる複数の人間間での問題を解決する方法を身につけていく。

⑨ 自己意識，内省と自己規範が確立する

複雑な感情的な交流によって，内的な倫理規範と関連づけた考えができるようになり，自己意識が確立する。そして，経験を批判的に眺めることができるようになっていく。推論することを学び，同時に様々なことを参考にしながら物事を考えることができるようになる。現在や過去だけでなく，未来のことを考えられるようになり，同時に2つの観点から物事を考えることができるようになる。

4　Floortime

（1）Floortime のあらまし

Floortime は DIR/Floortime モデルの中核技法であり，発達を支援する包括プログラムの中心に位置する。

包括プログラムには Floortime だけではなく，それ以外の治療技法，例えば，親へのカウンセリング，家庭や学校での集中プログラム，集団活動，音楽療法，運動など様々なことが含まれてよい。グリーンスパンはワシントン精神分析協会の児童精神分析スーパーバイザーでもあり，行動面にスポットを当てたような関わりの中に，力動的な視点が深く根づいている。

Floortime では，一回15〜20分程度，親や大人が床（フロア）におりて子どもと同じ目線で関わる。関わりの内容は発達段階に合わせて決定される。

Floortime には，発達の促しには欠かせない2つの目標がある。

① 子どもからのリードに従い，子どもの内から自然に発生する興味を増やす

子どもの興味や関心は，その子の言動を通じてしかわからない。特にASDのそれは，定型発達と異なる場合が多いため，通常の関わりでは彼らを大人のペースに巻き込むことは難しく，コミュニケーションが成立しない。そこで，大人のペースではなく，子どものリードに従うことで，子どもを我々の世界と結びつけていく。

② 子どもが自ら周囲と関わりたいと望むようにする

"やりたい！"というモチベーションを大切にする。様々な活動やコミュニケーションを大人主導でやらせるのではなく，子どもが自らしたいと望むようする。

（2）Floortime の実際

具体例を3つ提示する。いずれも，子どもとのコミュニケーションのやりとりを豊かにすることを目標とする。

① 子どもと同じ行動をする

ASDの子どもは様々な理由から，自分の世界に没頭したり引きこもったりする。その際は，子どもが興味をもっている対象を尊重し，子どもの興味の世界に大人が参加するようにしていく。それによって子どもは大人に親近感を覚え，周囲との関わりを膨らますことができる。

たとえば，子どもと同じ行動をするのは有効である。子どもと同じように部屋の中をぐるぐると廻ってみる。そこで子どもが嫌な表情を浮かべたり逃げ出したりせずに，大人に対して視線をちらっとでもなげかければ，一緒の世界に参加する第一歩になる。ドアの開閉が好きな子どもには，まず，大人も一緒に開け閉めして関わり始める。関わりが生まれたら，次に述べる，「お邪魔遊び」をする。

② お邪魔遊び

子どもと一緒にドアを開け閉めしてしばらくしてから，さりげなく足でドアをブロックしてみる。子どもはドアが動かなくなったので，怪訝そうな顔をする。子どもがドアを押したり引いたりしているのを見たら，足を外して，開け閉めができるようにする。これを何回か繰り返す。対人意識の芽生えがある子どもでは，邪魔をしている大人の顔を見るようになる。

子どもが周囲と関わりをもたず，いつも決まったおもちゃだけで遊ぼうとする場合がある。遊んでいるおもちゃをそっと取り上げ，大人が自分の頭の上に乗せ，面白い表情をしてみる。そして，子どもがおもちゃを取り戻そうとするかどうかみる。おもちゃをドアの外に置いてもよい。子どもがおもちゃを取り返そうとして，ドアを叩いたら，子どもに「何か手伝おうか？」と訊いてみる。子どもは大人の手をつかんでドアの方に連れて行こうとするかもしれない。あるいは，身ぶりや言葉で「開けて」と表現し，大人にドアを開けさせて大好きなおもちゃを取り戻すかもしれない。

このようにして，子どものリードに従いながら邪魔をすることで，子どもの注意や関わりを増やし，目的のある行動を引き出し，問題解決能力や言葉につなげる。

③ 新しい目標の設定

子どもが自分から目標に向かうように仕向けることが必要な場合もある。遊びの中に新しい目標を設定する。例えば，子どもがトラックを行ったり来たりさせている時に，大人が手でトンネルを作ってみる。子どもはトンネルを見てにっこりし，トラックをく

ぐらせるかもしれない。その時，二人の間には共同注意が成立している。関わりを伸ばし，目的をもった行動や問題解決能力が身につくチャンスである。

さらに，子どもにトラックという単語を教えて，それを繰り返させ，覚えさせることにもつながる。子どもが選べるように「トラックをトンネルに入れる？　それとも家に戻してしまう？」という質問をしてもよい。子どもは「うーん」と考え込んで，おもちゃの家を指差すかもしない。こうして言語と思考が芽生えるのである。

（3）大人の関わり方

子どもに合わせるためには，大人の関わり方にも配慮が必要である。大声で元気な大人は，反応に乏しい子どもには向いているかもしれないが，子どもをなだめるのには向かない。一方，穏やかな大人は，元気いっぱいの子どもをなだめるには向いているかもしれないが，活気のない子どもにエネルギーを注入するのには向いていない。

子どもが大人を避けるときに，それを大人に対する拒絶と解釈して，関わりを少なくするか，あるいは，より濃密に関わって注意を向けさせるかは難しい判断である。関わっている子どもの特別な感受性や要求に合わせて，大人の関わり方をていねいにチューニングしていく必要がある。

（4）いつでもどこでも Floortime

DIR/Floortime モデルでは，このような具体的な関わりの積み重ねで発達を促していく。外来で子どもとの関わり方を実演し，家でのヒントにしてもらう。

Floortime は一回あたり15〜20分の関わりでよい。短い時間でよいかわり，場所と時間を見つけて一日に何回も行う。

Floortime はあらゆる場所で可能である。部屋だけでなく，庭やお店や校庭でも可能である。他の子どもたちや兄弟と一緒でもよく，大人だけが相手をしてもよい。

時間もいつでもよい。夕食後でも入浴中でもベッドで添い寝しているときでも，一日の終わりでもよい。車の中でも旅行中でもよい。洗濯をしていたり，庭で何かをしているときでもよい。あらゆる状況ですることができる。

いつでもどこでも Floortime を行うことで，関わりの質が向上していく。

5　DIR/Floortime モデルの現在

DIR/Floortime モデルは注目を集める機会が増えている。

2006年には Time 誌の自閉症特集で取り上げられ（Wallis, 2006），National Academy of Sciences of the United States（2001）では，応用行動分析や TEACCH と並ぶ代表的な療育技法として取り上げられた。2009年にアメリカ小児科学会から出された自閉症ガイドラインでも代表的な治療技法の一つに位置づけられている。

エビデンスの蓄積はこれからである。グリーンスパンの200例の長期観察では，高い改善が58％，中程度の改善が25である（Greenspan, 1997）。同じグループからの症例報

告もある（Wieder, 2003）。別の報告では68人の ASD の子どもが DIR/Floortime モデルの療育を受け，Functional Emotional Assessment Scale の有意な改善が認められている（Solomon, 2007）。認知行動療法や応用行動分析が広く認められてきたのは，その有用性が科学的かつ客観的に立証されたからでもある。DIR/Floortime モデルについてのエビデンスの蓄積が待たれる。

　DIR/Floortime モデルは，2006年に筆者がフィラデルフィア小児病院の自閉症センターの外来に陪席している時に耳にした技法である。縁あって，その解説書 "Engaging Autism"を「自閉症の DIR 治療プログラム」として，2009年に翻訳出版することができた。本項ではその概要を紹介した。自閉症だけではなく，ADHD や精神疾患への適応もある（Greenspan, 2009/2011；Greenspan, 2009/2014）。興味のある方は HP（www.icdl.com）も参照されたい。

　DIR/Floortime Model によって，ASD の子どもたちとその家族に少しでも楽しい時間が増えることを願って稿を終えたい。

参考となるリソース

Committee on Educational Interventions for Children with Autism, N. R. C (2001). *Educating children with autism.* National Academies Press.

Greenspan, S. I. (2009). *Overcoming ADHD: Helping your child become calm, engaged, and focused -Without a pill.* Boston: Da Capo Press.
　（グリーンスパン，S. 広瀬宏之（監訳）（2011）．ADHD の子どもを育む―DIR モデルにもとづいた関わり―　創元社）

Greenspan, S. I. (2009). *Overcoming anxiety, depression and other mental health disorders in children and adults: A new roadmap for families and professionals.* Chicago: Independent Pub Group.
　（グリーンスパン，S. 広瀬宏之（監訳）（2014）．こころの病への発達論的アプローチ―DIR モデルに基づいた理解と関わり―　創元社）

Greenspan, S. I. & Wieder, S. (2006). *Engaging autism: Using the Floortime approach to help children relate, communicate, and think.* Boston: Da Capo Press.
　（グリーンスパン，S.・ウィーダー，S. 広瀬宏之（訳）（2009）．自閉症の DIR 治療プログラム―フロアタイムによる発達の促し―　創元社）

Greenspan, S. et al. (1997). Developmental patterns and outcomes in infants and children with disorders in relating and communicating: A chart review of 200 cases of children with autistic spectrum diagnoses. *Journal of Developmental and Learning Disorders*, **1**, 87-141.

Myers, S. M. et al. (2007). Management of children with autism spectrum disorders. *Pediatrics*, **120**, 1162-1182.

Solomon, R. et al. (2007). Pilot study of a parent training program for young children with autism: the PLAY Project Home Consultation program. *Autism*, **11**, 205-224.

十一元三（2007）．広汎性発達障害と発達論的療育論　現代思想, **35**, 190-195.

Wallis, C. (2006). Inside the Autistic Mind. *Time Magazine*, May. 7.

Wieder S. et al. (2003). Climbing the symbolic ladder in the DIR model through floor time/interactive play. *Autism*, **7**, 425-435.

Zero to Three Diagnostic Classification Task Force (1994). *Diagnostic classification of mental health and developmental disorders of infancy and early childhood*. Arlington,: Zero to Three Press.
（Zero to Three　本城秀次・奥野光（訳）（2000）．精神保健と発達障害の診断基準――0歳から3歳まで――　ミネルヴァ書房）
icdl http://www.icdl.com

（広瀬宏之）

2）発達論的アプローチ

② 対人関係発達指導法（RDI）

1　RDI 対人関係発達指導法とは

　対人関係発達指導法（Relationship Development Intervention：RDI）は，ASD の中核的症状の改善のために，対人関係の育成に焦点を当てた親主導のアプローチとして開発された。親は，コンサルタントの指導のもとに，子どもの対人関係発達を支援するための技術と方略を学び，家庭の日常生活の中で子どもの支援者として親子相互作用を促進する活動を行っていく。これらの活動を通して，子どもは他者と緊密な関係性を築くことを学ぶ。現在のプログラムでは，ASD 児だけでなく，その他の対人関係に問題をもつ子どもにも支援対象を広げるとともに，親，教師，セラピストが支援を実施することを想定した内容となっている。

　RDI は，米国の臨床心理学者であるガットステイン（Gutstein, S.）によって，1980年代に開発された。1990年代後半には，米国テキサス州ヒューストンに Connections Center が設立され，ここにおいて RDI の訓練プログラムが実施されてきた。現在は，RDIconnect の名称で活動が行われており，新たなプログラムの開発が行われている。また，プログラム参加者がオンラインで学習できるシステムが導入され，遠隔地に在住する人にも参加しやすくなっている。RDI のプログラムやシステムは，これまで変更が繰り返されており，現在の状況は，RDI の公式 Web サイトで確認するとよい。

　以下に，RDIconnect が掲げている任務を示す。

RDI の任務は，親と専門家をエンパワーするツールを開発し，プログラムを実施することである。具体的には，
◎家族関係をエンパワーすること。
　―それにより，親は，自信をもって，子どもの精神的，社会的，情動的発達のガイド役を果たすことができる
◎効果的に学習できる対人関係を作り出すこと。
　―それは，学習環境として家と学校，そして親と教師と子どもをスムーズにつなぎ合わすことによって可能となる。
◎有効な知性を構築すること。
　―それは，学習者独特の生物 – 心理 – 社会的ニーズを注意深く理解することによって可能となる。
◎ダイナミック・カリキュラムを作成すること。
　―それにより，学習者に，認知を変える機会を与えることができる。
◎世界中に，オンラインコミュニティを広げること。
　―それにより，親と専門家の関係をつなぎ，RDI の任務を共有して進めることができる。

2 RDIプログラムの目的

　RDIの目的は，対人関係に対する動機づけと興味を高めること，人との関係性を楽しみ，その能力を育成できる活動を指導していくことである。RDIでは，対人関係の改善が生活の質（QOL）の改善に導くと考えられている。
　具体的には，以下の6つの目標が挙げられる。
① 情動参照——他者が情動的主観的経験をしている際に，そこから情動を読み取る能力を育成する
② 対人関係の協調——対人関係をうまく保てるように，他者を観察し，他者との行動を調整する能力を育成する
③ 宣言的言語——好奇心を示し，相互作用を起こし，知覚や感情を共有し，そして，他者と協調して行動するために，言語や非言語的コミュニケーションを使う能力を育成する
④ 柔軟な思考——環境の変化に合わせて適応し計画を変更する能力を育成する
⑤ 関係性に関する情報処理——文脈の中で物事を理解し，明快な解決が得られない問題にも対応する能力を育成する
⑥ 将来の見通しと過去の洞察——過去の経験に基づいて，未来の可能性を予測する能力を育成する

3 理論的背景

　ガットステインは，1990年代の初めに，ダイナミックインテリジェンス（dynamic intelligence）のモデルを開発した。対人関係における有能感の発達を研究し，早期親子相互作用が言語，思考，情動の発達に及ぼす影響について先行研究を調べた結果，ASDは，脳皮質領域間でのコネクションが強くなるunderconnectivityがあるために，固定された常に一定の世界を求めると結論づけた。さらに，情報処理の困難が，ASD児に対して関係性，自立，QOLに必要なダイナミックインテリジェンスや柔軟な思考を発達させるのを妨げていると考えた。定型発達児は，養育者との相互作用を通して，ダイナミックインテリジェンスを発達していくが，ASD児の場合は，それらに困難をもつために，親子関係が築かれないことになる。ガットステインは，ASD児の親が段階的体系的方法で親子関係を再構築できるようにRDIを作成した。
　RDIは，対人関係の定型発達をもとにした発達論的アプローチであり，相互作用において情動協調を伴った経験共有することを最も重要な課題としている。しかし，それに加えて，構造化，行動変容などの他の社会的指導やコミュニケーション指導を取り入れている。

4　RDI のプログラム

　現在開発されている RDI のプログラムには，ASD 児などの家族のための家族コンサルテーションプログラム（Family Consultation Program）と専門家のためのコンサルタントトレーニングプログラム（Consultant Training Program）がある。また，現在開発中のプログラムとして，ダイナミック教育プログラム（Dynamic Education Program）がある。

（1）家族コンサルテーションプログラム
① プログラムの対象と実施
　これは，幼児期から青年期の ASD 児（特に高機能 ASD）の家族および多様な子どもの問題（例えば，反応性愛着障害，ADHD，トゥーレット症候群，虐待など）に直面している家族のためのプログラムである。
　親は，RDIconnect の家族コンサルテーションプログラムを受講し，RDI 認定コンサルタントの指導のもとにプログラムの支援技術と方略を習得する。それをもとに，家庭での日常生活の中で，親は ASD 児に対してプログラムを実施していくが，この際にも，コンサルタントと共同して行う。具体的には，親とコンサルタントは，定期的に，対面式あるいはオンラインでミーティングとビデオセッションを行い，そこで親はコンサルタントからサポートとフィードバックを受ける。

② プログラムへの参加方法
　親が，家族コンサルテーションプログラムを受講するには，まず RDI 認定コンサルタントに連絡をとらなければならない。コンサルタントは，米国を中心に世界中に点在しており，そのリストは，RDI 公式 Web サイト RDIconnect で公開されているので，その中から親は自分達の条件にあったコンサルタントを選び，申し込む。
　なお，RDI 認定コンサルタントになるには，RDIconnect のコンサルタントトレーニングプログラム（次項を参照）を受講する必要がある。

③ アセスメント
　プログラム実施前に，コンサルタントが，まず子どもに対して，自閉症診断検査である ADOS や ADI-R，そして言語，認知，運動，情動調整などの評価を行う。それに加えて，子どもの社会性発達および親子関係の評価として，RDI のために作られた対人関係発達アセスメント（Relationship Development Assessment：RDA）を実施する。これには，集中的で体系化された子どもの観察と親への面接が含まれている。これらの検査，観察，面接から子どものアセスメントを行う。また，子どもの日常生活の観察が重視されるため，子どもの相互作用のビデオテープを提供してもらうこともある。
　コンサルタントは，上記のアセスメントに基づき，子どもの個別指導プランを立てる。

それは，最も子どもに合ったコミュニケーションスタイルに基づいて，子どもの発達を促すものである。

④ プログラムの目標

家族コンサルテーションプログラムにおける，最初の発達段階での目標は，ガイドによって生じる相互関係（Guided Participation Relationship：GPR）を親子間に築くことである。この GPR とは，子どもが誕生時より親や周りの大人の主導によって経験する関係性に相当する。子どもは，乳児期から親や周りの大人と数えきれない位の出会いを果たし，その中で経験する相互作用が，脳のネットワーキングを進展させ，様々な能力を発達させていく。GPR には，「ガイド」と「実習生」の2つの役割がある。親子は相互作用の中で同期することによって発達的ダンスが繰り広げられるが，「ガイド」する親と「実習生」である子どもは，そのダンスのパートナーである。「ガイド」は子どもが精神的神経的成長にチャレンジする機会を提供し，「実習生」は，そこで共有された情緒的愛着関係に参加していく。それによって，チャレンジに成功した「実習生」は，安寧感，有能感，自分や「ガイド」への信頼感だけでなく，さらに世界を探求し広げていく強い動機づけを発達させていく。

GPR が一旦獲得されると，親子で，子どもの一連の発達目標に向かって進んでいくことになる。発達目標は，段階的に設定され，毎日の日常生活に応用する。例えば，最初の段階では，話し言葉を最小限にして，アイコンタクト，非言語的コミュニケーションを中心に相互作用を行う。その後，子どもの能力が高くなるにつれて，徐々に，それらの目標を進めていく。その後も，親や教育者は，子どもの日常生活の中で RDI の原理を適応し続けるが，その中では，子どものソーシャルスキル，適応力，自己意識を向上させるために正の強化を使うことも含まれてくる。

⑤ プログラムの構成

プログラムでは，親が社会性の発達と対人相互作用を支援するための多くの技術と方略が習得されるようになっている。全体のプログラム構成は，以下の通りである。

1. 親の面接
   コンサルタントが親に面接を行い，子どもの発達や行動の様子，また親子関係を聴取する。
2. 事前アセスメントの実施
   プログラムが始まる前に，コンサルタントが親に対して RDA を実施する。
3. 個別指導プランの作成
   RDA の結果をもとに，コンサルタントが，子どもの学習スタイルに合わせた個別指導プランを作成する。
4. 親の初級段階（Beginning Parent Stages）
   コンサルタントの指導により，親はプログラムが実行できるように教育と訓練を受ける。

5. 親の上級段階 (Advanced Parent Stages)
　　親は，徐々に，自立して，子どもと一緒にプログラムを実行することを学ぶ。
6. 継続アセスメント

　プログラムは，親が子どもと一緒に日常生活の中で使える方略や技術を習得する内容となっている。その技術は，様々な種類の身体的・非言語的コミュニケーションを駆使して行うゲームから構成されている。ゲームは，子どもが表情あるいは他の非言語的手がかりを理解することができた時に終了する。その後，徐々に，プログラム課題は，子どもが新しく挑戦的で予測不能な設定や問題に応答する方法を学ぶにつれて難しくなっていく。

　親は，それらの方略や技術を家庭で子どもに対して実施するが，定期的にコンサルタントとミーティングやビデオセッションをもち，そこでサポートとフィードバックを受ける。このサポートとフィードバックは，対面式あるいはオンラインで行われる。

(2) コンサルタントトレーニングプログラム
① 対　象
　コンサルタントトレーニングプログラムは，心理士，言語聴覚士，ソーシャルワーカー，自閉症療育士，作業療法士，医師などの専門家のための教育プログラムである。

② プログラムの構成
　プログラムは，下記の3コースよりなっており，これらすべてを修了するまでに18ヵ月を要する。
1. 専門家トレーニングコース　パートⅠ
　　このコースは，オンラインと対面の両方式で行われ，神経発達，コミュニケーション，乳幼児発達，病理学などの知見をもとにしたRDIプログラムの理論的基礎をロールプレイ，分析，討論を通して学んでいく。
2. 専門家のスーパービジョン
3. 専門家トレーニングコース　パートⅡ：上級セミナー
　　このコースでは，困難事例への対応，専門家の目標と計画策定，そして，倫理的問題について，より専門的なワークが行われる。

③ コンサルタントの認証
　RDI認定コンサルタントは，このコンサルタントトレーニングプログラムを受講することによって認証が受けられる。実際のRDI認定コンサルタントになるための5段階を図表2-23に示す。

第2章　自閉症スペクトラム障害（ASD）の療育

```
                              RDI 認定コンサルタント
              5 ┌─ トレーニングコース　パートⅡ：上級セミナー
          4 ┌─ 専門家スーパービジョンを受ける
       3 ┌─ トレーニングコース　パートⅠの登録をする
    2 ┌─ 認可されたら，サインをして契約する
  1 ┌─ 申し込み書に記入し，申請する
```

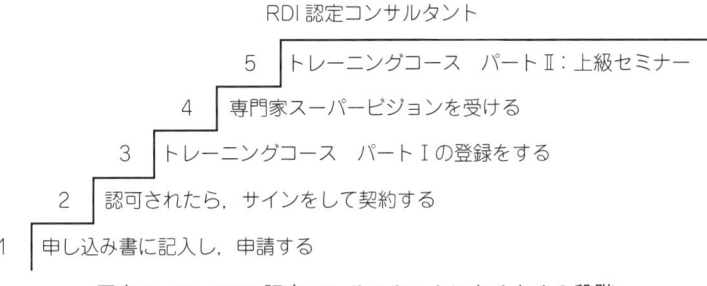

図表 2-23　RDI 認定コンサルタントになるための段階

5　RDI プログラムのエビデンス

　RDI プログラムのエビデンスは，まだ十分に検証されていないが，ガットステインは，いくつかの論文を発表している。RDI の効果に関する初期の予備的研究では，RDIの療育を受けた17名の子どもと，他のプログラムの療育を受けた14名の子どもを比較した結果，RDI の療育を受けた子どもの方がより大きな改善を示したことが報告された。また，2007年に発表された研究では，16名の子どものグループに RDI を実施し，療育による効果を調べた。その結果，すべての子どもで，プログラムを受ける前よりも後の方が ADOS と ADI-R の得点が高くなったことが報告された（Gutstein, Burgess, & Montfort, 2007）。しかしながら，これらの研究には，多くの方法論的な問題や範囲の限定性が指摘されており，RDI プログラムのエビデンスを検証することが今後の課題である。

参考となるリソース

Gutstein, S. E. (2000). *Autism/Aspergers : Solving the Relationship Puzzle : A New Developmental Program that Opens the Door to Lifelong Social and Emotional Growth.* Arlington : Future Horizons.
　（ガットステイン，S. E.，足立佳美（監訳）(2006). 自閉症／アスペルガー症候群 RDI「対人関係発達指導法」―対人関係のパズルを解く発達支援プログラム―　クリエイツかもがわ）
　　ガットステインが最初に刊行した RDI の本であり，RDI の療育法を説明し，子どもへの訓練とその効果の事例を掲載している。

Gutstein, S. E., Baird, C., & Gutstein, H. (2009). *The RDI Book : Forging New Pathways for Autism, Asperger's and PDD with the Relationship Development Intervention.* Houston, TX : Connections Center.
　　ガットステインによる最新の著書であり，RDI を概観している。

Gutstein, S. E., Burgess, A. F., & Montfort, K. (2007). Evaluation of the relationship development intervention program. *Autism,* **11**(5), 397-411.

Gutstein, S. E. & Sheely, R. (2002a). *Relationship Development Intervention with Children, Adolescents and Adults.* London : Jessica Kingsley
　　青少年と成人を対象にした RDI が書かれている（図表 2-24 参照）。

Gutstein, S. E. & Sheely, R. (2002b). *Relationship Development Intervention with Young Children : Social and Emotional Development Activities for Asperger Syndrome, Autism, PDD and NLD.* London : Jessica Kingsley.
（ガットステイン，S. E.・シーリー，R., 榊原洋一（監訳）（2009）．自閉症・アスペルガー症候群の RDI アクティビティ　明石書店）

　　二番目に刊行した本で，乳幼児期から小学校前半位までの ASD 児を対象にした RDI が書かれている。

AUTISM SPEAKS：http://www.autismspeaks.org/what-autism/treatment/relationship-development-intervention-rdi

　　米国の自閉症関連 Web サイトである AUTISM SPEAKS に，ASD の療育の一つとして RDI が紹介されている。

raising children network：http://raisingchildren.net.au/articles/rdi_th.html/context/907

　オーストラリアの子育て関連 Web サイトである raising children network において，ASD の発達論的アプローチの一つとして紹介されている。

RDI connect™：https://www.rdiconnect.com/pages/Home.aspx

　　RDI の公式 Web サイトである。RDI プログラムの概要，RDI 認定コンサルタントのリスト，プログラムの実施要項などが詳細に掲載されている。

　　　　　　　　　　　　　　　　　　　　　　　　　　　　　　（尾崎康子）

図表 2-24　RDI の最新の専門書

コラム　社会語用論的アプローチ

　言語は，音や音素を取り扱う音韻論，文の構造を取り扱う統語論，単語，句，文等の意味を取り扱う意味論，そして，言語の機能を取り扱う語用論の4つの側面で捉えられる。語用論は，「発話状況に関係する意味」や「文脈の中での意味」，さらには「相互交渉における意味」と定義されているように（秦野，2001），社会的な相互交渉や文脈において発話がどのような働きをするかということに焦点が向けられている。例えば，幼児が母親との玩具遊びの中で，人形を母親に向けて差し出し「ママ，お人形」と発話した際に，その発話は，「お人形で一緒に遊ぼう」という要求の機能をもつ場合や「このお人形，かわいいよね」という共感・叙述の機能をもつ場合，「ママはお人形，好き？」という質問の機能をもつ場合等様々であり，その発話のもつ機能は，社会的文脈や相互作用の中で作り出されていくといえる。このように，語用論では，発話や発話の理解，言語獲得を文脈や相互作用との関係で捉える点に特徴がある。

　障害児の言語指導において，このような文脈や相互作用の役割を重視する指導方法は，社会語用論的アプローチ（Developmental Social-Pragmatic Model）と総称されることがある（Prizant, Wetherby, & Rydell, 2000）。我が国では，共同行為ルーティンによる指導（長崎ほか，1991；Synder-Mclean, Solomonson, Mclean, & Sack, 1984）や INREAL アプローチ（竹田・里見，1994）が，その代表的な指導方法である。ここでは，まず，社会語用論的アプローチが台頭してきた背景について触れ，次に，このアプローチの理論的特徴，並びに，具体的な実践事例についてみていきたい。

　1970年代までの言語指導は，日常生活の文脈から切り離された，訓練室の机上で言語反応を形成するものが中心であった。その後，1980年代に入ると，言語・コミュニケーション指導において，機能的な言語使用を促進するアプローチや「自然さ」を重視するアプローチが主流となってくる。言語指導における「自然さ」とは，指導における子どもの伝達的自発性の尊重，指導を日常に近い場面で行うこと，専門家でない親等の参加も得て指導が行われるといった3つの意味が含まれている（大井，1995）。言語指導の在り方がこのように大きく変遷してきた背景には，以下のような知見がある。第1に，訓練室で指導された語彙や文が，日常生活場面で般化しないといった問題や随伴的な賞賛によって形成された言語反応は，そうした人為的な操作を含まない日常の環境では維持されないことが指摘された（大井，1995）。第2に，典型発達児の語用論発達研究の進展により，指さし等の前言語的コミュニケーションから言語獲得へと移行するコミュニケーション発達の連続性が明らかにされた（Bates et al., 1979）。また，乳幼児の言語発達，中でも，語彙学習は，食事を与えたり，絵本を読み聞かせたりするといった親子の慣習的で構造化された相互作用（Bruner, 1983）と，その中に参加するために必要と

される子どもの「共同注意」と「意図理解」の社会的認知の能力によって成立することが見出された（Tomasello, 2003）。これらにより，言語をオペラント行動と捉え，発声訓練→語の形成→語の結びつき→文章といったように連合学習によって言語獲得を説明するモデル（Skinner, 1957）と異なる言語発達モデルが提唱された。第3に，子どもは能動的に環境と関わりながらその意味を汲み取り概念化していくことから，指示的な関わりやモデルの模倣を優先するアプローチから，コミュニケーションにおける子どもの動機づけや自発性を促進するアプローチの重要性が指摘された（Prizant & Wetherby, 1989）。

以上のような背景を踏まえ，社会語用論的アプローチでは，子どもの自発的な伝達と子どものコミュニケーションレパートリー（指さし，発声，アイコンタクト等の非言語手段を含む）の拡張，また，言語・コミュニケーション能力を支援するための日常生活における構造化された文脈の役割と，子どもの注意の焦点に合わせた大人の関わりが重視されている。ここでは社会語用論的アプローチの1つである共同行為ルーティンによる指導（長崎・佐竹・宮崎・関戸, 1998）に焦点を当て，その理論基盤について述べていきたい。

発達論的・認知論的な理論を背景として構築された社会語用論的アプローチでは，フォーマットやルーティンといった子どもと大人との構造化された相互作用が展開される文脈と，その文脈における大人の関わり方の2つが支援方略の重要な特徴とされる。まず，文脈については，イナイナイバアのように儀式化・構造化された繰り返しのある相互作用の形式を「フォーマット」，食事や入浴のように，フォーマットが日常的な行為の連続性として時系列的に展開した時に「ルーティン」，さらに，ルーティンが子どもの知識＝内的構造となった時に「スクリプト」と呼んでいる。食事やゲームといったように，子どもの日常生活において身近な文脈をフォーマットやルーティンに再構成して，その文脈の中で，大人が子どもに語彙・構文や言語の使用方法を徐々に引き渡してゆく（Bruner, 1983）。この際には，時間遅延，モデル提示（語頭音または全文），代弁等の技法が用いられる。子どもはフォーマットやルーティンを繰り返すことにより，その文脈をスクリプト（内的知識）として獲得してゆき，そのプロセスと並行して，スクリプトの要素に対応した伝達機能や言語を獲得していくとされる（長崎ら, 1998）。以下では，共同行為ルーティンによる指導の特徴と実践事例について言及する。

■子どもにとって動機づけの高い自然な活動をルーティンとして再構成して，コミュニケーション発達の促進を図る。

我が国における共同行為ルーティンを用いた指導は，主に，自閉症スペクトラム障害児（ASD児）を対象としたコミュニケーション支援の中で展開されている。関戸（1998）は，質問に対してエコラリアで応答するASD児（生活年齢12歳5ヵ月，精神年齢2歳10ヵ月）に対して，「買い物・トーストづくり」ルーティンを用いて，質問に対する適切な応答的発話の習得を目的とした指導を約8ヵ月間にわたって行った。その結果，Who型，Yes-No型，Whose型の質問に対して適切な応答的発話を習得したことが報告されている。その他に，ASD児に対するルーティン指導は，あいさつ語の自発

的表出と般化（関戸，2001），「ありがとう」の表出と般化（関戸・川上，2006），「○を□ください」の要求構文と「どっちがいいですか？」の質問構文の習得と般化（松田・伊藤，2001）に効果があったことが報告されている。

■特定のルーティン活動の中に複数の目標を組み込むことによって，多様なコミュニケーションレパートリーの獲得を促進する。

　長崎・吉村・土屋（1991）は，発達年齢2歳台のダウン症児に対して，語彙，構文，仲間とのコミュニケーションの促進を目的として「トースト作り」の共同行為ルーティンによる指導を9ヵ月にわたって行った。ここでは大人主導のルーティンを子ども主導によるルーティンへと役割の引き渡しを行うこと，語彙や構文を引き出す質問や子どもの発話の修正や代弁といった手続きがとられた。その結果，名詞，動詞といった語彙の獲得，二文節構文の種類の増加，ルーティンの中での他のダウン症児との相互交渉の回数が増えるといった効果があったことを報告している。

■前言語から言語へと移行するコミュニケーション発達の順序性の知見を言語指導に応用する。

　前言語から言語期への発達の連続性という知見を基に，長崎・片山・森本（1993）は，ダウン症児に対してサーキットおよびおやつ場面を設定し，前言語的伝達行為の指導を10ヵ月間にわたって実施した。その結果，言語指示によるスクリプト要素の理解が可能になる過程と関連して，要求行動が「注視」から「発声を伴うジェスチャー」へ，さらに，指導場面における「有意味語の模倣」や家庭での「有意味語の増加」へと高次化したことを報告している。また，小野里・長崎（2003）は，言語獲得の前提として前言語期のコミュニケーション支援を位置づけ，ASDの幼児に対して他者の指さしへの応答を目的として「宝探し」のフォーマットによる指導を行い，ASDの幼児が様々な場面で他者の指さしへ応答できるようになったことを報告している。

■コミュニケーションと「心の理解」の関連といったように，発達領域間の連関を想定した支援を行う。

　長崎・山田・亀山（2000）は，コミュニケーションの成立には，「他者の心的状態の理解」が重要な役割を果たすという理論を基に，精神年齢4歳台のダウン症児に対して，指導者や母親の要求意図を尋ねる行為の促進を目的として，簡単な玩具を作る「工作場面」ルーティンによる指導を20セッション行った。その結果，指導開始時には，自分の好きなほうを選んで，相手に尋ねずに与えてしまったが，指導者からの段階的援助により，「赤と青，どっちがいい？」と他者の欲求意図を尋ねる行為が可能になっていった。また，指導場面以外の家庭等での自発的な般化も認められた。これらから，適切な場面と援助によって，ダウン症児がコミュニケーションの基盤と言える「心の理解」を学習してゆく可能性を示唆している。西原・吉井・長崎（2006）は，発達年齢4歳台のASD児に対して「心の理解」における他者の「見ることが知ることを導く」という原理の理解を促す支援を行った。指導方法としては，親しい他者との相互交渉を利用した「宝さがしゲーム」共同行為ルーティンを設定した。その結果，「隠した場所を教えない」といった「宝さがしゲーム」内の直接援助を行った要素が自発によって遂行可能に

なった。また，指導場面以外でも，硬貨隠しゲームにおいて相手に見えないように硬貨を隠すといった「見ることが知ることを導く」という原理を意識する様子がみられるようになった。そして，このような「心の理解」の変化に伴い，指導後の自由会話では，指導前に比べ，他者の心的状態に関する発話の数が増加したことを報告している。

▪ コミュニケーションにおける子どものポジティブな情動表出やポジティブな情動共有の役割を重視する。

　吉井・長崎（2002）は，精神年齢2歳台のASD児を対象に「ボールのやりとりゲーム」の習得を目的とした共同行為フォーマットによる指導を18セッション行った。ボールのやりとりを4つの要素から成るフォーマットに構成して，フォーマットにおけるボールを「受け取る」や「投げる」といった各要素の習得を促す段階的援助，対象児の動作を逆模倣することやリズミカルな発話を伴わせてボールを投げることで対象児のポジティブな情動を喚起させる援助を行った。その結果，対象児はボールを「受けとる」ことに加えて「投げる」ことが可能となり，ボールのやりとりが成立するようになった。加えて，ボールのやりとりの中で，指導者の顔を見て笑顔を示すポジティブな情動の共有が生じるようになった。指導場面以外では，ボールのやりとりの始発，対人般化，異なる種類のやりとりゲームの成立が報告された。また，中村・若井（2011）は，発達年齢2歳のASD児に対して，他者の行為の模倣（箱を積む，他児をくすぐる等），大人や他児の行為への注視，笑顔や発声によるポジティブな情動の表出を目的として，小集団場面における「箱つみゲーム」のルーティンによる指導（順番に箱を積み，倒れたらくすぐるゲーム）を15セッション行った。大人の行為の模倣には，対象児の自発的遂行が生起しない場合は，言語教示→言語教示＋指さし→モデル提示→身体援助の段階的援助を行った。また，情動の表出には，指導者が対象児に対して活動の様子を誇張した動きやことばの表現によってプレイフルな遊びの雰囲気に巻き込むように働きかけた。その結果，対象児は，大人の行為への注視とポジティブな情動表出が生起するようになった後に，徐々に大人の行為の模倣が増加するようになったプロセスを報告している。このように，ASD児における相互性や模倣の獲得と情動表出や情動共有が関連していることが指摘されている。

　これらの他に，共同行為ルーティンによる指導の特徴として，子どもにとって予測しやすい行為の系列を設定する，子どもの発話を明確に設定した脚本（筋書き）をつくる，計画的な繰り返しと活動の拡張と柔軟化を図ることが挙げられている（長崎，1995；Snyder-Mclean et al., 1984）。

参考となるリソース

Bates, E., Benigni, L., Bretherton, I., Camaioni, L., & Volterra, V. (1979). *The emergence of symbols: cognition and communication in infancy.* New York: Academic Press.

Bruner, J. S. (1983). *Child talk-learning to use language.* London: Oxford University press.
　（ブルーナー，J. S., 寺田晃・本郷一夫（訳）（1988）．乳幼児の話しことば　新曜社）

秦野悦子（2001）．社会的文脈における語用論的知識の発達　秦野悦子（編）ことばの発達入門　大修館出版

松田信夫・伊藤圭子 (2001). 観察場面を導入した共同行為ルーティンに基づく自閉症児へのコミュニケーション指導―実態把握と指導方針との連携を基盤に― 特殊教育学研究, **38**(5), 15-23.

長崎勤・吉村由紀子・土屋恵美 (1991). ダウン症幼児に対する共同行為ルーティンによる言語指導―「トースト作り」ルーティンでの語彙・構文, コミュニケーション指導― 特殊教育学研究, **28**(4), 15-24.

長崎勤・片山ひろ子・森本俊子 (1993). 共同行為ルーティンによる前言語的コミュニケーションの指導―「サーキット・おやつ」スクリプトを用いたダウン症幼児への指導― 特殊教育学研究, **31**(2), 2-33.

長崎勤 (1995). ダウン症乳幼児の言語発達と早期言語指導―認知・語用論的立場から― 風間書房

長崎勤・本郷一夫 (1998). 能力という謎 ミネルヴァ書房

長崎勤・佐竹真次・宮崎眞・関戸英紀 (1998). スクリプトによるコミュニケーション指導―障害児との豊かなかかわりづくりをめざして― 川島書店

長崎勤・山田明子・亀山千春 (2000). ダウン症本児における「心の理解」の学習可能性の検討―「他者の要求意図を尋ねる」ことの指導を通して― 特殊教育学研究, **38**(3), 11-20.

中村晋・若井広太郎 (2011). 自閉症児における社会性発達の支援と展望 臨床発達心理実践研究, **6**, 26-35.

西原数馬・吉井勘人・長崎勤 (2006). 広汎性発達障害本児に対する「心の理解」の発達支援:「宝探しゲーム」による「見ることは知ることを導く」という原理の理解への事例的検討 発達心理学研究, **17**(1), 28-38.

小野里美帆・長崎勤 (2003). 自閉症幼児に対する「指さし理解」の指導―「宝探しフォーマット」による指導と家庭課題を通して― 心身障害学研究, **27**, 183-191.

大井学 (1995). 言語発達の障害への語用論的接近 風間書房

Prizant, B. & Wetherby, A. (1989). Enhancing language and communication in autism: From theory to practice. In G. Dawson (Ed.), *Autism: Nature, diagnosis, and treatment.* New York: Guilford Press.

Prizant, B. M., Wetherby, A. M., & Rydell, P. J. (2000). Communication intervention issues for young children with autism spectrum disorders. In A. M. Wetherby & B. M Prizant (Eds.) *Children with autism spectrum disorders: A developmental, transactional perspective.* Baltimore,: Paul Brookes Publishing Company.

Skinner, B. F. (1957). *Verbal behavior.* New York: Appleton-Century-Crofts.

関戸英紀 (1994). エコラリアを示す自閉症児に対する共同行為ルーティンによる言語指導―「買い物」ルーティンでの応答的発話の習得― 特殊教育学研究, **31**(5), 95-102.

関戸英紀 (1996). 自閉症児に対するスクリプトを利用した電話による応答の指導 特殊教育学研究, **33**(5), 41-47.

関戸英紀 (1998). 一自閉症児における応答的発話の習得―共同行為ルーティンによる言語指導を通して― 特殊教育学研究, **36**(1), 29-37.

関戸英紀 (2001). あいさつ語の自発的表出に困難を示す自閉症児に対する共同行為ルーティンによる言語指導 特殊教育学研究, **38**(5), 7-14.

関戸英紀・川上賢祐 (2006). 自閉症児に対する「ありがとう」の自発的表出を促すルーティンを用いた言語指導―異なる場面での般化の検討を中心に― 特殊教育学研究, **44**(1), 15-23.

Synder-Mclean, L. K., Solomonson, B., Mclean, J. E., & Sack, S. (1984). Structuring joint action routines: A strategy for facilitating communication and language development in the classroom. *Seminars in Speech and language*, **5**, 213-228.

竹田契一・里見恵子 (1994). 子どもとの豊かなコミュニケーションのために―INREAL アプローチ― 日本文化科学社

Tomasello, M. (2003). *Constructing a Language: A Usage-Based Theory of Language Acquisition*. Cambridge: Harvard University Press.

吉井勘人・長崎勤 (2002). 自閉症児に対する相互的コミュニケーション指導―共同行為フォーマットと情動共有の成立を通して― 心身障害学研究, **26**, 81-92.

（吉井勘人／長崎　勤）

3) 包括的アプローチ

① TEACCH

1　TEACCH 自閉症プログラムの発足

　TEACCH アプローチは，1972年にエリック・ショプラー（Shopler, E.）が米国ノースカロライナ州政府に依頼され，大学の研究機関（ノースカロライナ大学医学部精神科）と州政府が連携協働によって，自閉症スペクトラム障害（ASD）のある子どもから成人までの生涯教育福祉支援制度 TEACCH プログラムとしてスタートした。このため，当時は，ノースカロライナ大学医学部精神科に「TEACCH 部（Division TEACCH）」が置かれた。

　TEACCH とは，発足当時は，Treatment & Education for Autistic and Communication handicapped CHildren の略称として，「教える」意味の teach にかけて命名されたが，2012年，組織改編で第3代部長にローラ・クリンガー博士が就任した際，すでに発足当時とは時代も内容も変化しているという見方によって，略称とはみなさず，TEACCH とし商標登録化（2014年）した。現在は，州の ASD のある人のための生涯教育福祉支援制度としては TEACCH 自閉症プログラム，指導方略を総称する際には TEACCH アプローチと呼ぶ。また，「TEACCH」については，発足当時ショプラーらが樹立した原理と哲学を新たに整理し，2013年1月，T＝teaching，E＝Educating，A＝Appreciating，C＆C＝Collaborating and Cooperating，H＝Holistic という意味のコアバリューとして再構成し，頭文字の意味を，発足時の精神はそのまま残し表記法を21世紀に合うよう変更した（服巻, 2013）。

2　TEACCH 自閉症プログラムの教育・福祉制度

　TEACCH は，前述のように，1972年にノースカロライナ州の自閉症教育と福祉制度として発足した。その時点で，以下のように，7つの原則を設定して，多面的にプログラムを発展させていった。72年当時，指導者ショプラーが設定した以下の7つの原則は，その後の多くの世界中の自閉症治療教育プログラム開発者たちに影響を与えた。

■TEACCH 7つの原則
① 子どもの適応能力を向上させる（以下の2つの方法がある）。
　　a．子ども自身の適応能力を向上させる。
　　b．子どもをとりまく環境を整えて，子どもの欠陥を補っていく。
② 両親が共同治療者として協働する。親のニード（求めるもの）に耳を傾けるとともに親だけが知っている情報を取り入れる。
③ 子どもの教育プログラムは，評価と診断に基づいて個別化する。

④ 教育支援福祉支援にあたっては，Structured TEACCHing（旧：構造化された教育）を行う。
⑤ 子どもの実態を正確に認識する。できること，できないことのみではなく，伸びようとしているところを把握する。このような認識の上にたって，子どもの適応を向上させていく姿勢が必要である。そこで，合格・不合格というアセスメント基準以外に，芽生え反応という評価基準を設定してアセスメントを行う。
⑥ 認知理論と行動理論を組み合わせて使っていく。これは，その当時の精神分析的な理論が，自閉症の理解や治療教育に役に立たなかったという事実の反省の上にたっている。またコミュニケーションの指導には心理言語学を取り入れる。
⑦ 生涯にわたる支援を提供する必要があり，治療療育に携わる専門家はジェネラリストでなければならない。

　ASD は発達の障害であり，治癒を目指すというより一生涯の支援を提供するべきである。また，TEACCH では自閉症に関わる専門家を行動療法家，言語療法士，作業療法士というように細分化せず，心理教育セラピストという包括的支援者（ジェネラリスト）としての資格を提案した。自閉症の治療者は自分たちの専門分野だけでなく，自閉症の子どもをとりまくすべての側面や問題について理解しておく必要があると考えるためである。

3 包括的アセスメント方略

　1943年にカナーが自閉症を発表して以降，70年代初頭まで，自閉症のある子どもたちは各種の発達検査や知能検査の適用は「検査不能」とされていた。その時代に，ASD の子どもたちの発達の特性に合わせ，発達を支援していくためには ASD に合う測定法を開発すべきであるという理念に立ち，ショプラーをはじめとする TEACCH 指導者たちは次々に ASD のある子どもの発達に特化したユニークな発達検査を開発した（Shopler et al., 1976）。

　TEACCH の包括的アセスメントのもっともユニークな点は，ASD そのものの特性のアセスメントと認知発達のアセスメントを別に行う点である。さらに，ASD の文脈ごとに異なるパフォーマンスをする特異性を重視し検査結果が必ずしも学習支援に直結しにくいことを考慮し，フォーマルアセスメントでいくつかバッテリーを組むのが通常であり，また，フォーマルアセスメント以外のインフォーマルアセスメントをていねいに行って総合判断するという点も他の指導法に先んじたユニークさであり，真の意味で包括的なアプローチを展開している。

（1）フォーマルアセスメント（公式のアセスメント）
　公式に標準化された検査を用い，発達全般，また，認知発達の特異性と非定型性を明らかにすることを目的に，いくつかの検査バッテリーを組んで活用する。そのため，ウェクスラー系やビネー系の既存の知能検査法も活用するが，TEACCH 自閉症プログ

ラムがオリジナルに ASD 向けに開発した検査法も用いる。
〔フォーマルアセスメントで用いる検査例〕
　ASD の特性を把握するために用いる検査：ADOS2, CARS2 など。
　認知特性を把握するために用いる検査：ウェクスラー系，ビネー系の知能検査。
　発達特性を把握するために用いる検査：マレン発達検査，PEP 系の PEP3，TTAP 等。

（2）インフォーマルアセスメント
　ASD のある子どもや大人が，あるところでできるが別の場面ではできないなど，文脈の違いによってパフォーマンスレベルが一貫しない結果を見せ般化に問題があるため，検査場面だけのアセスメントだけではなく，異なる場面（学校，家庭，職場，地域社会の場面等）での行動の様子を評価することを，TEACCH アプローチは徹底して行う。これらの結果を総合所見に生かし，また，指導計画立案にも取り入れていくようにしている。その観点は，生活環境，日課，興味関心なども含めてアセスメントすることが多い。

（3）芽生え反応というアセスメント基準の設定
　脳の情報処理の不全に起因する非常にユニークな発達の障害である ASD のある人の実態をより正確に把握するという原理原則に基づき，それまでの検査で行われてきた「合格」「不合格」というアセスメント基準だけでなく，合格とは判定できないが伸びようとしている，あるいは，少しの援助があれば伸びていくと見なされる範囲を「芽生え反応」と定義し，細かく基準を設定した（Shopler et al., 1976）。この「芽生え反応」の定義も，その後多くの ASD の治療教育プログラムに影響を与えた。
　2007年，TEACCH 自閉症プログラムは青年期の意向アセスメントプロフィールである TTAP では，芽生え反応について，さらに 2 つの評価基準に分けられた（Mesibov et al., 2007）。ハイエマージ（high emerge）とローエマージ（low emerge）である。すなわち，限りなく合格に近いハイエマージ（emerge とは芽生えの意味）と，不合格とは断定できないが合格より不合格に近いローエマージと判定することにしたのである。それは，芽生え反応を教育プログラムの要にして IEP 立案をするため，その際，ハイエマージかローエマージか判定が明白であれば立案に役立つという臨床経験の積み上げによるものである。

　以上のように，TEACCH アプローチのアセスメントは，自閉症の特性，認知の特性，発達の特性を，フォーマルアセスメントとインフォーマルアセスメント方略を駆使して科学的に導き出すと同時に，文脈ごとのパフォーマンスの違いも調べ，一人ひとりユニークな発達を総合的に把握したうえで，個々に合わせて指導計画に生かす，という包括的アセスメントの方略を取るのである。

4　支援計画の立案と指導サイクル

3で述べたように，TEACCH アプローチは包括的なアセスメントを行い，一人ひとりの非定型な発達を明らかにし，一人ひとりの発達をていねいに支援するために計画を立てる。その際，2つの側面から支援計画を考える必要がある。1つめは，自閉症の弱点に対する支援であり，これが Structured TEACCHing と呼ばれる支援方略として整理されたものである。2つめが，認知発達や理解，人としての感情の発達やコミュニケーション，対人関係，そして，身辺自立スキルや家事技能および，概念学習から職業技能までを包含するカリキュラムエリアごとの指導内容の選定，という観点からの指導計画である。

すなわち，TEACCH の指導サイクルは，アセスメント→目標設定（長期目標と短期目標）→支援構築→指導法略の設定→指導実施→評価（再アセスメント）という流れになっている。

Structured TEACCHing は指導する内容ではなくフレームワーク，すなわち，教育を可能にするための，ASD にわかりやすい環境調整のことである。たとえていえば，視覚障害のある人のためのめがねや点字，点字ブロック，聴覚障害のある人のための手話やサイン言語，筆談板など，身体障害のある人のための段差のない街づくりやエレベーター設置と同様の位置づけのモノであり，目に見えない ASD の障害を支えるためにも，ASD 専用の補助具が必要で ASD のある人のその支援を受ける権利を保障する，との哲学によるものである。

5　Structured TEACCHing（旧「構造化された指導」）

TEACCH センターのメンバーは，ASD のアセスメント方略を確立させ，次は，ASD 支援方略の開発に着手した。1966年，「ASD は脳内の情報処理過程の不全に起因する」との見解をデマイヤー（DeMeyer, K.）が発表したが，21世紀に入り脳科学研究が進んだ現在，その研究は真理を突いていたことがわかる。

感覚刺激への反応の研究を学生時代に行っていたショプラーもデマイヤーに共感し，「環境の刺激を統制すれば，ASD 児の学びは促進される」との見解を明らかにした。英国ロンドンのシビル・エルガー（Elgar, S.）の自閉症学校を見学したショプラーは，エルガーが主張した刺激統制という構造化のアイデアに感銘を受け，環境を構造化（Structured）する方略の研究に着手した。デマイヤーの研究結果に基づき，環境の刺激統制と情報処理を助けるための Structure の研究を開始したのである。それを現在の Structured TEACCHing としてまとめられたのは，メジボブ（Mesibov, G.）をチームに迎えた1980年代のことであった。

Structured TEACCHing は，また，視覚的情報処理有意という脳機能の特性を生かして整備された。現在，脳科学の進化により，ASD の脳機能の特性である，実行機能不全，心の理論機能の不全，セントラルコーヘレンスの弱点を支援するものとして，

2010年に全米自閉症専門家養成センター（Odom et al., 2010）により，視覚的支援とワークシステムは自閉症の脳機能をサポートする有効な方略として TEACCH が開発したものである，と，正式に認定された。

Structured TEACCHing は，「いつ」「どこで」「だれと」「なにを」「どのように」「どうなれば終わるのか」という6つの人間行動学の基本的な情報を，ASD の脳の特性と理解力の指標である認知特性に合わせて，個別化して情報保障をする方略として開発・整備された。TEACCH アプローチは，この6つの基本情報を，常時提供できるよう，以下の4つの観点から環境整備をすることとして提案している。以下に簡単に紹介するが，具体的詳細には，TEACCH の指導者養成トレーニングを参照されたい。

ASD のその子にわかりやすく，情報を保障する環境づくりとして物理的構造化，個別の視覚的スケジュール，個別のワークシステムが重要である。

a．物理的構造化

　どのように教材や家具をその空間に配置するか。意味や目的別に環境をわかりやすく配置するということである。明確な境界は子どもに，どこにいるべきかをわかりやすくし，その文脈がそこでは何をすべきかという概念を提供する。境界線の明確化とともに，刺激や気の散る物を最小限化に減らす，文脈や Cue を追加するなどが重要な支援のポイントである。

b．個別の視覚的スケジュール

　指定された場所で，何をすべきなのか，という情報理解を助けるためのツールである。子どもの理解力は一人ひとり異なるので，個々の認知特性と ASD 特性に合わせて，個別に設定する。認知特性は情報理解力と判断し，ASD 特性としての「見通しをもつ力」「終了の理解の仕方のタイプ」等に合わせてスケジュールを組み立てる。どのような活動がどの順序で行われるかを，子どもが理解できるよう示すための，視覚的合図であるので，時間の整理統合も助けると同時に修了の概念が非常に重要である。

　スケジュール設定のコンポーネントには，形態，自発的に用いる（トランジッション），位置と携帯性（持ち運び可能か），長さ，操作性（どのように完了を知るか）などの内容が含まれる。

c．個別のワークシステム（アクティビティシステム）

　個別のワークシステムは，その子どもに課題や活動を自立して遂行するためのシステマティックな方略を提供する。それにより，自立性を高め確立し，また，他の場面でも自立して遂行する般化を可能にする。個別のワークシステムは，次の4つの情報を，ASD のある子どもに伝えることが重要である。①何の課題（活動）か，②どのくらいの量か，③終了の概念（これが終わったらどうなるのか），④次は何があるのか，の4つである。

d．マテリアルストラクチャー

　子どもにその課題の取り組み方と教材の柔軟な使い方を視覚的に伝える方法で，「この課題（活動）をどのように遂行し完了すればよいのか？」に応える方略である。

マテリアル・ストラクチャーには，以下の３つのコンポーネントがある。視覚的整理統合（Visual organization），視覚的指示（Visual instructions），視覚的明瞭化（Visual clarity）である。

　以上のように，Structured TEACCHing は，ASD の脳内情報処理の特性，認知特性を個別にアセスメントし，一人ひとりの子どもに合わせて，置かれた状況や，これから取り組むべきことをその理解力に応じてわかりやすく情報保障する方法である。決して型にはめるのではなく，環境をわかりやすく，また，指示や活動についての意味がわかりやすくなるように，一人ひとりに合わせて環境調整をする方略なのである。

6　TEACCH の教育カリキュラム

　環境調整ができ，情報保障されると，ASD の子どもたちにも置かれた状況の意味がわかりやすくなり，学習が成立しやすくなる。そうなった時に，次に重要なのが，何を教えるか＝学ぶべきものは何か，すなわちカリキュラム（教育内容）である。
　TEACCH 自閉症プログラムは，72年のスタート以来すでに40年以上たっており，生涯支援の見地から全年齢型支援を構築しているため，すでに成人した人たちのデータからさかのぼって，トップダウンの見地によるカリキュラム整備を進め，TEACCH トライアングルエフェクトという教育カリキュラム構造論を整備して発表しているが，主として，指導者養成トレーニングにおいて紹介されている。

7　TEACCH プログラムの実際

　TEACCH の行っている実際のサービスには，a．面接や相談の準備，b．診断的評価，c．親支援プログラム，d．療育プログラム（乳幼児期用，学童期・青年・成人用），e．専門家へのコンサルテーションや研修がある。

a．面接や相談の準備
　　TEACCH の支援を求めて来談した親に対し支援開始前に必要な情報の確認が面接や電話で行われる。親のニーズや TEACCH のどのサービスを受けたいか，その他の地域のサービスとの関係やサービスが競合しないかなどであるが，その他初回面接の前に，指定された様式や質問紙に記入することが求められ，それが受理された段階で支援が開始されることになる。
b．診断的評価
　　まだ診断を受けていない乳幼児，学童，青年，成人に対し約１日かけて行われ最新の診断ツール（ADOS2，CARS-2，PEP-3 など）が使われ，その日のうちに親にたいし診断内容の説明と今後の支援プログラムの検討が行われる。
c．親教育・支援プログラム

親に対し自閉症の特性や子どものその特性に対し家庭でどのように対応したらよいかについての講義式の勉強会，高機能自閉症の親へのグループ指導（自閉症の特性の講義と親同士の経験交流とディスカッション），親の活動を支援する様々なグループ活動などがある。

d．療育プログラム

乳幼児期向け，学童期向け，成人期向けにプログラムが開発されており，親や幼稚園，保育園，学校，支援施設のスタッフと家庭・地域・さまざまな支援の機関で社会的スキルの向上，整理統合の力や学習スキルの形成，感情コントロールの力の形成のためのプログラムが展開される。親はこの過程において，子どもにとって最も効果的なプログラムを共に作成するための共同協力者の役割を果たすのである。乳幼児向けのプログラムには，さらに家庭での早期療育プログラム，TEACCHセンターで行う個別の親子セッション，グループで行う早期療育セッション，グループで行うソーシャルスキル訓練がある。学童期向けのプログラムには，個別で行う親子セッション，ショーシャルスキル訓練のためのグループセッション，問答行動対応のためのセッションがある。成人のためのプログラムとしては，成人用心理教育セッション，成人の親子向け個別セッション，成人向けサポートグループ，ソーシャルスキル訓練グループ，援助付き雇用支援，問題行動対応セッションなどがあり，それぞれのライフステージごとに発達段階に合わせた様々なプログラムが開発されている。

e．専門家へのコンサルテーションや研修

TEACCHがここまで，日本を始め世界中に広まった理由のひとつに内外に向けの充実したトレーニングの存在がある。児童期，成人期を対象にした5日間のStructured TEACCHingの研修プログラム，TEACCHの資格取得のための研修，オンライン研修などなどである。

TEACCHにはChapel Hill, Greensboro, Asheville, Charlotte, Greenville, Wilmingtonの7個の療育センターがあり，それぞれのセンターで上記のサービスやその他地域にあわせたサービスを実施している。

成人期の居住サービスと就労支援を統合した施設としてCLLC（Carolina Living and Learning Center）が設置され，79エーカーの土地を生かしてガーデニング，造園，酪農などで野就労支援を行っている。居住用の家が2軒あり，成人のASDが生活し，室内作業としてさまざまな家事，事務作業，クリーニング作業を行っている。CLLCの場を活用して教育，就労支援の専門家に対し訓練や相談の機会も設定している。

さらに，近年TEACCHはいくつかの研究プロジェクトを立ち上げてきた。①家庭で実施する親が実行する早期療育プロジェクト（TEACCH Autism Program, 2011），②学校から就労への移行支援プロジェクト，③成人の生活の質を検証する長期フォローアッププロジェクト（Klinger et al. 2015），④乳幼児期の支援を行うための他機関連携のあり方を検証するプロジェクト，⑤ASDの学習と注意機能を

解明するプロジェクトなどである。これらのプロジェクトは，2012年の組織改編の後に設定されたものが多い。これまで，教育面，臨床面，地域支援の面で実績を積んできたTEACCHがその効果と今後の課題を研究面でも明らかにすることに本格的に取り組み始めたと言える。

8　TEACCHプログラムの位置づけ

　TEACCHプログラムは最も早く自閉症支援プログラムを開発し，現在も世界の自閉症支援の動向を牽引する存在である。近年アメリカ内外で療育プログラムを比較検討する試みが始まっており（Ospina et al., 2008），中でもプログラム全体をレビューし主要なプログラムを一定の基準に基づいて整理したものが「オーストラリア自閉症早期療育エビデンス・レビュー」である（Jacqueline, 2006）。その中では療育技法が(1)行動的介入，(2)発達的介入，(3)療育的介入，(4)感覚運動的介入，(5)複合的介入，(6)家族支援に分類されており，TEACCHは「複合的介入」に位置づけられている。また，「自閉症のための全米専門家発達センター（National Professional Development Center on Autism Spectrum Disorders：NPDC）」の研究成果がある（NPDC, 2007）。Odom et al.（2011）はこの活動の中で多くの自閉症療育プログラムを分析し，これらのプログラムを「包括的療育モデル（Comprehensive Treatment Models：CTM）」と「焦点化された療育技法（Focused Intervention Practices：FIP）」に分けた。TEACCHは，UCLAの早期自閉症プログラム（ロヴァースとその共同研究者），LEAPモデル，デンバーモデル（ロジャーズと共同研究者）などとともにCTMに分類されている。また，最終的なエビデンスのある24個のFIPが認定された（Odom et al., 2010）。「焦点化された療育技法（FIP）」の中にも前述のようにTEACCHの視覚的構造化とワークシステムが認定されている。

　以上のように，TEACCHプログラムは，自閉症の子どもや家族にもっとも寄り添った存在として，常に最新の療育の試みを行ってきた存在としてこれからも重要な役割を果たし続けていくものと思われる。

参考となるリソース

Autism Society of North Carolina (1970). http://www.autismsociety-nc.org/index.php/about-autism/autism-treatment.

服巻智子（2013）．進化するTEACCH自閉症プログラム　アスペ・ハート，**33**，134-141．

Jacqueline, M. A. R. (2006). *A review of the research to identify the most effective models of practice in early intervention for children with autism spectrum disorders.* The Australian Government Department of Health and Ageing.

Klinger, L. About University of North Carolina TEACCH Autism Program (The TEACCH Autism Program-the next forty ears.). http://teacch.com/about-us.

Klinger, L. et al. (2015). *Correlates of middle adult outcome: A follow up study of children of diagnosed with ASD from 1970-1999.* International Meeting for Autism Research 2015, Panel session 134.

Mesibov, G., Thomas, J. B., Chapman, M., & Shopler, E. (2007). *TTAP : TEACCH Transition Assessment Profile（TTAP）* Austin : Pro-ed.
（梅永雄二監修　服巻智子・三宅篤子ら訳（2010）．自閉症スペクトラムの移行アセスメントプロフィール―TTAP の実際　川島書店）

三宅篤子・大澤多美子・新澤伸子・服巻智子・田中恭子（2011）．よくわかる！　副読本：PEP-3 自閉症児・発達障害児 教育診断検査の実際　ASD ヴィレッジ出版

Ospina, M. B., Seida J. K., Clark, B. et al. (2008). *Behavioural and developmental interventions for autism spectrum disorder : A clinical systematic review. PLoS ONE 3*: e3755. 1-32.

Odom, S. L., Boyd, B. A., Hall, L. J. et al. (2010). Evaluation of comprehensive treatment models for individuals, *J. A. D. D.*, **40**, 425-436.

Odom, S. L., Collet-Klingenberg, L., Rogers, S. J., & Hatton, D. D. (2010). Evidence-based practices in interventions for children and youth with autism spectrum disorders. *Preventing School Failure*, **54**(4), 275-282.

Odom, S. L., Boyd, B. A., Hall, L. J. et al. (2011). Evaluation of comprehensive treatment models for individuals with autism spectrum disorders. *Journal of Autism and Developmental Disorders*, **40**, 425-436.

Prior, M. & Roberts, J. (2012). Early intervention for children with autism spectrum disorders: Guidelines for good practice 2012. The Raising Children's Network.（www.raisingchildren.net.au/autism）

Roberts, J. M. A. & Prior, M. (2006). *A Review of the research to identify the most effective models of practice in early intervention for children with autism spectrum disorders.* The Australian Government Department of Health and Ageing.

Schopler, E. & Reicher, R. J. (1976). *Individualized assessment and treatment for autistic and developmentally disabled children, Vol. 1. Psycho Educational Profile.* Baltimore : University Park Press.
（茨木俊夫監訳（1981）．自閉症児・発達障害児教育診断検査　川島書店）

Schopler, E., Lansing, M. D., Reichler, R. J., & Marcus, L. M. (2005). *PEP-3 : Psychoeducational Profile ― Third Edition.* Austin, : Pro-ed.
（茨木俊夫監訳（2007）．PEP-3 自閉児・発達障害児教育診断検査［三訂版］　川島書店）

TEACCH Autism Program (2010). http://teacch.com/about-us.

TEACCH Autism Program (2011). Family Implemented TEACCH for Toddlers : FITT. http://fitt.fpg.unc.edu/fitt-study

TEACCH Autism Program (2012). Understanding Autism in Adulthood Research Study. http://teacch.com/research.

The National Professional Development Center on Autism Spectrum Disorders (2007). http://autismpdc.fpg.unc.edu/.

梅永雄二・服巻智子（監修著）（2014）．副読本：TTAP（自閉症スペクトラムの移行アセスメントプロフィール TTAP の実際）　ASD ヴィレッジ出版

Wong, C., Odom, S. L., Hume, K. Cox, A. W., Fettig, A., Kucharczyk, S., & Schultz, T. R. (2014). *Evidence-based practices for children, youth, and young adults with autism spectrum disorder.* Chapel Hill : The University of North Carolina, Frank Porter Graham Child Development Institute, Autism Evidence-Based Practice Review Group.

〔服巻智子・三宅篤子〕

3) 包括的アプローチ
② SCERTS モデル

　SCERTS モデルは，特定の介入技法ではなく，ASD 児に対して包括的支援サービスを提供するための一つのモデルである。子どもを支援するために親と先生やセラピストが協同するのを助けるようにデザインされている。また，様々な分野の知識・技術を尊重し，チームアプローチとして最も機能するようにデザインされている。

1 SCERTS モデルとは

　SCERTS モデルとは，ASD のある人たちのコミュニケーションや情動調整の能力を支援するための包括的，学際的アプローチであり，プリザント（Prizant, B. M.）らによって2003年に提案され，2006年にマニュアル化された。"SCERTS" は，社会コミュニケーション（Social Communication），情動調整（Emotional Regulation），交流型支援（Transactional Support）の頭文字を並べたもので，この3つの領域に ASD 支援において取り組むべき課題が集約されるという考えを示している。

2 SCERTS モデルの背景

（1）開発の背景
　ASD 児教育の様々な立場の専門家からなる米国学術研究会議（National Research Council：NRC）は，ASD 児に対するこれまでの研究を再検討し，以下のような推薦事項と指導における優先事項を出し，それらに基づいた革新的な教育モデルの開発を主張した（NRC, 2001）。SCERTS は，それらに調和する形で開発された。
　○ 推薦事項
　　・介入プログラムのできる限り早い開始
　　・集中的な指導への積極的な従事（少なくとも週に25時間）
　　・十分に個別化され配慮された日々の反復的，計画的な教授機会
　　・同定された目標を標的とする，組織的に計画された発達的に適切な活動
　　・家庭の包括
　　・少なくとも3ヵ月ごとのプログラムの調整を伴う，子どもの発達の継続的なアセスメント
　　・典型発達児との継続的な相互作用を許す環境での特別な指導
　○ 指導における優先事項
　　・機能的で自発的なコミュニケーション
　　・様々な場面での社会的な指導

- 他児との遊びやおもちゃの適切な使用に焦点を当てた，遊びのスキルの教授
- 自然な文脈における認知的な目標の般化と維持を導く指導
- 問題行動に取り組む積極的な（positive）アプローチ
- 子どもの実態に適切な機能的なアカデミックスキル

(2) 理論的背景

　SCERTS モデルは，発達の交流モデル（Sameroff, 1987）の影響を強く受けている。発達の交流モデルでは，1）子どもは能動的な学習者とみなされる，2）発達のあらゆる面は，別個の成分というよりも，むしろ相互に関係があるとみなされる，3）社会や言語のよいモデルを与える子どもとの相互作用は，コミュニケーションや情動調整を支援するのに必要不可欠な部分であるとみなされる，4）専門家やそれに準じる人が子どもと協同し始めるとき，彼らはその家庭とのダイナミックな関係に入るとされる。

　発達理論に大きく基づいているが，発達の順番に厳密に沿って指導していくものではない。支援目標を決定する際には，目標が発達的に適切か（過度に子どもの力を上回る，あるいは下回る力やスキルではないか）を判断するために発達的枠組みが用いられるとともに，子どもの機能的なニーズと家族の優先事項とが考慮される。つまり，子ども中心，家族中心の原則を支持している。

3　SCERTS モデルの目的

　チームが以下の価値基準（core value）に基づきながら子ども・家族を中心とした包括的な教育をシステマティックに提供することが目的である。

　○ SCERTS モデルの価値基準
1. 自発的，機能的コミュニケーションの力と情動調整能力の発達が最優先事項である。
2. 子どもの発達に関する原則および研究は，支援の骨格を形成する。目標と活動は，発達的に適切で機能的である。
3. 子どもの発達のあらゆる領域は，相互に関係，依存している。
4. すべての行動は，目的のあるものだとみなされる。
5. 子どもの学習プロフィールは，社会コミュニケーションおよび情動調整のコンピテンスを促進する適切な交流型支援を決定するのに重大な役割を果たす。
6. 家，学校，地域にわたる自然なルーティンは，学習とポジティブな関係の発展とのための教育の文脈となる。
7. 子どもとその家族とポジティブな関係を形成することは専門家の基本的な責任である。
8. 家族は，自分の子どもについてのエキスパートであるとみなされる。家族中心の実践という原則が支持される。

4　SCERTSモデルの構成

SCERTSモデルの構成は下図のとおりである。

```
                         SCERTSモデル
段階              │            │           │
          社会パートナー段階※  言語パートナー段階  会話パートナー段階※
領域
        社会コミュニケーション   情動調整      交流型支援
要素
     ┌─────┬──────┐ ┌────┬────┐ ┌────┬────┐
     共同注意  シンボル使用  自己調整  相互調整  対人間支援  学習支援
                                           家族支援   専門家間支援
    ※これらの段階の下にも同様の領域・要素がある。
```

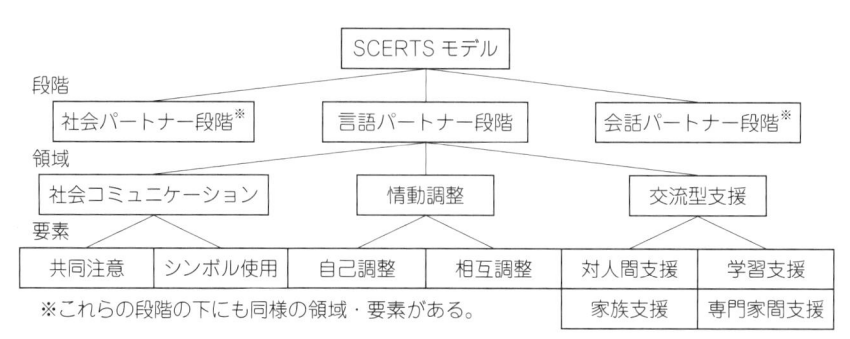

図表 2 - 25　SCERTS モデルの構成

（1）段　階

　子どものコミュニケーションについて3つの発達段階が定められている。1つ目は，社会パートナー段階と呼ばれ，言語の現れる前，ジェスチャーや発声を通して意図的にコミュニケーションする段階である。2つ目の段階は，言語パートナー段階と呼ばれ，口頭言語，サイン言語など共有された意味を伝達するためのシンボルの手段を獲得し使用し始める段階である。3つ目の段階は，会話パートナー段階と呼ばれ，文や談話を通してコミュニケーションする段階である。

（2）領域と要素

　先述の通り，SCERTSモデルは社会コミュニケーション，情動調整，交流型支援の3つの領域からなる。各領域はさらにいくつかの要素に分けられる。

　1つ目の社会コミュニケーション領域は，共同注意とシンボル使用の2つの要素からなる。共同注意では，なぜコミュニケーションをするのかというコミュニケーションの目的に焦点を当てており，シンボル使用ではどのようにコミュニケーションをするのかというコミュニケーションの手段に焦点を当てている。

　2つ目の情動調整領域は，独力で情動を調整する能力に取り組む自己調整とパートナーに援助を求めたり，パートナーからの援助に応じたりする能力に取り組む相互調整の2つの要素からなる。

　3つ目の交流型支援領域は，対人間支援，学習支援，家族支援，専門家間支援の4つからなる。先の2つの領域が子どもの力を扱うのに対して，この領域は子どもと関わるパートナーに焦点を当てている。パートナーとは，親，きょうだい，他児，専門家等，子どもと関わるすべての人を指している。コミュニケーションや情動調整といった対人的な能力は，パートナーによってそのパフォーマンスが変わってくるため，パートナーまで含めたアセスメントが必要なのである。対人間支援は子どもの発達をより促すようなパートナーのコミュニケーションのスタイルに取り組むものである。学習支援は，視

覚的援助や構造化などの援助をパートナーが適切に用いているかということに取り組むものである。家族支援と専門家間支援の要素は，家族，専門家それぞれに対する教育的サポートと情緒的サポートを扱う。

5 支援のプロセス

　SCERTS モデルの支援は，主にアセスメント，目標の決定，活動のデザイン，経過の追跡とプログラム調整のプロセスからなる。SCERTS モデルは，どの子どもにも同じ内容・方法を用いるきっちりとした規定的なプログラムでもなければ，どの子どもにも単純に適用可能なフリーサイズのプログラムでもない。子どもに合ったプログラムを，親や先生，専門家などの支援者がチームになって考える。

(1) アセスメント
　まず，子どものコミュニケーション段階（社会パートナー，言語パートナー，会話パートナー）を判断する。その後，その段階に対応した専用のフォームを用いて聞き取りや観察を行う。SCERTS モデルでは，聞き取りや観察などの多様な情報源を信頼するが，特に核となるのが観察によるアセスメントである。社会コミュニケーション（共同注意とシンボル使用）や情動調整（相互調整と自己調整）の発達にとって重要な子どもの能力やスキルを子どもが示しているか，さらに，それらの力を伸ばすために効果的である関わり方や環境のデザイン（対人間支援と学習支援）がなされているかということについて，SAP-O フォームというリスト（一部を図表 2-26 および図表 2-27 に示した）を用いて，家庭や園・学校などの複数の日常場面の観察を行う。アセスメントされる各項目は，様々な場面で様々なパートナーにおいてできる場合は 2，限定した場面やパートナーのみでみられる場合は 1，全くみられない場合は 0 とスコアリングされる。これは，子どもの頃の学習は，大部分が日々の活動，経験という社会的文脈の中でなされ，獲得したスキルを人や場面を越えて利用できるようになったときに起きている，という SCERTS における学習の捉え方に基づいている。
　最後に，アセスメント結果が普段の子どもの様子を的確に捉えているか家族に確認してもらうとともに，改めて家族の優先事項を確認する。また，親が求める，あるいは交流型支援を実施するのに必要な教育的サポートと情緒的サポートを把握する。

(2) 目標の決定
　SAP-O フォームのアセスメント項目が支援においては指導目標となる。しかし，アセスメント結果に基づいて，指導目標が自動的に決定されることはない。言い換えると，仮に同じアセスメント結果の子どもが 2 人いたとしても目標は異なり得る。支援チームは，1) 機能性，2) 家族の優先事項，3) 発達的な適切さという 3 つの基準に基づいて子どもの目標を決定する。機能的な目標とは，子どもの生活に違いを生むスキルのことである。家族の優先事項とは，家族が価値を置くスキルのことである。発達的に適切な

| SAP-O フォーム：言語パートナー段階 社会コミュニケーション | (page 3) |

子どもの名前：＿＿＿＿＿＿＿＿＿＿＿＿＿

1期	2期	3期	4期	シンボル使用(SYMBOL USE)
				1 身近なまたは身近でない動作やことばの観察や模倣によって学習する
				SU1.1　モデルの直後に身近な動作やことばを自発的に模倣する
				SU1.2　モデルの直後に身近でない動作やことばを自発的に模倣する
				SU1.3　自発的に動作やことばを模倣し違った行動を加える
				SU1.4　後に、異なる文脈で、様々な行動を自発的に模倣する
				2 身近な活動や身近でない活動の中で非言語的な手がかりを理解する
				SU2.1　身近な活動や身近でない活動で、状況の手がかりとジェスチャーの手がかりに従う (=SR4.2)
				SU2.2　接触を伴う点と距離を伴う点を追随する (=JA2.2)
				SU2.3　視覚的手がかり（写真や絵）を用いた指示に従う
				SU2.4　表情やイントネーションの手がかりに対して応答する
				6 文脈の手がかりなしで様々なことばや語連鎖を理解する
				SU6.1　自身の名前に応答する
				SU6.2　様々な身近なことばやフレーズに応答する (=SR1.6)
				SU6.3　文脈の手がかりなしで様々な名前を理解する
				SU6.4　文脈の手がかりなしで、様々な関係語を理解する □a. 行為　　□b. 修飾　　□c. 疑問詞
				SU6.5　文脈の手がかりなしで、語連鎖において様々な関係意味を理解する □a. 修飾+対象　□b. 対象+否定　□c. 行為者+対象+行為

図表 2-26　SAP-O フォームの例

(言語パートナー段階シンボル使用の一部)

目標とは、子どもの長所とニーズのプロフィール（＝SAP-O の結果）に基づいたスキルということである。

　子どもの社会コミュニケーションおよび情動調整の目標が決定したら、その目標に関連するパートナーの交流型支援の目標を決定する。子どもの目標とパートナーの目標に一対一対応はなく、子どものプロフィールや普段の活動、またチームメンバーによって異なる交流型支援の目標が考えられ得る。

（3）活動のデザイン

　決定された社会コミュニケーションと情動調整における子どもの目標行動と、それを促すような支援者の目標行動とを、日常の活動の中に埋め込み活動をデザインする。目標のスキルを獲得させるために新たに専用の活動を考え、実施するのではなく（スキルベースの介入）、もともとある活動に目標を埋め込んでいく（アクティビティベースの介入）。家での日課、療育やセラピー、園・学校の授業などにはそれぞれその活動の目的がある。その活動の目的はそのままで、さらに活動に SCERTS の指導目標を入れてい

| SAP-O フォーム：言語パートナー段階 交流型支援 | (page 6) |

子どもの名前：＿＿＿＿＿＿＿＿＿＿＿＿＿＿＿＿

1期	2期	3期	4期	対人間支援（INTERPERSONAL SUPPORT）
				1　子どもによく反応する
				IS1.1　子どもの注意の焦点を追従する
				IS1.2　子どもの情動やペースに同調する
				IS1.3　コミュニケーションの有能感を高めるために，子どものシグナルに適切に応じる
				IS1.4　覚醒水準を調整するための子どもの行動方略，言語方略を認識し支える
				IS1.5　調整不全の兆候を認識し，支援を与える
				IS1.6　子どもを模倣する
				6　言語情報を調節する
				IS6.1　理解を助けるために，非言語的手がかりを使用する
				IS6.2　言語情報の複雑さを子どもの発達水準に合わせる
				IS6.3　言語情報の質を子どもの覚醒水準に合わせる
				7　適切な行動のモデルを示す
				IS7.1　適切な非言語コミュニケーションや情動表出のモデルを示す
				IS7.2　様々な伝達機能のモデルを示す □a. 行動統制　□b. 社会的相互作用　□c. 共同注意
				IS7.3　適切な構成遊びや象徴遊びのモデルを示す
				IS7.4　子どもが不適切な行動を使ったとき適切な行動のモデルを示す
				IS7.5　「子ども視点」の言語のモデルを示す

図表 2-27　SAP-O フォームの例
（言語パートナー段階対人間支援の一部）

く。例えば，食事の時間には本来的には，栄養を取ること，楽しむこと等の目的があるが，その中に選択する，挨拶する，できない動作をお願いするといった子どもの目標とそれを促すパートナーの目標（例，選択肢を与える，モデルを示す，要求の機会を生むような設定をする）を入れることができる。コミュニケーションや情動調整の機会は日常のあらゆる場面にあるため，日常場面で支援を行うことが可能であり，また妥当でもある。子どもが社会コミュニケーションと情動調整の力をつけるとともに，日常の様々な活動へ能動的に従事（engage）するようになることが目的である。

　家族支援の活動，専門家間支援の活動も考えられる。例えば，本書の第5章にあるようなプログラムの実施，チームミーティングへの参加，書籍の紹介など家族や専門家をサポートする多様な活動が検討，選択される。

（4）経過の追跡とプログラムの調整

　子どもの目標に関する経過とパートナーの交流型支援の実施について記録が取られ，必要に応じてプログラムの調整を行っていく。

	SAP-Q フォーム	
	SCERTS モデルのプログラムの重要品質指標	（ページ1）

プログラムの名前：＿＿＿＿＿＿　　　記入者：＿＿＿＿＿＿　　　日付：＿＿＿＿＿

以下のすべては，SCERTS モデルのプログラムに不可欠な重要な品質指標である。次の評定スケールを用いて，各指標に関して，自分たちのプログラムを評定しなさい。0 あるいは 1 の評定を改善するために，行動計画とスケジュールを立てなさい。

品質評定	
0	まったく，あるいはほとんど達成されていない。
1	一部のスタッフで，あるいはときどき，いくらか達成されている。
2	ほとんどのスタッフで，ほとんどの場合，達成されている。

品質		プログラムの計画，実行，モニタリング，調整
	1.	各々の子どものため，SCERTS アセスメントプロセス（SAP）が，初めに完了され，3か月ごとに更新されている。
	2.	少なくとも，社会コミュニケーションと情動調整に取り組む4から8の小目標と，交流型支援に取り組む4から8の小目標とが，各々の子どもとそのパートナーのために毎週標的とされている。
	3.	社会コミュニケーションの小目標は，自然な文脈における言語とコミュニケーションの機能的な使用を重要視している。言語行動や発話行動を切り離して指導していない。
	4.	子どもの情動調整と，その，社会コミュニケーションおよび学習への効果とが，常に考慮され，覚醒状態が絶えずモニターされている。
	5.	標的とされた小目標は，機能的で（子どもの生活に違いを生むスキル），家族の優先事項に直接取り組み（対象児の家族が価値を置くスキル），対象児の発達的ニーズに合うものである。

図表 2-28　SAP-Q フォーム（一部）

　また，SCERTS モデルによるサービス提供に重要な事項がリスト化されている SAP-Q フォーム（図表 2-28）を用いてプログラム水準のアセスメントがなされ，改善のために用いられる。

6　SCERTS モデルと他のアプローチの関係

　SCERTS モデルは，積極的行動支援（PBS），対人関係発達指導法（RDI），構造化など他のアプローチや方略と排他的なものではない。ASD 児の支援に有効であると認められている考え方や方法論が，SCERTS モデルには積極的に取り入れられていて，反対に，先に述べた 3 つの領域に他のアプローチが取り組む際に，SCERTS モデルを組み入れることもできる。

　しかし，SCERTS は種々のアプローチのつなぎ合わせのパッチワークでもなければ単なる折衷主義的なアプローチでもない。子どもの発達，ASD やその関連障害の理解，家族中心の原則など，最新の研究に由来する論理的で統合的なフレームワークである。

7 評価と今後の課題

　エビデンスベーストプラクティス（Evidence-Based Practice：EBP）とは，対象者の特徴，文化，優先傾向に照らして，最良の利用可能な研究成果を，臨床技能に統合することであり（APA, 2006），エビデンスがあるとされる方法を単に適用することではない。

　SCERTS モデルにおける３つの領域に関する具体的な行動，すなわち子どもの社会コミュニケーションと情動調整における重要な発達のマイルストーン，そしてパートナーがその学習を促進するための交流型支援は多数の研究によって導かれている（Wetherby, Rubin, Laurent, Prizant, & Rydell, 2006）。SCERTS モデルは，自閉症児のこれらの中核的臨床課題に関する多数の研究成果を，発達アセスメント，家族中心の原則，チームアプローチによって実践において統合するものである。つまり，EBP のためのフレームワークとガイドラインを提供するもので，自閉症支援の一つのモデルを示しているといえる。

　しかしながら，包括的モデルを構成する個々の要素にエビデンスがあるとしても，その個々の構成要素の効果を示す研究は，包括的モデルあるいはパッケージの評価を構成しない，という指摘がある（Odom, Boyd, Hall, & Hume, 2010）。

　これに対して，包括的モデルとしての SCERTS モデルの効果を検証するプロジェクトが大きく２つ進行中である。一つは，Classroom SCERTS Intervention Project というもので，園・学校への SCERTS 導入の効果を検証することが目的である。二つは，Early Social Interaction Project というもので，親が実行する介入の効果を検証することが目的である。

　要約すると，SCERTS モデルを構成するエビデンスは豊富であるが，包括的モデルとしての効果に関するエビデンスは２つのプロジェクトの結果を含め今後検討していく必要があると言える。

参考となるリソース

American Psychological Association (2006). Evidence-Based Practice in Psychology: APA Presidential Task Force on Evidence-Based Practice. *American Psychologist*, **61**(4), 271-285.

National Research Council, Division of Behavioral and Social Sciences and Education, Committee on Educational Interventions for Children with Autism (NRC) (2001). *Educating children with autism.* Washington, D. C.: National Academies Press.

Odom, S. L., Boyd, B. A., Hall, L. J., & Hume, K. (2010). Evaluation of comprehensive treatment models for individuals with autism spectrum disorders. *Journal of Autism and Developmental Disorders*, **40**(4), 425-436.

Prizant, B. M. (2004). Autism Spectrum Disorders and the SCERTS Model: A Comprehensive Educational Approach. 3 part videotape/DVD series. Port Chester,: National Professional Resources.

（長崎勤・吉田仰希・仲野真史（日本語字幕版監修）(2015). 自閉症スペクトラムとSCERTSモデル―包括的教育アプローチ― 日本科学文化社）

Prizant, B. M., Wetherby, A. M., Rubin, E., & Laurent, A. C. (2003). The SCERTS Model: A family-centered, transactional approach to enhancing communication and socioemotional abilities of young children with ASD. *Infants and Young Children*, **16**, 296-316.

Prizant, B. M., Wetherby, A. M., Rubin, E., Laurent, A. C., & Rydell, P. J. (2006). *The SCERTS Model: A Comprehensive Educational Approach for Children with Autism Spectrum Disorders. Volume I Assessment.* Baltimore,: Paul H. Brookes Publishing Co.

（長崎勤・吉田仰希・仲野真史（訳）(2010). SCERTSモデル：自閉症スペクトラム障害の子どもたちのための包括的教育アプローチ 1巻 アセスメント 日本文化科学社）

Prizant, B. M., Wetherby, A. M., Rubin, E., Laurent, A. C., & Rydell, P. J. (2006). *The SCERTS Model: A Comprehensive Educational Approach for Children with Autism Spectrum Disorders. Volume II Program Planning & Intervention.* Baltimore,: Paul H. Brookes Publishing Co.

（長崎勤・吉田仰希・仲野真史（訳）(2012). SCERTSモデル：自閉症スペクトラム障害の子どもたちのための包括的教育アプローチ 2巻 プログラムの計画と介入 日本文化科学社）

Sameroff, A. (1987). The social context of development. In N. Eisenburg (Ed.), *Contemporary topics in development.* New York,: Wiley.

Wetherby, A. M., Rubin, E., Laurent, A. C., Prizant, B. M., & Rydell, P. J. (2006). Summary of Research Supporting the SCERTS Model.
http://www.commxroads.com/docs/publications/ResearchSupportingtheSCERTSModel10-7-06.pdf

Classroom SCERTS Intervention Project　http://csi.med.fsu.edu/

Early Social Interarction Project　http://esi.fsu.edu/

The SCERTS Model：http://www.scerts.com/

（吉田仰希）

> 3) 包括的アプローチ
> ## ③ アーリースタートデンバーモデル（ESDM）

1　アーリースタートデンバーモデルとは

　アーリースタートデンバーモデル（Early Start Denver Model：ESDM）は，生後12ヵ月前～4歳までの乳幼児に対する総合的な早期介入を有効にするために開発された。もともとは，生後24ヵ月～60ヵ月までのASD幼児のために開発されたデンバーモデルをもとに，さらに幼い子どもに適用することを目的に再開発された応用改良版である。3歳までの乳幼児への介入モデルを論じる際にはESDMそのものを論じ，それより年長の就学前の年齢範囲での適用を論じる際にはオリジナルのデンバーモデルにも言及することとされている。

2　ESDMの理論的背景

　いくつかの異なるアプローチが複合的に機能してESDMの根幹をなしている。基盤となっているのは，1981年に始まったロジャース（Rogers, S.）らによるオリジナルのデンバーモデル，自閉症における対人関係発達モデル（Rogers & Pennington, 1991），社会的動機づけ障害モデル（Dawson et al., 2004），そして機軸行動発達支援法（PRT）であり，ESDMはこれらを統合した乳幼児期という発達期に絞った包括的な発達支援アプローチである。

（1）デンバーモデル
　デンバーモデルは，発達理論に基づく自閉症幼児のための集団就学前プログラムである。自閉症を社会的コミュニケーション発達の遅れとして捉え，プログラムでは社会性及びコミュニケーション発達の基礎である対人関係の構築に焦点を合わせている。実施にあたっては，子どもの全ての発達を体系的にアセスメントし，短期発達目標に合わせて個別の発達カリキュラムを作成する。指導法は，子どものリードに従い，言語，非言語的コミュニケーション，認知，遊びに力点をおく。
　デンバーモデルの中核的特徴は，1）発達カリキュラムを実施する学際的なチームの編成，2）対人関係に焦点化，3）身振り，表情，物の使い方についての相互的で自発的な模倣，4）非言語的及び言語的コミュニケーション発達の両方の重視，5）二人の遊びルーティンにおける認知的様相に焦点化，6）親とのパートナーシップ，である。なお，これらは，ESDMでも踏襲されている。

（2）ロジャースとペニングストンによる ASD の対人関係発達モデル

ロジャースとペニングストンは，スターンの研究（Stern, 1985/1989, 1991）と1970～1980年代になされた乳幼児研究に強い影響を受け，1991年に ASD の発見的問題解決による発達モデルを発表した。それは「模倣は誕生時から幼児に普通に備わっている能力であるが，模倣の早期障害は生後直ちに ASD の中に表れ，初期段階の身体的な共時性と同調の確立を阻害する」という仮説にたっている（Rogers & Pennington, 1991）。この模倣の共時性の問題が，自己と他者の感情や精神状態の理解と意図的コミュニケーションの発達に深刻な影響を与えることになるというのである。すなわち，ESDM 療育の重要な柱の1つは，敏感に反応を返す他者との感情的に豊かな関係を築くことによって，自閉症児の社会的及び情動的コミュニケーション領域の発達的危機に対応することである。

（3）ASD の社会的動機づけ仮説

ESDM のもう一つの理論的背景として，ASD の社会的動機づけ障害に関する理論がある。ASD の人はどの年齢でも，他者に注意を向けたり相互作用したりする時間が少ないが，これは，幼児期の ASD 児に模倣と共同注意の障害が現れる前からすでに認められる行動パターンである。ドウソンら（Dawson, Webb, et al., 2002；Dawson et al., 2004；Dawson, Webb, & McPartland, 2005）は，ASD は幼児期より社会的報酬に対する感受性が相対的に欠如しているために，生物学的に社会的動機付けに根本的な欠陥を持っているという仮説を提唱した。動機づけの欠陥によって，自閉症児は，他者の顔，声，身ぶり，会話といった社会的情報に対して選好的に注意を向けることが上手くいかない。この他者に対して積極的に注意を向けて関わることの失敗は，模倣，情動共有，そして共同注意の障害を引き起こし，さらには，社会情動的コミュニケーションスキルの発達に対して大きな障害となる。その結果，ASD 児は，周囲の社会とそこに存在するきわめて重要な学びの場からますます除外されてしまう。そこで，ESDM で使われる幾つかの方略は，社会的報酬を顕著に増やし，社会的相互作用に対する社会的注意と動機づけを強化するように計画されている。

（4）ABA と PRT を指導方略の基盤とする

ESDMは，大人（セラピスト）が子どもの対人相互交流に向き合うことによって指導を開始する。ESDM の指導方略には，ABA の原理を用いている。また，シュライブマンとケーゲル（Schreibman & Pierce, 1993；Koegel & Koegel, 1988）によって開発されたASD 向けの特殊な指導法である PRT（40ページ）を取り入れている。PRT テクニックは，子どもと大人が交流し，何度も学習の機会をもてるよう組み立てられ，子どもの動機づけを最適化するよう開発されているからである。

3 ESDM 発達カリキュラム

ESDM では，あらゆる発達領域に実質的に影響を及ぼす発達の阻害として自閉症を捉えている。そのため，指導においてはすべての発達領域にアプローチすべく，独自の ESDM 発達カリキュラム（生後9ヵ月～48ヵ月向け）がある。ESDM で特別に重視している領域として，模倣，非言語的コミュニケーション（共同注意を含む），言語的コミュニケーション，社会的発達（情動共有を含む），遊びがある。

ていねいにアセスメントをして，一人ひとりの個別指導プログラムを立てる際には，この ESDM 発達カリキュラムの全領域について指導目標を設定する。

4 ESDM 効果検証

これまで ESDM の療育効果を検証する多くの研究が公表されているが，最も新しい研究は，厳格な RCT 研究デザインで実施されている。ドウソンら（Dawson et al., 2010）は，18～30ヵ月の48人の特異的自閉症をランダムに2グループに分けて，2年にわたってそれぞれ別の療育を行い，その効果をミューレン早期学習尺度（Mullen Early Learning Composite），ヴァインランド適応行動尺度，ADOS などによって測定した。その結果，2年後には，ESDM を受けた群（ESDM 群）は，地域の伝統的な療育を受けた群（地域療育群）に比べて，言語発達の促進と適応行動の改善が見られた。また，ADOS スコアでは，両群に違いはなかったが，臨床医による自閉症重症度の診断によると，ESDM 群では重症度が軽減していた。

さらに，この療育を終えてから2年後に，フォローアップ研究を行ったところ，(Estes et al., 2015)，ESDM 群の方が，適応行動の向上が見られた。また，ESDM 群では，ADOS 得点が減少していたが，これは，自閉症の中核症状が改善したことを示している。これらの研究は，ESDM が長期にわたって ASD の発達を促進する有効な介入方法であることのエビデンスを提供することとなった。

また，ドウソンらは，上記の ESDM 群と地域療育群，さらに定型発達群の脳波の測定を行い，療育による脳機能への影響についての研究を行った（Dawson et al., 2012）。それによると，療育開始1年後の ESDM 群の事象関連電位は，定型発達群にかなり類似してきたことが確認された。これは，ESDM の指導方略が脳発達の可塑性に影響していることを示唆している。

参考となるリソース

Dawson, G., Jones, E. J., Merkle, K., Venema, K., Lowy, R., Faja, S., Kamara, D., Murias, M., Greenson, J., Winter, J., Smith, M., Rogers, S. J., Webb, S. J. (2012). Early Behavioral Intervention is Associated with Normalized Brain Activity in Young Children with Autism. *J Am Acad Child Adolesc Psychiatry*, **51**(11), 1150-1159.

Dawson, G., Rogers, S. J., Munson, J. Smith, M., Winters, J. et al., (2010). Randomized Controlled Trial of An Intervention for Toddlers with Autism : The Early Start Denver Model. *Pediatrics*, **125**, 17-23.

Dawson, G., Toth, K., Abbott, R., Osterling, J., Munson, J., Estes A., & Liaw, J. (2004). Defining Early Social Attention Impairments in Autism : Social Orienting, Joint Attention, and Response to Emotions. *Developmental Psychology*, **40**(2), 271-283.

Dawson, G., Webb, S., Schellenberg G. D., Dager, S. Friedman, S., Aylward, E., & Richards, T., (2002). Defining the Broader Phenotype of Autism : Genetic, Brain, and Behavioral Perspectives. *Development and Psychopathology*, **14**, 581-611.

Dawson, G., Webb, S. J., & McPartland, J. (2005). Understanding the Nature of Face Processing Impairment in Autism : Insights from Behavioral and Electrophysiological Studies. *Developmental Neuropsychology*, **27**(3), 403-424.

Estes, A., Munson, J., Rogers, S., Greenson, J. Winter, J., & Dawson, D. (2015). Long-term outcomes of early intervention in 6-year-old children with autism spectrum disorder. *J Am Acad Child Adolesc Psychiatry*, **54**(7) : 580-587.

Koegel R. L., & Koegel L. K. (1988). Generalized Responsivity and Pivotal Behavior. In R. H. Horner, G. Dunlop, & R. L. Koegel (Eds.), *Generalization and Maintenance : Lifestyle Changes in Applied Settings*, Baltimore : Brookes, 41-66.

Rogers, S. J., & Dawson, G. (2010). *Early Start Denver Model for young children with autism : Promoting language, learning, and engagement.* New York : Guilford Press.

Rogers, S. J., Dawson, G., & Vismara, L. A. (2012). *An early start for your child with autism : Using everyday activities to help kids connect, communicate, and learn.* New York : Guilford Press.

Rogers, S. J. & Pennington, B. F. (1991). A Theoretical Approach to the Deficits in Infantile Autism. *Developmental Psychology*, **3**, 137-162.

Schreibman, L., & Pierce, K. (1993). Achieving Greater Generalization of Treatment Effects in Children with Autism : Pivotal Response Training and Self Management. *Clinical Psychologist*, **46**(4), 184-191.

Stern, D. N. (1985). *The Interpersonal World of the Infant.* New York : Basic Books.（神庭靖子・神庭重信（訳）(1989). 乳児の対人世界 理論編／小此木啓吾・丸田俊彦（訳）(1991) 乳児の対人世界 臨床編　岩崎学術出版社）

（服巻智子・尾崎康子）

4）コミュニケーションスキルの療育法
① 拡大代替コミュニケーション（AAC）

1 拡大代替コミュニケーション（AAC）とは

　拡大代替コミュニケーションとは Augmentative and Alternative Communication のことで，頭文字をとって AAC と呼ばれる。AAC の基本は手段にこだわらず，その人のすべてのコミュニケーション能力を活用することで，もともと，幅広い障害種に汎用するよう考えられてきた概念と方略である。その意味では，ジェスチャーやサイン，手話，点字，シンボルなども AAC と言える。

2 AAC において，視覚的支援が重要な理由

　ASD のある人たちは，脳内の情報処理において，視覚的入力がもっとも的確に内容を把握できるということが解明されている。また，ASD の当事者であるテンプル・グランディン（Grandin, T.）もその著書 Thinking in Pictures（『自閉症の才能開発』）において，自閉症にとって視覚的な情報が至便かつ的確であると述べている。そのため，ASD のある子どもから大人までの拡大代替コミュニケーションには，視覚的な支援となり得るツールを用いることが多いのである。

3 AAC で用いる AT ツール

　AAC でよく活用されるツールとしては，支援技術（Assistive Technology：AT）がある。AT とは，支援に用いられる技術やツールの総称で，身近なもので言えば，携帯電話，スマートフォン，タブレット，パソコンなどがある。それらの利便性を検討し，一人ひとりの ASD の人にもっとも効果的な AAC 方略として AT ツールを活用することが可能である。
　以下に ASD のコミュニケーションツールとして多く用いられる VOCA（ヴォカ）（Voice Output Communication Aid：音声出力会話補助装置）を紹介するが，AT は日進月歩で日々進化を続けており，新しい機器の開発・発展に敏感になっておくと良い。
　言葉の無い ASD の子どもたち向けとして，主として VOCA が用いられることが多い。それは，コミュニケーションの相手に音声言語で伝わりやすいようにすることで，特に訓練を受けた人でなくても ASD 児からの自発的コミュニケーションを受け止めやすく幅広い対象者たちと ASD 児の有効なコミュニケーションスキルを伸ばしたり活用したりできるようにすることが意図されている。VOCA には大きく分けて2つの種類がある。1つは，録音音声方式と呼ばれ，あらかじめ録音して登録した単語を発するも

の，もう一方は合成音声方式と呼ばれ，キーボードをタッチすることでその場で文をつくり，音声が出力され相手に話しかけていくものである。

① トーキングエイド
　50音配列のキーボードを押すことにより言葉や文章の作成が可能である。液晶画面に作成した言葉や文章を表示し音声として再生する（**図表 2 - 29**）。
② ビッグマック
　ひとつの音声を録音・再生できるシンプルな VOCA。最新の物は75秒間録音できる。おもちゃと接続すると，メッセージを再生している間おもちゃが動く（**図表 2 - 30**）。
③ スーパートーカー
　メッセージは8レベル（8通り）まで録音可能。場面や活動に合わせて録音ができるため，活用の幅を広げやすい。1枠・2枠・4枠・8枠のキーガードがついていて，本人にとって使いやすいキー数を選ぶことができる（**図表 2 - 31**）。

| 図表 2 - 29 | 図表 2 - 30 | 図表 2 - 31 |

　前述したように，他にもいろいろと開発されてきている。
　VOCA を使うと，周囲の関わる人たちとの音声によるコミュニケーションが無限に広がり，本人と周りの人のより深い関係づくりに役立つと言われている。

4　AAC の事例

（1）TEACCH コミュニケーションカリキュラム
　もっとも歴史が古く一般的な ASD 児のための AAC 方略は，TEACCH のコミュニケーションカリキュラム（ショプラーほか，1995）であろう。
　TEACCH アプローチにおけるコミュニケーション指導は，1970年代に始まっており，まだ AT の開発以前のことであった。その時代にも，本人の理解力を評価し，実態把握と共に本人の認知レベルに合わせた方略が重要として，具体物・絵（写真）カード・単語・文字による筆談というヒエラルキーを設定し，本人にあった方略で人に自発的に伝えるというコミュニケーションマインドを育むことを優先した。言語のある ASD 児においても，言葉を教えながらも，単にエコラリアに終わらないよう，意味を理解して使うことに重点を置いたため，言葉の指導に前述のヒエラルキーによる視覚的支援を本人の認知レベルに合わせて補助的に用いながら，言葉のやり取りスキルを高めていくようにしていた。

（2）具体物を用いた事例

対象児：K児（5歳）

診断名：自閉症スペクトラム障害（ASD），精神遅滞（3歳時に診断）

知能指数：測定困難

① コミュニケーション指導開始時（4歳時）の本人の特性

人に注目するより，その人の遊んでいる物や気になる物を動かしている人の手に注目していた。コミュニケーションの様子は，無言語で，「あ」「う」などの発声をして相手の注意をひいたり，気持ちを伝えようとしたりする様子がみられていた。自分の気持ちを適切に伝えることが難しく，気持ちが伝わらなかったり，自分の意に反することがあると，泣く，かみつく，投げる，体当たりをするなどの行動で気持ちを表現することがほとんどであった。また，他者からのコミュニケーションを受け取って理解することも難しかった。

② 幼児教室でのコミュニケーション指導

本児はプレイエリアで，先生からくすぐってもらう遊びが好きだったが，先生がいない，先生が本児の要求に気づけずにいた時に，かみつく，体当たりをするなどの行動がみられたため，プレイエリアでのコミュニケーション指導を始めた。

本児が，プレイエリアで先生の方に向かって歩いてきた時に，「いっしょにあそびましょう」とイラストと文字を書いたでんでん太鼓型のコミュニケーションツール（**図表2-32**）を持って先生に渡すように指導をした。

プレイエリアでは，このツールを使って先生に気持ちを伝えることができるようになったため，本児の気持ちが伝わらず噛みつく，体当たりなどの行動をする回数が減った。不適切な行動の回数は減ったが，なくなることはなかったため，プレイエリアで本人が伝えたいことがくすぐり遊びだけではなく，他にも興味がある遊びが増えてきたため，本児が伝えたいであろうと思われるコミュニケーションを具体的にし，内容の種類を増やしていった。

③ 指導後の様子

コミュニケーションツールを使うことで，自分の要求がかなえられるということがわかり，自分の要求が相手に伝わらないことで怒る，噛みつく，叩くなどの行動が減った。また，プレイエリアだけでなくおやつのエリアでのおやつの選択や，トイレでの援助要請，着替えの要求などの場面で，同じ形態のコミュニケーションツールを使うことで気持ちを伝えることができるようになった。

コミュニケーションツールがない場面でも，相手にツールを渡すということで，人を意識するようになり，相手を見て気持ちを訴える様子がみられるようになった。

図表2-32

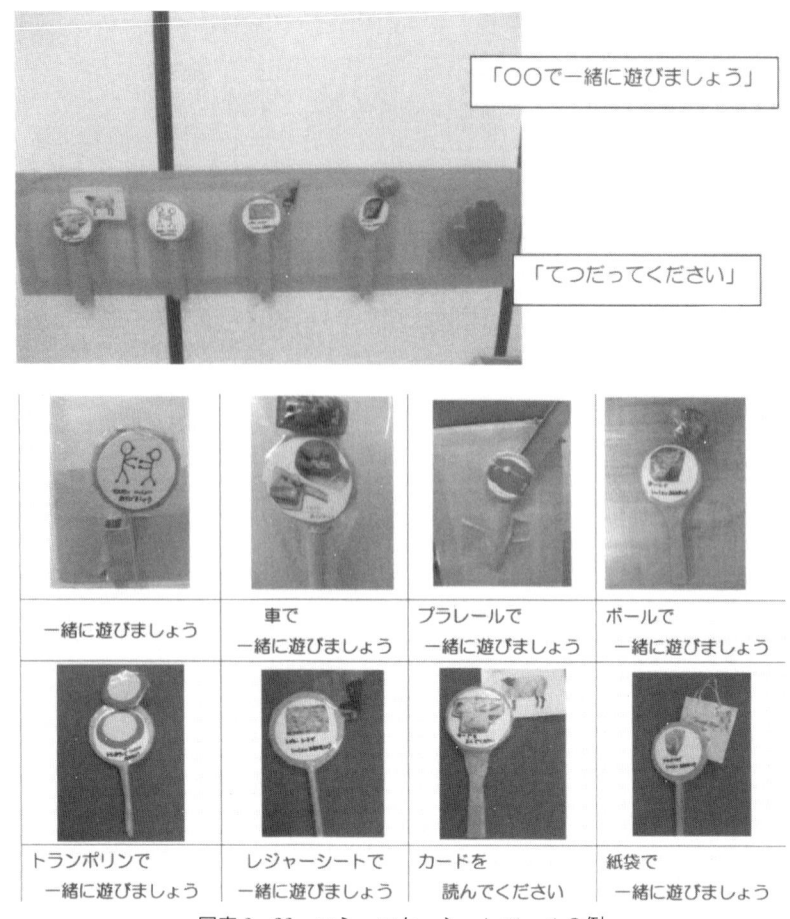

図表2-33　コミュニケーションツールの例

5　電子媒体への発展

　近年，スマートフォンやタブレット等の発達展開により，様々なATを多様な層で用いられる状況の拡大がみられる。スマートフォンの会話アプリも多数販売されるようになり，中には，ASD専用のものもある。多数のシンボルマークと文章モードによって，指先でタッチするだけでの会話が可能なものも販売されている。そこに入っていない語彙も，画像や音声を追加して登録することもできる（たとえばドロップレット・プロジェクトなど）。また，タブレットは画面も広く，高齢者もコミュニケーションに用いることが可能となっている。
　このように，ATを用いたAACによって，もともともっているスキルを活用することで，定型発達児者と同じレベルのコミュニケーションの質を保持し，ASDの弱点でもあったコミュニケーションの自発性を高めることも可能となっている。選択において重要なことは，認知レベルにあっているか，本人の興味関心があるか，コミュニケーションマインドを育んでいるか，本人にとって至便であり，それを使うことにより，コミュニケーションが豊かに広がるか，という点であろう。

図表 2-34　スマートフォンによるコミュニケーションの例

参考となるリソース

Grandin, T. (1995). *Thinking in Pictures.* New York: Doubleday.
　（テンプル・グランディン　カニングハム久子（訳）(1997). 自閉症の才能開発―自閉症と天才をつなぐ環―　学習研究社）

Watson, L. R., Lord Catherine; Bruce Schaffer; Eric Schopler (1988). *Teaching Spontaneous Communication to Autistic and Developmentally Handicapped Children.* Stratford: Irvington Publishers Inc.
　（ワトソン，L. R.・ロード,, C.・シェーファー，B・ショプラー，E.　佐々木正美・青木均（監訳）(1996). 自閉症のコミュニケーション指導法―評価・指導手続きと発達の確認―　岩崎学術出版社）

ドロップレット・プロジェクト　http://droplet.ddo.jp/

（服巻智子）

> 4）コミュニケーションスキルの療育法
> ## ② 絵カード交換式コミュニケーションシステム（PECS）

1　PECSとは？

　PECS（ペクス）は，Picture Exchange Communication System（絵カード交換式コミュニケーションシステム）の略語である。自閉症を中心とするコミュニケーション障害のある人と絵カードを交換することで自発的かつ機能的コミュニケーションの実現を目指す。PECS は，米国デラウェア州の ASD 児のための特別支援教育制度である Delaware Autism Program（DAP）の中で，1980年代当時プログラムディレクターだったアンディ・ボンディ（Bondy, A.）と言語聴覚士のロリ・フロスト（Frost, L.）の2人で開発された。その後，2人を共同設立者とする Pyramid Educational Consultants という会社を通じて，世界中で普及・発展を図っているコミュニケーション指導法である。日本では2003年に初めてボンディ博士が招聘され PECS の研修会が行われ，2006年にその日本法人であるピラミッド教育コンサルタントオブジャパン株式会社が設立され PECS の普及活動が始まった。

2　従来のコミュニケーション指導法と PECS

　従来のコミュニケーション指導に関しては，言語模倣による発語訓練からコミュニケーションを教える方法や手話を簡便化したサイン言語などがある。これらのコミュニケーション指導法は，発語や模倣といった前提となるスキルを獲得していない場合に習得が難しい。近年は発語や構音などの運動機能障害をもつ人のために開発された拡大代替コミュニケーション法（AAC）が，ASD の分野でも応用されるようになってきた。好みの対象となる絵や写真のシンボルを指さしたり，ボタンを押したりという意思の伝達方法は，視覚弁別に優れた ASD 児には効果を発揮している。しかし，シンボルの弁別や選択自体が難しく曖昧な子どもには，この方法は有効に機能しない。それから伝達相手が子どもに注意を向けていない場合に子ども自ら注意を引いて伝えることが必要であるが，自発性や注意獲得に困難をもつ ASD 児の場合に自分から注意を向けることが問題となる。この2つの課題を解決するために PECS の開発者の2人は，初めから弁別が必要ないようにシンボルを1枚ずつ切り離した絵カードを用意し，絵カードを指さすのではなく相手に渡すことで注意獲得の機能をもたせる方法を考案した。

3　PECS の指導基盤はピラミッド教育アプローチ

　PECS の指導の元になっているのはピラミッド教育アプローチという包括的な指導法

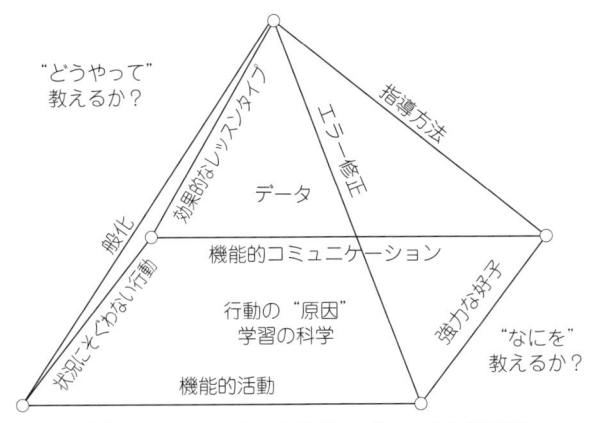

図表 2-35 ピラミッド教育アプローチの各要素

で（図表 2-35），応用行動分析から得られた様々な研究成果を元にして指導法を体系化したものである。元々 DAP で働く職員が共通の基盤に立って ASD 児の指導を行えるようにボンディが開発した（Bondy, 2011）。指導の基盤を整えるために，底辺の 4 つのピラミッドの要素が重要である。指導基盤の 1 つ目は「機能的な活動」で，実際に日常生活で役に立つ活動を教える。2 つ目は，「強力な好子」で，子どもの動機付けを高める内容を指す。3 つ目は，「機能的コミュニケーション」で，現時点で子どもが十分に使えるスキルや手段を使ってコミュニケーションを支援する。4 つ目の「状況にそぐわない行動」というのは，行動問題などを予防する上でどういう事柄を教える必要があるのかを示している。

指導基盤を基にピラミッドの頂点に向かって指導を積み上げていく際に必要なのが指導の方法論で，これも 4 つの要素から成り立っている。「般化」は，どの範囲までそのスキルが使えるように教えるのか，「効果的なレッスンのタイプ」は，単独のスキルを反復して教えるタイプと一連の流れや順番を教えるタイプに分かれる。「指導方略」は，スキルを教えるための効果的なプロンプトの種類とその取り除き方，「エラー修正」は間違えた時の修正の仕方をまとめている。真ん中にあるデータ収集は，記録を取って指導がうまくいっているかどうかを確かめることを指す。

4　PECS の指導手順

（1）始めるための準備

内的な欲求を伝える（たとえば「ケーキください」という要求）のと，周囲の出来事について伝える（たとえば，「雨が降っています」というコメント）のとでは，どちらが，動機づけが高いコミュニケーションだろうか。ASD 児にとっては，前者の要求の方が，結果が明確であり動機づけが高い。そこで，PECS を始める準備として，まず要求の対象となる好きなものや興味をもっているものや生活で必要なものなどを調べる。具体的に好みを調べる方法としては，好きな食べ物，飲み物，お菓子，玩具，道具，遊び，活動などを保護者に聞いたり，実際に子どもに複数の物を提示して選択してもらったりす

図表2-36 身体プロンプター(左)とコミュニケーションパートナー(右)によるフェイズ1の指導

る。そして好みのリストを作る。好みは変化するものなので定期的に好みのリストは更新するようにする。好みや要求対象が把握できたら，それぞれに対応する絵カードを作成する。

(2) フェイズ1：コミュニケーションのルールを教える

　PECSは1から6までの指導段階（フェイズ）に分かれている。最初のフェイズ1では，絵カードを人に渡すことでコミュニケーションの仕方を教える。ここで二人のトレーナーで指導することが重要で，そのことによりプロンプト依存を軽減でき，習得も早く，自立が維持されやすい。最初に絵カードの意味理解は求めないので，好きなアイテムを1つ選び，それに対応する絵カードを1枚，子どもの目の前に置く。子ども自ら人に働きかけることを重視しているので，最初にこちらから話しかけたりしない。コミュニケーションパートナーは，まず黙ってアイテムを目の前に提示して子どもの注意を引く。
　プロンプターは，アイテムに手を伸ばすというような子どもの自発を待つようにする。自発が生じたところで，プロンプターは子どもの手を取ってテーブルに置いてある①絵カードを手に取る，相手に②絵カードを差し出す，それから相手に③手渡すという一連の動作を身体プロンプトする（図表2-36）。一方，コミュニケーションパートナーは，絵カードを受け取ったら，子どもが要求しているアイテムを即時に渡す。このときにコミュニケーションパートナーはアイテム名，要するに欲しがっていた物の名前も同時に言うようにする。そうすることで，子どもがそれを模倣したり，アイテムの名前を覚えたりする可能性があるからである。このやり取りを繰り返すうちにプロンプターは少しずつプロンプトを控えていくようにして，最終的に子どもが自立して絵カードの交換ができるようにする。般化を促すためにはいろいろなトレーナーが交代し，いろいろな人にいろいろなアイテムで要求できるようにする必要がある。

(3) フェイズ2：困難を乗り越えて相手に働きかけることを教える

　フェイズ1では，目の前にいるコミュニケーションパートナーに絵カードを渡すというコミュニケーションのルールを教えた。しかし，現実には常にすぐ目の前にコミュニケーションの相手がいるわけではない。そこで，フェイズ2では，遠くにいる人にも持続的に働きかけることや遠くにある絵カードを探しに行くことを教える。コミュニケーションパートナーがいきなり遠くに行ってしまうと子どもは絵カードを渡すことをあきらめてしまうので，最初は目の前での絵カードの交換から始めて，徐々に距離を伸ばして遠くにいる人にも働きかけられるように教える（図表2-37）。
　フェイズ2からは，絵カードを収めるバインダーであるコミュニケーションブックと呼ばれるものを用意する（図表2-38）。コミュニケーションブックは，子どもがいつで

第2章 自閉症スペクトラム障害（ASD）の療育

図表2-37 離れた所のブックまで絵カードを取りに行き、コミュニケーションパートナー（左）に絵カードを渡そうとしている子ども（右）

図表2-38 コミュニケーションブック

も持ち運んで使えることを目指す。また生活の様々な要求場面に指導を組み込むようにして般化を図る。

（4）フェイズ3：弁別を教える

フェイズ2まで進み絵カードを複数ブックに貼っていても、子どもは1つずつ順番に要求できるかもしれない。絵カードを区別して渡さなくても、とりあえず好きなものが手に入るのでどのカードを交換しても関係ない。絵カードを弁別して渡すことを教えるために、子どもにとって絵カードの選択の結果が明確

図表2-39 コミュニケーションブック上の好きなアイテム（かりんとう）と好きでないアイテム（クッキー型）の絵カードをから選択している子ども

になるようにする。そこで、好きなアイテムと好きではないアイテムを1つずつ用意し、両方に対応する絵カードをブック上に貼って選択を教える（図表2-39）。

子どもが好きなアイテムのカードを選択すれば、「そうだね」と言って、欲しがっているアイテムを渡す。しかし、好きでないアイテムの絵カードを交換したら、そのまま好きでないアイテムを渡すことによって間違いを知らせた上で、エラー修正を行う。絵カードの弁別が難しいといった場合には、視覚弁別に関する研究で明らかになっている方法を使う。空白のカードを使ったり、大小のカードを使ったりして弁別を促す方法がある。また平面の絵カードの代わりに立体のミニチュアや実物を使う方法もある。

好みと好みでないものの弁別ができるようになったら、複数の好みのアイテムの絵カードから選択することを教える。しかしこの場合、子どもが正しく選択しているかどうかは、聞き手である大人にはわからない。そこで子どもが絵カードを交換した後に「どうぞ」などと言って複数のアイテムを提示し要求通りにアイテムを取るかどうかを確認する。これを対応チェックという。子どもが交換した絵カードと対応したアイテムを取ろうとすれば、選択は正しいとわかる。対応しないアイテムを取ろうとしたら、そ

113

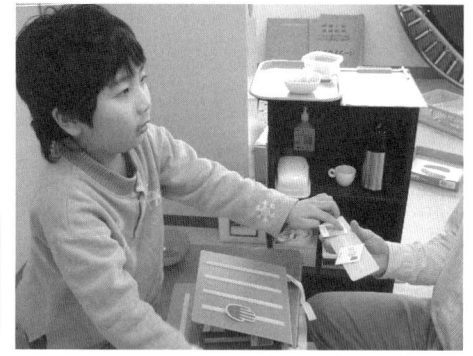

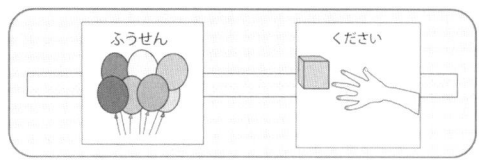

図表2-40　フェイズ4　文カードと子どもが文カードを大人に渡している様子

れは間違った要求なのでエラー修正を行う。徐々に選択数を増やしブックの中に収納した複数の絵カードから選択できるようになったらフェイズ3を習得したことになる。そして再びフェイズ2の要素を導入し，移動の練習を忘れないようにする。

(5) フェイズ4：文を作って要求することを教える

　PECSブックの中から1枚の絵カードを探して様々な要求ができるようになったら，**図表2-40**のように「ふうせん　ください」といった簡単な2語の文構成を教える。1枚の絵カードでも十分に要求を伝えられるが，「ください」という要求の述語カードを付けることでコミュニケーションパートナーにより明確に要求の意図を伝えることができるし，他の語彙表現の発達を期待することもできる。

　子どもは構成した文カードを相手に渡す。文カードを受け取ったコミュニケーションパートナーは「ふうせん　ください」と文を読み返しながら風船を渡す。子どもが自分で文構成して文カードを交換できるようになったら，コミュニケーションパートナーが文を読み返す際に，子どもに絵カードを指さすようにプロンプトをして教える。発語の出そうな子どもであれば，指してもらった絵カードの箇所で言語モデルを出して，3から5秒くらい子どもの反応を待ち（時間遅延プロンプト），発語を促すようにする。このフェイズ4から発語が出始める子どもが多いとか，1語文だった子どもが2語文で発語をするという報告が出ている（Ganz & Simpson, 2004；宮島・中野，2005）。

(6) 属性語の指導

　文が作れるようになると，様々な語彙を広げていく方向に応用ができる。「ふうせん　ください」という2語文の後，どういう語彙を教えるべきだろうか？　子どもの中には，特定の色や大きさの好みがある場合がある。例えば，青の風船でばかり遊ぶ子どもの場合に，青の風船は，他の色の風船と比べて特別な意味をもっている。その場合に「あお」という語をつけて「あお　ふうせん　ください」という3語文での要求を教える。次に色を弁別して要求することを取り組む時には，好みと好みでない色の語彙の弁別を教える。同様にして，「形」，「大きさ」，「数量」といった様々な属性概念を使って要求を教えることもできる。子どものニーズに応じて，「さんぽ　いきたい」などその他の

要求の語彙や「ふうせん　を　ください」など助詞をつけて要求するなど言語を洗練させることもできる。

（7）フェイズ5：質問に応答して要求することを教える

ASD児は，自発的なコメントに困難がある。これは「雨が降っていますね」というコメントの結果として相手から返ってくる「そうだね」という対人的な応答が動機付けとして低いことに関連している。その一方で質問に答える形でコメントすることは比較的容易であるということが研究でわかっている。そこで質問に応答することを要求の中で教える。つまり聞き手が「何が欲しいですか？」と尋ねて，これに対して子どもが応答して文構成して要求することを教える。PECSでは質問をしながら文カードを叩くというプロンプトを出して応答を促す。徐々にプロンプトを遅らせながら（漸進的時間遅延プロンプト），質問だけで応答できるようにする。いったん質問に答えて要求することができるようになったら，応答要求に偏らないようにするために自発と応答による要求の機会を混ぜるようにする。

（8）フェイズ6：コメントを教える

フェイズ5で質問に答える形で要求することができるようになったら，聞き手が質問して子どもがコメントすることを教える。まず子どもにとって興味を引くような面白いコメント事象を作り出す工夫をする。例えば，絵本が好きな子どもであれば，絵本のある場面を見せて「これは何ですか？」とか「何が見えますか？」などという質問をして，それに対して応答するコメント「あおむし　みえます」という文を作って渡すことを教える。渡された後にコミュニケーションパートナーは「そうだね！」とか「あおむしだね！」と応答する。このような応答が十分に強化として機能しない場合は，トークンなどを渡して動機付けを高める工夫をする（図表2-41）。「見えます」以外にも様々な五感に関連するコメント（聞こえます，臭います，味がしますなど）を教える。外的な事象へのコメントが十分にできるようになってからは，感情表現など内的事象に関するコメントへの応用可能性が広がる。

図表2-41　絵本を使ってコメントのレッスンをしている様子
子どもの右横にあるのがトークンボード。

5　これからのPECSの可能性

PECSは，日常生活でいつでもどこでも使える機能的コミュニケーションを目指している。教室や家の中だけでなく，地域でも使えることを目指すようにする。青森県の弘前市の事業所では，市と連携してPECSロゴマークステッカープロジェクトを始めた。このステッカー（図表2-42）を貼ってある店は，PECSを使って買い物ができるとい

図表2-42 PECSロゴステッカー

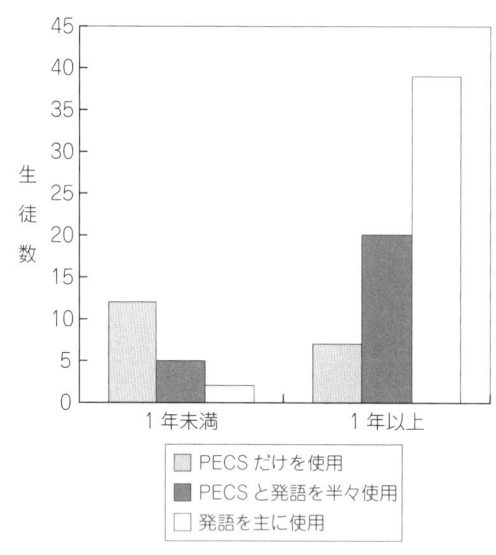

図表2-43 5歳未満児でのPECSの使用1年未満のグループ（左）と1年以上のグループ（右）の比較

（出所）Bondy & Frost (1994).

うもので、ASDの啓発と同時に地域参加を目指している。

PECSを指導して言葉が出てくるようになる子どももいるが、すぐにPECSをやめないように気をつけないといけない。PECSの訓練を一年以上続けた場合の方が、一年未満の場合よりも発語を発達させた子どもの割合が高いという研究結果もある（図表2-43）。特にDAPでは幼児期にPECSによるコミュニケーション指導を行った子どもには認知発達にも良好な結果がみられ早期療育の効果も期待できる（Bondy & Frost, 1995）。

長年トレーニングを続けても発語が発達しない子どももいるので、そういう場合はPECSを取り去らないようにする。その場合は機能的なコミュニケーションとしてPECSを使い続けることになる。そもそもPECSは発語を促す道具ではないということに注意する必要がある。

また、PECSはASD児と大人とのやり取りだけでなく、子ども同士の相互作用を発達させることも期待できる（Parden et al., 2012）。ASDに限らず、知的障害のある盲聾者への適用（Bracken & Rohrer, 2014）、脳機能障害や認知症への応用可能性もある。PECSに関する研究論文は現在まで100以上に上り、効果が実証された指導法でもある（http://www.pecs-japan.com/Research.htm）。

参考となるリソース

Bondy, A. (2011). *The Pyramid Approach to Education. A Guide to Functional ABA*. Pyramid Educational Consultants.

Bondy, A., & Frost, L. (1994). The picture exchange communication system. *Focus on Autistic Behavior*, **9**, 1-19.

Bondy, A. S. & Frost, L. A. (1995). Educational Approaches in Preschool. Behavior Techniques in a Public School Setting. E. Schopler & G. B. Mesibov (Eds.) *Learning and Cognition in Autism*. New York: Plenum Press, 311-333.

Bracken, M. & Rohrer, N (2014). Using an adapted form of the Picture Exchange Communication System to increase independent requesting in deafblind adults with learning disabilities. *Research in Developmental Disabilities*, **35**, 269-277.

Frost, L., & Bondy, A. (2002). The Picture Exchange Communiction System training manual, 2nd ed. Pyramid Educational Products.
（門眞一郎（監訳）(2005). 絵カード交換式コミュニケーションシステムトレーニングマニュアル第2版　ピラミッド教育コンサルタントオブジャパン株式会社）

Ganz, J. & Simpson, R. (2004). Effects on communicative requesting and speech development of the Picture Exchange Communication System in children with characteristics of autism. *Journal of Autism and Developmental Disabilities*, **34**, 395-409.

宮島かんな・中野良顕 (2005). PECS によって自閉症女児に二語文要求行動を教える. 上智大学心理学年報, **29**, 33-41.

Paden, A. R., Kodak, T., Fisher, W. W., Gawley-Bullington, E. M., & Bouxsein, K. J. (2012). Teaching Children with Autism to Engage in Peer-Directed Mands Using a Picture Exchange Communication System. *Journal of Applied Behavior Analysis*, **45**, 425-429.

Yoder, P. & Stone, W. (2006). Randomized comparison of the effect of two prelinguistic communication interventions on the acquisition of spoken communication in preschoolers With ASD. *Journal of Speech, Language, and Hearing Research*, **49**, 698-711.

（今本　繁）

> 4）コミュニケーション・スキルの療育法
> ### ③ ソーシャルストーリーズ

1　ソーシャルストーリーズ の開発者

　ソーシャルストーリーズ（Social Stories）は，ミシガン州ジェニソン郡公立学校群の自閉症学級の担任であったキャロル・グレイ（Gray, C.）が，その実践の中から開発し，1991年に発表した，ASD児者への情報伝達を目的とした教育技術である。キャロル・グレイはソーシャルストーリーズを発表後，ジェニソン郡の自閉症専門コンサルタントとなり，郡内の公立学校（幼・小・中・高校）に在籍するASD児童生徒を担当するすべての担任教師にこの技術を伝え，郡内公立学校の通常学級および支援学級のASD向け教育水準向上に寄与した。この教育技術が発表された90年代初頭から約10年にわたって，ジェニソン郡ではキャロル・グレイを軸に専門チームを構成し，郡教育委員会を挙げてソーシャルストーリーズとコミック会話を教育者や親たちに広めた。また，高機能ASD児童生徒の社交および社会・人間関係理解を促すASD専用カリキュラムの整備に乗り出し，その内容については郡内の教師陣と親向けに機関誌を刊行し広報に努め，啓発および教育水準の質的な向上を図った。このジェニソン郡教育委員会の取り組みは当時としては世界的にも画期的なものであった。また，教育効果については，ソーシャルストーリーズを用いて社会のルールを説明すると，支援者からの助言を非難と受け取りがちなASD児も心理的負担がかからずにスムーズに理解していくことがわかり，全米およびヨーロッパ諸国の瞠目を集めることとなった。そこで，2004年キャロル・グレイは，ジェニソン郡公務員を辞し，ミシガン州（Grand Rapids, Michigan）にグレイセンターを設立し，公認指導者養成と各国へのフォローアップサービスの提供，さらにASDの社会性の理解支援および社会性の発達支援への研究助成に取り組んだ。

2　ソーシャルストーリーズ™ とソーシャルストーリー™ 定義の違い

　ソーシャルストーリーズ（複数形）とは，開発者キャロル・グレイが考案し，世界各地の共同研究者たちとともに数々の実践例を通して設定したガイドラインに沿って，教育者・支援者からASD児者へ社交に関する知識や情報を伝える技術の名称である。ソーシャルストーリー（単数形）とは，支援者が視覚支援の1つとして書き上げた特定のASDの人向けの情報提供書とも言えるもので，ガイドラインに従って書き上げた1つ1つのストーリーを総じて単数形で呼ぶ。

3 ソーシャルストーリーズの適用範囲

　ソーシャルストーリーズは，文字によって情報を容易に得ることができる高機能ASDの幼児から成人までを対象に適用できる。いつ，どこで，なにを，なぜ，どのように，という5W1Hのすべての情報を的確に伝えることができるため，近年TEACCH自閉症プログラムが開発したStructured TEACCHing（86ページ参照）との併用も多く，高機能向けのStructured TEACCHingの一部として不可欠なものとなっている。逆に言えば，Strucured TEACCHingで補い難いWHY（なぜなのか？）という情報を必要とするASDの人への支援には不可欠な教育技術であるとも言える。文字情報によって社交や事象の概念理解および形成を助け，ASDにおける心の理論（Theory of Mind）やCentral Coherenceの弱点をも支援するため，Attwood（2006）は「ソーシャルストーリーズは，ASDの認知レベルの再構造化が可能」と解説している。すなわち，概念化の支援も可能であるが，いったん形成された誤認識の修正（再構造化）も，このソーシャルストーリーズによって可能な場合が多い。

4 ソーシャルストーリーズのガイドライン

（1）ガイドライン設定の哲学

　ソーシャルストーリーは，ある状況やスキル，関連ある社交的合図に関するコンセプトや他者の見方，一般的なリアクションのとり方について，様式や振舞い方などをナレーションのように説明するものであり，脳内ナレーションとして機能する（受け止められる）と言われている。ソーシャルストーリーズは，集団活動から逸脱したり，社交ルールを意図的に守らないかのような行動をするASD児者に対し，それを問題と見なすのではなく，なぜそのASDの人がその言動をせざるを得ないのか，その人の自閉症としての脳の情報処理過程のどこに定型発達との違いがあり何が理解できていないのか，どの情報に気づかないでいるのか，ということを，徹底して分析することから取り組み始める。この点は，TEACCHの『氷山モデル』の考え方と一致する。キャロル・グレイは「この子たちは理解できれば正しい行動をしようとする」のだから，定型発達の人たちが教えなくても自然にキャッチする暗黙の了解ごとや社交ルールや常識を，ていねいに辛抱強く意図的に顕在化して教えていくことが肝要である，と述べている。すなわち，定型発達者によるASDのある人への情報提供不足がASDの人たちの適応困難の誘因であるともいえるので，定型発達者が1つ1つ丁寧に正しい情報を共有できるように配慮することがASD児者と接するときの基本的なマナーであるという考え方に立つことが求められる。一方で，ASDの脳機能の最新情報を取り入れ，情報処理プロセスを支援することが可能になるよう設定されたガイドライン（基準）に沿って情報提供することで理解を支援することが可能だという哲学に基づいている。

（2）ガイドライン 10.0 の実際

　ソーシャルストーリーズのガイドライン 10.0（Gray, 2004）の要点は，以下のようになっている。

① ソーシャルストーリーは，安心できる内容の社交情報を ASD の情報処理のスタイルにあわせてわかりやすい方法で，ていねいに伝えるものであり，少なくとも全ストーリーの50％は，達成を賞賛するものとする。

② ソーシャルストーリーは，テーマを明確にする導入部と，細部を付け加える本体部と，そして，内容を強め情報を要約する結論部から成っている。

③ ソーシャルストーリーは，5W1H の情報が盛り込まれる。

④ ソーシャルストーリーは，一人称または三人称が使用され，二人称は使用しない。

⑤ ソーシャルストーリーにおける文章は，主として肯定的な表現を用い否定型表現には十分な検討が必要である。

⑥ ソーシャルストーリーには必ず事実文をいれ，そのほかに6つの文型である見解文，協力文，肯定文，調整文，コーチング文，空欄文（これらの文型は言語学によるものではなく，ソーシャルストーリーズのガイドラインとして定義されたものであり，ガイドラインの詳細は日本語テキスト（グレイ，2006）を参照のこと）のどれかまたはいくつかを用いる。

⑦ ソーシャルストーリーは，特定の状況や社交ルール，地域の常識などを説明するものである。読み手である ASD 児に指図されたと受け取られないためにも，ソーシャルストーリーズ公式に従うことで質を担保する。

　　ソーシャルストーリーズ公式とは，

$$\frac{記述的内容（事実文，肯定文，協力文のセンテンス数）}{指導的内容（調整文，コーチング文のセンテンス数）} = 2 \text{ 以上}$$

⑧ 用語の選択，紙面構成（視覚的支援の視覚的構成）の工夫をする。字義通りに解釈しがちな ASD の人が勘違いを起こさないような用語の選択の工夫をする。

⑨ イラストや写真は，むやみに採りいれず，本人の認知特性に合わせる。

⑩ タイトルの付け方に配慮する。上記①~⑨に適合するタイトルにする。

　以上の 10 のルールは，世界中から集められた臨床実践情報の結果が整理されたもので，今後も少しずつ修正が加えられていく予定である。現在グレイセンターは『ガイドライン 10.1』を発表しているが邦訳は未刊行である。ガイドラインのいくつかの項目の入れ替わりがあるが，基本路線に変更はない。

　このガイドラインには ASD 児者の心の理論，セントラル・コーヘレンス，実行機能等の弱点を支援すること，さらに，ASD 児者の自尊心と積極性を育むことを意図して設定されているが，その詳細については，実践者が公認指導者のワークショップを受講して学ぶようにと指定されている。

(3) 他の指導法との併用

前述したように，ソーシャルストーリーズは，ASD の脳の情報処理プロセスに配慮して，ASD 児者が自力ではキャッチできにくい社交情報や，認知の違いにより勘違いして受け取りがちな情報について，他者と同様に適切な情報を共有するということを目的としている。そのため，情報処理を助ける目的ももつ TEACCH 自閉症プログラムの提唱する Structured TEACCHing と非常にうまくマッチする。特に，個別の視覚的スケジュールとの組み合わせによって，ASD のある人にこれから起きる事柄の心積もりとその意味を伝えることに大きな効果が確認されている（Howley & Arnold, 2005）。また，近年，機能の高い ASD 者には認知行動療法（CBT）の適用が活発になりその効果が確認されているが，CBT はもともと定型発達者のために開発されたものであるので，CBT の ASD 者への適用の際，説明はソーシャルストーリーズの技術を用いると有効であるという報告も増えている（Attwood, 2006）。

(4) ソーシャルストーリーズのガイドラインをマスターするために

ソーシャルストーリーズは公認指導者制をとっている。21世紀に入って，エビデンスが求められる時代に入り，エビデンスの確認された指導法は，サービス提供者の質が保障されなければならないことになって，多くのエビデンスベーストプラクティス（EBP）が資格制を取るようになったが，ソーシャルストーリーズは，その運動が始まる前に，支援者側の理解度・技術獲得の問題を指摘し，公認指導者制を採用した。公認指導者制は特定の指導技法の提供を受ける ASD の子ども側の利益を守るためであるが，ソーシャルストーリーズについてはこの時代に入る直前であったため，学会でも議論を呼び，また，療育実践現場においても敬遠された時期があった。ソーシャルスクリプト等，似たような形の別物として使う，という風潮も生まれた。この混乱と敬遠の中で，ソーシャルストーリーズの教育効果を確認する研究は出遅れたところがあり，EBP の1つとしては弱い立場にある。現在の日本はまだその状況がある。しかし，EBP の時代を象徴するような政府主導の米国 WWC 情報センターの設立（2007年）および支援技術の質担保の提唱により，各指導法の指導者たちも各大学・各機関において公認指導者制をスタートさせた。そこで，あらためてソーシャルストーリーズの教育効果の高さが確認されるようになり，現在の英米では療育現場で積極的に用いられるようになっている。

参考となるリソース

Attwood, T. (2006). *The Complete Guide to Asperger's Syndrome.* Philadelphia: Jessica Kingsley Publishers.

Gray, C. (2004). Social Stories 10.0: The new defining criteria and guidelines. *Jenison Autism Journal*, **15**, 2-21.
　（グレイ，C. 服巻智子（訳）(2006). お母さんと先生が書くソーシャルストーリー―新しい判定基準とガイドライン― クリエイツかもがわ）

Howley, M. & Arnold, E. (2005). *Revealing the hidden social code: Social Stories for people with autistic spectrum disorders.* Philadelphia : Jessica Kingsley Publishers.

(服巻智子)

> 4）コミュニケーションスキルの療育法

④ コミック会話

1　コミック会話とは

　コミック会話とは，ソーシャルストーリーズの開発者と同じキャロル・グレイが1990年代半ばに発表したもので，言葉による会話が成り立つ ASD 児との会話を効果的に進めるための教育技術である。英語名は Comic Strip Conversation という名称で，邦訳においてはコマ割り漫画の会話として紹介された。しかし，その後，世界各地の臨床実践の報告を取り入れ，特にコマ割りにこだわらず，話し言葉のやり取りの際，その場で行う視覚的支援として柔軟に発達している。近年は，コミック会話を基軸にして，様々なテクノロジーを取り入れ発展させた「見える会話」（篠田・納富・服巻，2010）の方略が広がっている。

2　高機能 ASD のある人の会話の特性

　ASD 児は，たとえ言語能力が高く見えても，対人性の要素を多く含む会話において会話のテーマと内容をうまく捉えられないことがあったり，勘違いして受け取ってしまったり，相手の意図を読み取れないで字義どおりに解釈することがある。また，話しかけるタイミングをしくじる（話しかけるタイミングをつかめず話しかけることができない，あるいは，相手の状況にかかわらず話しかけてしまう）などの失敗を繰り返すことが多い。言語を自由自在に用いているように見えても，言語の概念化が違っていることがあるので，会話のすれ違いが生じる。さらには，出来事の報告スキルの獲得が困難なことも多くみられる。

　こういった会話スキルの特性は，セントラル・コーヘレンス，実行機能，心の理論，そして，注意障害などの脳機能の弱点が複雑に絡み合って構成され，高機能 ASD 児の対人コミュニケーションの発達に影響を与えている。さらに，1対1の会話でのすれ違いにとどまらず，集団における議論やコンセンサスの把握に大きな弱みとなり，集団活動での情報共有の困難がもとで集団活動への参加が難しくなることも多い。知的に高く知識と語彙数を豊富に持っている ASD 児にも，会話の支援をすることで，知的水準に見合う会話スキルを向上させる可能性がある。コミック会話は，そのための方略として普及している。

3　紙とペンさえあればできる会話支援

　コミック会話の基本は会話の視覚化，すなわち，「話しながら描く」ことである。そ

こで，必要な用具は「書くもの」であり，紙とペン（鉛筆などの筆記具でもよい），ホワイトボードと水性マジックなどを使う。コミック会話は，書くものさえあれば，どこでも簡単にできる方略なのである。また，「見える会話」では，パソコンやタブレットの手書きができるアプリを用いて，液晶画面で視覚的に会話を進める（篠田ほか，2010）。

　会話とは，その場における音声言語による情報交換であり，内容を理解し合いつつ意味とメッセージのキャッチボールを音声言語のみで行うプロセスである。しかし，ASD の特性として，定型発達の子どものように会話の情報交換をリアルタイムに処理することの困難さがあげられる。その上，通常の会話には，情緒的交流や気持ちの交換が伴い，そこには見えない情報が多く含まれているが，ASD の子どもはそれらをキャッチすることが困難である。そこで，視覚的支援としてのコミック会話が有効に機能するのである。また，ASD の子どもは「過去に起きたことを，相手にわかるように順序立てて説明（報告）する」ことが困難なことが多い。その背景には「会話において話をスタートさせる」「相手にわかるように話を組み立てる」「説明の終わりを決める」という実行機能の問題もあれば，物事の順序に関する記憶を再生しながら「時系列で話す」「順序良く説明する」という記憶の問題もある。コミック会話は，ASD の子どもの言葉による会話スキルや順序立てて説明するスキルの獲得の支援と，会話における気持ちの交流を視覚化して理解を高めていく支援の2つの側面から支援ができるのである。

4　コミック会話の手順

　以下に，一般的なコミック会話の手順を示す。絵は常に単純化した**線画**を用いることが肝要である。ASD 児のセントラル・コーヘレンスの弱点をサポートするために，極力，絵の細部にこだわらせず，出来事を思い出させて描いていく。

① 書くもの（例えば紙と鉛筆またはペン）を用意する。常に手の届くところに置いておくと良い。筆者は，常にバッグの中に入れている。また，筆者は，セラピーセッションやグループディスカッションの際には，ホワイトボードを用いることが多い。タブレット（絵をかけるアプリをインストールしておくこと）や PC を用いることもある。

② 最初に，いつ，どこでを特定する質問をする。「お昼休みのことについて話しましょうか？　どこで遊びましたか？」「土曜日の午前中，何人かで遊んでいた時のことを話してくださいね。どこで遊びましたか？」等である。そして，紙面の四隅の1つに，「昼休み」と記入し，本人が報告する場所を記入する。例えば，校庭と報告したならば，校庭のどのあたりだったか聞く。例えば「何が近くにありましたか？　ブランコですか？　滑り台ですか？」などである。一番近くにあったもの，あるいは，本人がいた場所を特定する何かを，画面に描く。ブランコだったらブランコの絵を紙面の中心より少し外れた所に描く。そして，「あなたはこのあたりにいたのですか？」と聞いて，ブランコの前あたりに本人を描く。すべての絵は線画である（**図表 2 - 44**）。

③ ここからは，本人の話に沿って，描いていく。必要であれば，話を引き出すための

(例)「昼休み」
○月△日
□時ごろ
校庭で

図表2-44　コミック会話の例

質問をつづける。「そこで何をしていましたか？」「誰が一緒にいましたか？」「その人（達）は何をしましたか？」。あくまで質問は具体的な内容について言葉を選んで行う。本人の答えを聞きながら，線画を追加していく。

④ ③でその場面や関係人物が特定できたら，次に，「その人はなんと言いましたか？」「あなたはなんと言いましたか？」（順不同）と，会話内容を丁寧に尋ねる。会話の内容は，漫画の吹き出しの要領である。

⑤ ④で，「あなたは相手にそう言ったとき，心の中でどういう気持ちでしたか？」「相手の人は，あなた（誰か）にそう言ったとき，心の中でどういう気持ちだったと思いますか？」と聞き，答えさせる。答えられなかった場合には，模範となる気持ちの例をこちらがいくつか示し，選択させる。そして，吹き出しで気持ちを記入する。

⑥ 会話のまとめをする。「お昼休みに，ブランコのそばで，○○さんと遊んでいた時，△△をしあい，□□をされ，××と言い合った，というわけなのですね」。こちらのまとめを押し付けず，まず，本人が伝えたことを，起承転結でシンプルにまとめて，一緒に話しながら描いた絵を見ながら話して聞かせる。このまとめは本人に対し，報告の仕方を学ぶ手本となるので，5W1Hでわかりやすくまとめて話す。

⑦ 最後に，「よくわかりましたよ。話してくれてありがとう」と言い，会話を終える。描いたコミックには日付を記入し，ファイルに保管し本人に持たせる。ホワイトボードやタブレットを使った場合は，プリントアウトしてファイルに保管し，本人に持たせる。

5　コミック会話実施上の留意点

4.で示したコミック会話の手順で進める際，以下の点に留意する必要がある。

① コミック会話導入時は，他愛もない内容のみを取り上げること。特に事件が起きた際，子どもに話をさせたくなるものであるが，なんということもない日常の出来事の報告で，コミック会話での会話で伝わる楽しさを本人が感じ取り，話したいというコミュニケーションマインドを育てるのが第一段階の目的である。何かあった時だけコミック会話をすると，本人は「責められる（た）」と感じ，コミック会話ばかりでなく，

大人との対話を避けるようになることが多い。導入してから数ヵ月は，他愛もない話題だけに留め，「話してくれてありがとう。話せて嬉しかったですよ」と会話を締めくくるように心掛ける。

② コミック会話をするときは，支援者はコミュニケーション・パートナーであることを自覚して対応する。話しながら描く時，できるだけ，相槌を打つように心掛ける。その際，「そんなこと言ってしまったの？」「そんなことはしてはいけないよ」等と，報告している子どもの言動を評価するような言葉かけは控え，ニュートラルな対応をする。

③ ASD の子どもの報告に対し，良い内容であれば相槌を打ちながら明確に支援者側がポジティブなリアクションを提供する。不穏な発言があった場合も，その場面ではまず受け止める。会話のその時点においては，まずは，ASD の子どもに対して，支援者の共感を示すことが重要である。

6　コミック会話の発展

　コミック会話が習慣化すると，以下の発展がある。

① その人の特性によって習得するまでの期間はまちまちであるが，そののち，自分から書きながら話し始めることができるようになる。支援者がそれまでにきちんと 5W1H の情報を盛り込んだ「まとめ」をしていれば，その情報を過不足なく含む話のまとめ方も可能となっていく。子どもの場合，1～2 年程度かかり，青年以上であれば数ヵ月でその域に達することがある。

② 「未来のコミック」という設定で，「次回同じ場面に遭遇した場合，より良い言葉かけとより良い行動はどうすればよいだろうね」と問いかけ，より良い言動について話し合う。可能であれば，リハーサルも行う。

③ 自分の気持ちや相手の気持ちについての学習の場面では，色分けを用いる。適切な言動は緑，やや良くない言動は黄色，不適切な言動は赤と，信号色を用いて視覚的にわかりやすく分別することで，社会的なふるまいについて学ぶ資料とすることができる。

7　コミック会話と他の指導法

　ソーシャルストーリーズが，支援者が伝えたい対人行動のルールや暗黙の了解ごとを伝えて情報を正しく共有するために用いるのに対し，コミック会話は，本人の会話スキルを支援するために用いるものであり，長年続けていると，会話スキルを伸ばすことも可能である。また，6 の③に示したように，コミック会話でリアルな対人関係における他者と自分の言動の裏にある感情を知る指導が可能である。そのため，コミック会話は，ASD のある人への認知行動療法（CBT）の適用の際，欠かせない対話方略として注目されてきている。

参考となるリソース

Gray, C. (1994). *Comic strip conversations.* Hastings: Future Horizons Inc.
　（グレイ，C.　門眞一郎（訳）(2005). コミック会話―自閉症など発達障害のある子どものためのコミュニケーション支援法　単行本―　明石書店）

篠田朋子・納富奈緒子・服巻智子 (2010). 見える会話―コミック会話等を活用した自閉症スペクトラムの人の会話支援―　ASDヴィレッジ出版

Hodgdon, L. A. (2011). *Visual strategies for improving communication: Practical supports for autism spectrum disorders. Revised and updated version.* Troy: Quirk Roberts Publishing.
　（ホジダン，L. A.　門眞一郎・小川由香・黒澤麻美（訳）(2012). 自閉症スペクトラムとコミュニケーション―理解コミュニケーションの視覚的支援―　星和書店）

〈服巻智子〉

5）感覚統合療法（SIT）

1 感覚統合とは

　感覚統合（Sensory Integration；SI）理論は，アメリカの作業療法士エアーズ（Ayres, 1979）が1960-1970年代に当時の診断でいう学習障害（Learning Disabilities；LD）児（この中にアスペルガー症候群や特定不能の広汎性発達障害も含まれていた可能性はある）を研究し，体系化したものである。SIとは「自己の身体および環境からの感覚刺激を組織化し，環境の中で体を効率よく使用することを可能とする神経学的プロセス，中枢神経系で生じる受容から環境との適応的な相互関係として示される一連の現象」（Fisher & Murray, 1991）とされている。感覚統合という用語は神経生理学領域では「異なる感覚情報がある一つのニューロンもしくはニューロン群に収束すること」を指すが，ここではエアーズの言う感覚統合について論じることとする。

　SIに問題がある場合，SI障害と呼ばれている。SI障害は感覚過敏や感覚刺激への気付きにくさなどの問題として表れたり，不器用さとして表れたりすることが多い。SI障害は発達性協調運動症児，ASD児やADHD児にみられることが多い。

　感覚統合療法（Sensory Integration Therapy；SIT）は，感覚統合の問題を改善するために用いられる。具体的方法については後述するが，大型遊具が設置できる部屋で，スイングやボールプール，平均台などのSIT器具を用いて，マンツーマンで行う。SITは子どもの能動的取り組みを重視し，そのセラピーを受ける子どもには治療や訓練というイメージは与えないようにする。そのため，感覚統合療法は単なる遊びや他の訓練方法との区別が明確でない事を指摘されることがある。そこで近年，Parhamら（2011）は感覚統合療法を厳格に実践できているかを評定するためにAyres Sensory Integration, Intervention Fidelity Measureを考案した。この評定法には次の10項目が挙げられている：1. 子どもの身体的安全を保証できているか，2. 感覚体験の機会を提供しているか，3. セラピストは子どもの適切な覚醒水準と情動の安定のための感覚調整をサポートしているか，4. 姿勢，眼球運動，口腔運動と／または両側運動コントロールにおけるチャレンジ，5. 運動行為機能（Praxis）のチャレンジと行動の組織化，6. 活動選択におけるセラピストと子どもの協力，7. ちょうど良いチャレンジを提供するための活動のあつらえ，8. 活動が成功することを保障する，9. 遊びへの子どもの内的欲求を支援する，10. 治療的信頼関係を構築する。これらの評定項目は，SITの定義を示し，遊びや他の訓練方法との違いを示していると言えるであろう。

　以上は，SIルームの中でのSITに関する説明であったが，感覚統合理論に基づく教師や保育士へのコンサルテーションも行われている（Bundy, 2006）。また，日常の活動に関連して，感覚入力を治療目的で活用することを基本計画であるセンソリーダイエッ

ト（Wilbarger, 2006）を ASD 児などに適用することがある。

2　プログラムの目的

SIT は，対象児の SI の問題を改善することを目的として行われる。学習スキルや運動スキルの獲得よりも発達障害児の中枢神経系の機能を改善することを目的として考案された。

感覚統合理論に基づくコンサルテーションは，子どもに関わる保護者や教師などが子どもの生活上の問題を理解し，解決策を見出す目的で行われる。

3　理論的背景

前述のように Ayres（1979）は当時でいう LD 児を対象に検査と研究を行い，彼らが感覚識別や運動行為，感覚刺激への反応異常を示す事が多いことを見出し，LD 児における SI の問題を指摘した。また，それらのデータについての因子分析を用いた研究等から，感覚情報処理の問題と，運動行為や学習，行動などの様々な機能の問題とが関係していること，SI の障害にはいくつかの症候群があることを説明した。そして，SI 障害がある子どもに対する治療法として，SIT を考案した。感覚刺激を子どもが調整して取り入れ，適応反応を起こすことを促すことで脳機能の改善を目指している。

近年では，エアーズが体系化した SI 理論は，Fisher ら（1991）など SI の研究者によって整理され，感覚処理の問題が情動面や行動面に影響している「感覚調整の問題」と感覚処理の問題などにより運動や学習に困難が生じている「運動行為機能の問題」の2つを大きな SI の問題として整理している。前者は，聴覚過敏のため騒々しい学級の中に入れなかったり，触覚過敏のために触られたことでかんしゃくを起こしてしまったりするなどの問題が起こる状態であり，後者は手先の触覚や運動感覚の識別が弱いために手の動きがわかりにくくなり，器用な運動ができず書字や工作が上手くできなくなっているような状態である。SIT や SI 理論に基づくコンサルテーションや生活支援は，感覚調整の問題，運動行為機能の問題双方を改善するために発展してきた。

4　対　　象

SIT は対象を厳格に規定していないが，もともと LD 児を対象に開発された。ただし，SIT は ASD 児にも用いられてきた（Ayres & Tickle, 1980；Fazlioĝlu & Baran, 2008；Linderman, Stewart, 1999；Case-Smith & Bryan, 1999；Watling, Dietz, 2007；Pfeiffer et al., 2011；Iwanaga et al., 2013）。近年，ASD を対象とした SIT の報告は増えている。

SI 理論は成人にも適用されることはあるが，もともと主な焦点は子どもにある（Bundy et al., 2006）。SIT の効果を示した研究も幼児から学齢児を対象としたものがほとんどである。ただし，SI 理論に基づくコンサルテーション，生活支援は成人期の

ASD者にも活用できるものである。

5　プログラムの実施

ここでは，療育場面など室内で行うSITとSI理論を用いたコンサルテーションや生活支援について説明する。

（1）療育場面で行うSIT

SITを実施する際には，まず，対象児に感覚処理や運動行為機能のアセスメントを行い，その問題を明らかにする。感覚識別の問題や運動行為機能の問題のアセスメントには日本版ミラー幼児発達スクリーニング検査（JMAP）やJPAN感覚処理・行為機能検査を用いることが多い。感覚刺激への行動反応や情動反応のアセスメントには感覚プロファイル（SP），日本感覚インベントリー（JSI）を用いることが多い。感覚統合療法はアセスメント結果に基づき，個別に考案され，実施される。

SI療法は多くの場合，子どもとセラピストがマンツーマンで行う。大型遊具が設置できる部屋で，スイングやボールプール，平均台などを用いて，揺れや触刺激などを与えたり，子どもに運動課題を行ってもらったりしながら反応を引き出していく。活動内容は子どもの治療ニーズにそって個別的に計画を立てて実施する。例えば，姿勢調整や眼球運動に問題がある子どもに特殊なスイングで姿勢コントロールを促したり（図表2-45），運動企画に問題がある子どもに大型遊具の組み合わせにチャレンジしてもらい身体図式の改善をはかったり，運動行為機能を高めたりする（図表2-46，図表2-47）。

ASD児やADHD児の中には，激しくジャンプしたり，ブランコで揺れたりする遊びを過度に行う子どもがいる。そのような子どもにはスイングやトランポリンなどで子どもが求めている感覚刺激が得られるような場面を設定し，子どもの情動や行動の安定を図ることがある。

感覚過敏がみられる子どもには，その軽減を目指したアプローチを行うこともある。例えば，触覚過敏のある子どもに対し，接触を受け入れられる部分から少しずつマッサージを受け入れてもらえるようにスモールステップで刺激を増やして行くことがある（図表2-48）。このような方法によって，触覚過敏が目立っていた子どもが他者からの接触を受け入れられるようになることがある。

揺れ刺激への過敏反応を示す子どもがいるが，そのような場合，スモールステップで揺れのパターンや大きさを徐々に増やすようにして改善を図ることがある。例えば，**図表2-49**のように最初はスイングを床においてその上で遊んでもらい，次のステップでスイングの一方を，ロープを吊り下げわずかに揺れるようにしてお母さんと一緒に乗ってもらい，それを受け入れられたらスイングの両方のロープを吊り下げ少しずつ揺れの大きさを変えていくという手法などを用いることがある。このような方法でアプローチするとほとんどの子どもは揺れを受け入れられるようになる。このような指導は，揺れに耐えられるようになることだけを目的にしているのではない。感覚過敏は，感覚系を

図表 2-45 スイングを用いて姿勢コントロール，目と手の協調を育てている

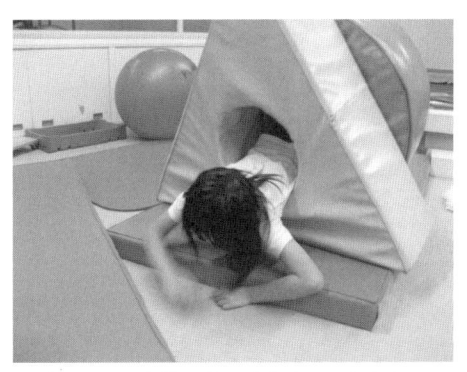

図表 2-46 身体図式を改善することを狙った活動

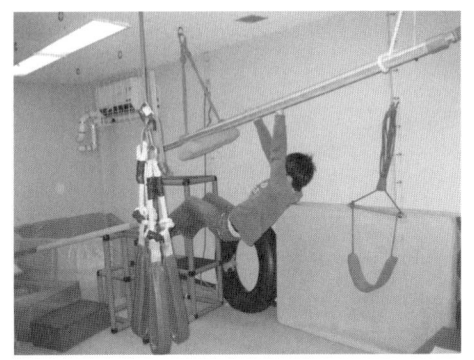

図表 2-47 運動企画，協調運動を伸ばすための活動

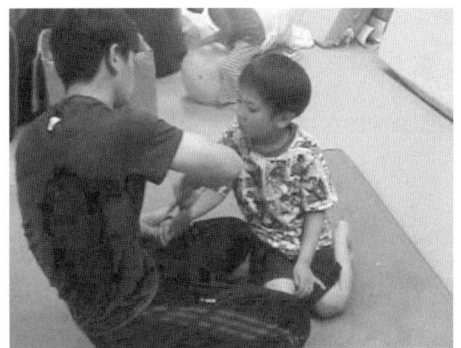

図表 2-48 受け入れられる部分からマッサージを行っている

またがって現れることが多く，一方の感覚過敏が変化すると，もう一方も変化することがある。そのため，揺れに対しての過敏性が軽減してくると，他の感覚過敏も改善されることがある。そのようなことから，他の刺激の受け入れ改善を狙って揺れ刺激が入る活動を行うことがある。なお，揺れの刺激の受け入れが良くなると他者のかかわりに対する柔軟性が見られるようになる ASD 児が多いため，対人関係スキルへの波及効果を狙って揺れのある遊びを取り入れることもある。

　感覚過敏への対応の一つとして，不快な刺激から注意をそらすように促す方法を用いることがある。例えば，触覚過敏のためにべたべたしたものに触れなかった ASD 児にクッキーづくりを行ってもらう方法がある。すると最初は生地に自発的に触れないが，繰り返す中で触覚から味覚や視覚の情報に注意がシフトし，それまで不快であった触覚刺激への注意が低下し，過剰反応が軽減することがある。触覚過敏があり脇の下を触られることを嫌がる子どもに対し子どもの肘の部分を持って"たかいたかい"をすると徐々に体幹や脇を触られても過敏反応が出なくなることがある。これは触覚から前庭感覚に子どもの注意がシフトすることによって刺激を受け入れられるようになっていると考えられる。

　どのような感覚刺激がどの程度入ってくるのかがわかっていると過敏反応が軽減することがあるため，刺激を与える際に同じパターンで刺激を繰り返し与え ASD 児が安心

①床に置いたスイングの上で遊んでもらう　②片方を吊り上げたスイングの上で親と遊んでもらう

③両方を吊り上げたスイングの上に足を床につけて座ってもらう

図表2-49　揺れが受け入れられない子どもにスモールステップでスイングに乗れるようにする指導

してその刺激を受け入れられるようにしてから，刺激の与え方にわずかに変化を加えていくことがある。例えば，「1，2，3」の声掛けに合わせ3回揺れるパターンを繰り返し体験させ，子どもがそのパターンの中で揺れを安定して受け入れられるようになってから，揺れの回数を増やしていく方法を使うことがある。すると，刺激の受け入れに改善が見られることがある。

(2) SI理論に基づくコンサルテーションや生活支援
① 感覚の問題に気づいてもらう

　感覚の問題をもつASD児への治療や支援は療育場面だけでは不十分である。感覚刺激によって生活上の問題が出ることが多いため，生活場面での彼らへの支援が不可欠である。そのため，日常生活場面で子どもに関わる保護者，教師，保育士などへのコンサルテーションが必要となる。そして，日常生活の中での問題を軽減するためのアドバイスなども重要となる。そこで，感覚の問題がある子どもに関わる人へのコンサルテーション，本人，家族への生活指導の内容について説明する。

　感覚面の問題への対応において，まず大事なことはその問題に周囲が気づくことである。ASD児に感覚の問題があっても親を含め周囲の人がそれに気づいていないことが多い。コミュニケーションや行動の問題に比べ，感覚の問題はわかりにくいために見逃されやすいことがその理由の一つであると考えられる。音楽に合わせた体操が始まった途端に逃げていくことが聴覚過敏のためであっても，わがままと判断されてしまうことがある。感覚過敏を示すような行動があっても，配慮が必要な症状とはみなされず不適切な対応がなされることが起こり得る。ASD児者の感覚の問題は一般には知られていないため，ASD児者の周囲の人にまずその問題の存在を知ってもらうことが不可欠である。そこで，感覚の問題についての説明を書いた資料などを用いてASD児者の周囲

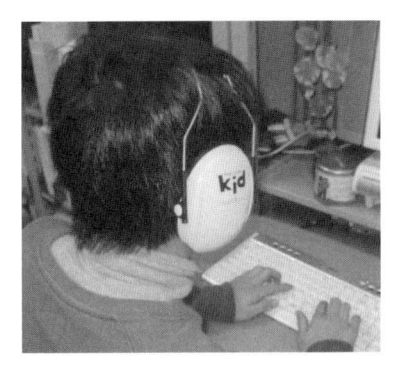

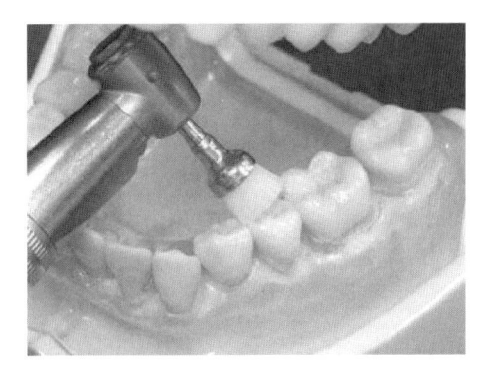

図表2-50　イヤーマフ　　　図表2-51　歯科治療について説明している視覚ツール

（出所）　長崎県口腔保健センターHPより。

の人に知ってもらうなどの対応を行うことがある。このような情報提示によって，聴覚過敏のある子どもに不快音を無理やり聞かせる等の対応は防げることがある。前述のSPなどの質問紙形式のアセスメントをする過程で保護者などに感覚の問題に気づいてもらえることがあるため，そのような評価を支援の一環として取り入れることもある。

② 感覚過敏への対応

次に感覚の問題のタイプ毎の対応について述べる。

まず，感覚過敏への対応について説明する。感覚過敏のある子どもへの対応において，環境調整が不可欠である。不快な刺激を遠ざけられるようであれば，遠ざけることが必要である。例えば，運動会の時にピストル音が耐えられない場合，ピストルから旗に変えてもらう対応などがある。触覚過敏があって，服の素材に敏感なASD児の保護者に服の素材に配慮してもらうこともある。

ASD児に対して防衛手段を紹介することもある。例えば，聴覚過敏のあるASD児にイヤーマフやノイズキャンセリングを紹介することがある。イヤーマフ（図表2-50）は外部からの騒音を遮音する器具であり，赤ちゃんの声や急に鳴る音に対して過敏反応を起こしている子どもなどに紹介する。ノイズキャンセリング・ヘッドホンは，機械的に外部音の逆位相の音を内部に発生させる装置で，理論的には音を軽減する装置である。掃除機の音や車のエンジン音などに不快を示すASD児に紹介する。視覚過敏があるASD児者に色つきグラスを紹介することがある。感覚過敏がある子どもとその家族に対して，グッズを使った防衛手段を教えることは重要である。

感覚過敏は情動面との関係があることが指摘されていることから（Green & Ben-Sasson, 2010；Lane et al., 2012）。視覚的スケジュールを提示したり，課題をわかりやすく視覚的に提示したりするなどの構造化を行ったり，不安になる要素を軽減したりして，情緒の安定を図ることを感覚過敏への対策として勧めることがある。

感覚刺激を与えられる際に刺激やそれをそれに伴う事象について理解を促すことも一つの対応策である。例えば，歯科医が治療を始めようと口の中に触ろうとするとパニックになるASD児がいる。このような場面でASD児にとって歯科医はどんな人かわか

らない，治療器具が治療の道具とはわからないなど，治療行為に伴う事象が理解できていないために過剰反応が起こることがありうる。このような場合，歯科医院が安全な場であること，歯科医は治療をする安心できる人であること，器具は治療に使うものであることなどをわかりやすく伝えることが対策となるであろう。実際にASD児に歯科医院に馴染んでもらうための（治療をしない）通院機会を設けたり，視覚的情報ツール（図表2-51）によって治療器具の使い方や治療の流れを示し，ASD児に治療行為を理解してもらい，安心して治療を受けられるように工夫をされている歯科医師もいる。医療の受診，散髪などにおいて感覚の問題が，不適応を引き起こすことがあるため，そのような場面に関する支援も必要である。

　不快を示すような感覚を能動的に体験してもらうことも一つの対応策であるため，保護者などに勧めることがある。例えば，歯磨きをされるのが苦手な子には，まず子ども自身に歯ブラシを持たせ磨く練習をしてもらう。そして，その行動がある程度定着したらそれを大人が動かすようにするという方法を用いることがある。それは，自分はくすぐれないという現象から考えられる対応策である。このようにすると徐々に他人から歯磨きをされることを受け入れられるようになることがある。揺れに過敏反応を示す子どもにブランコを自分で揺らすことを促す，触覚過敏のある子どもに子どもから物や人に触る機会を作るなどの対応も同様の効果が期待できる。そのため，このような方法を保護者に伝えることがある。

　入ってくる感覚刺激が子どもの想定通りでないと不快を感じるASD児には，いつからいつまで，どのように，どんな刺激が与えられるのかを明確にすることを重視する，つまり感覚刺激を与える際に構造化することを保護者にお願いする。例えば，マッサージをする際に数え歌に合わせて行うことで，刺激の内容や持続時間などに見通しがもてるように支援し，刺激を受け入れやすくする方法などを伝えたりする。

③ 感覚探究行動への対応

　くるくる回り続ける，べたべたしたがる，服や物をよく噛むなど，感覚刺激を過剰に求める行動である感覚探究行動は不適切な行動とみなされることが多い。そのため，感覚探究行動がみられるASD児は，叱責されたり，行動を止められたりする対応がなされることが多いが，それでかえって情動が不安定になることもある。そこで，保護者，教師に子どもの行動の背景にある感覚処理の問題について気づいてもらうように促すことは重要となる。もし，その気づきがあると保護者，教師が子どもの行動に対する認識を深め，叱責する対応から関わり方を変容させることがある。感覚探究行動が目立つASD児に対しSI理論では，感覚ニーズが高いと考え，ASD児が求めている刺激を社会的に認められる形で生活の中に形を変えて組み入れることを勧めることがある。このような考え方はセンソリーダイエットと呼ばれる。センソリーダイエットの考えに基づく生活支援では，一日のスケジュールの中に感覚体験を入れていくというやり方を用いることがある。例えば，水遊びをやめない子どもであれば，皿洗いや，風呂洗い，水仕事，米とぎなどをやってもらうように日課に取り入れてもらったり，飛び跳ねる子の場

合は，休み時間にトランポリンで跳ねる活動を日課に組み入れてもらったりするよう保護者や教師にお願いする。センソリーダイエットの考えに基づく支援では，感覚遊びをやめさせるより，同じような感覚が入る社会的に受け入れられる活動を丁寧に教えて，より周囲に受け入れられる方法で感覚刺激が得られるようにすることが多い。

実際に，学校でもそのような取り組みを実施されている教師がいる。ある教師は特別支援学級にSI遊具を設置しており，多動を伴うASD児に休み時間に強い揺れや飛び跳ねる刺激が入る活動を一定時間提供し，クラスに戻らせる方法を用いている。別の教師は，廊下にテストの答えを張って，廊下まで移動させて答え合わせをさせる工夫をしている。このような対応をすることで，子どもが合法的に動くことができ，子どもが求めている刺激が入る。このように動きを求めている子どもがいることを教師が理解し，子どもたちが求めている感覚刺激をしっかり入れる対応が有効なことがあるため，感覚統合理論に基づくコンサルテーションが必要である。

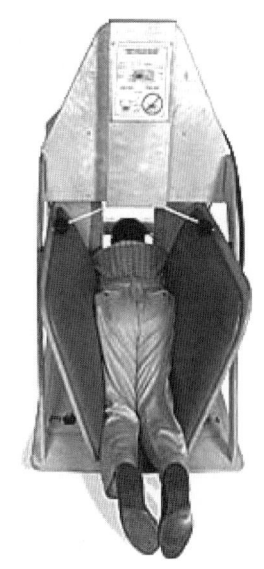

図表2-52　ハグマシーン
（帝京科学大学石井孝弘先生作）

感覚刺激の中にはASD者の情動を安定させるものもある。それを明らかにして生活の中に組み入れることも重要となるため，保護者，教師などに提案することがある。生活の中で情動を安定させる感覚刺激をASD者に提供している例もある。ノースカロライナのTEACCHプログラムを取り入れているグループホームのカームダウンルームでは対象者が落ち着けるような感覚刺激が入る工夫がなされている。ウォーターベッドがあったり，壁に触ると気持ちがいいような布等が張ってあったりして，感覚体験ができるようになっている。情動が不安定になったASDの人が，そのような部屋で落ち着くとのことである。当事者が自身で落ち着ける刺激を生活の中で取り入れている例もある。テンプル・グランディンは牛を締めつける機械をヒントに締め付け機を作り，情緒を安定させる目的などで使っている（図表2-52）。これは自分でレバーを倒すと，左右からマットが締めつける構造になっている。テンプルは締め付け機を使った時のことについて次のように述べている。「締め付け機は単なる機械的な産物であったが，私の触覚防衛を破り，こういう人たち（母，先生，叔母）の愛や思いやりを感じさせ，私自身と他の人達に関する思いを表現させてくれるようにしてくれた。それは，あたかもアコーディオン式ドアがさあっと開いて，私の感情をさらけ出させたかのようであった」。この圧迫感が情緒を安定させるようである。このように，ASD児者が欲している刺激をタイミングよく与えることが必要なことがある。感覚刺激の中にはASD児者を不安定にさせるものがあるが，子どもをより適応的にさせるものもある。そのため，親や教師，保育士等が不快な刺激と安定させる刺激の両方を把握して必要な場面で調整できるようにしてもらうことが必要になる。

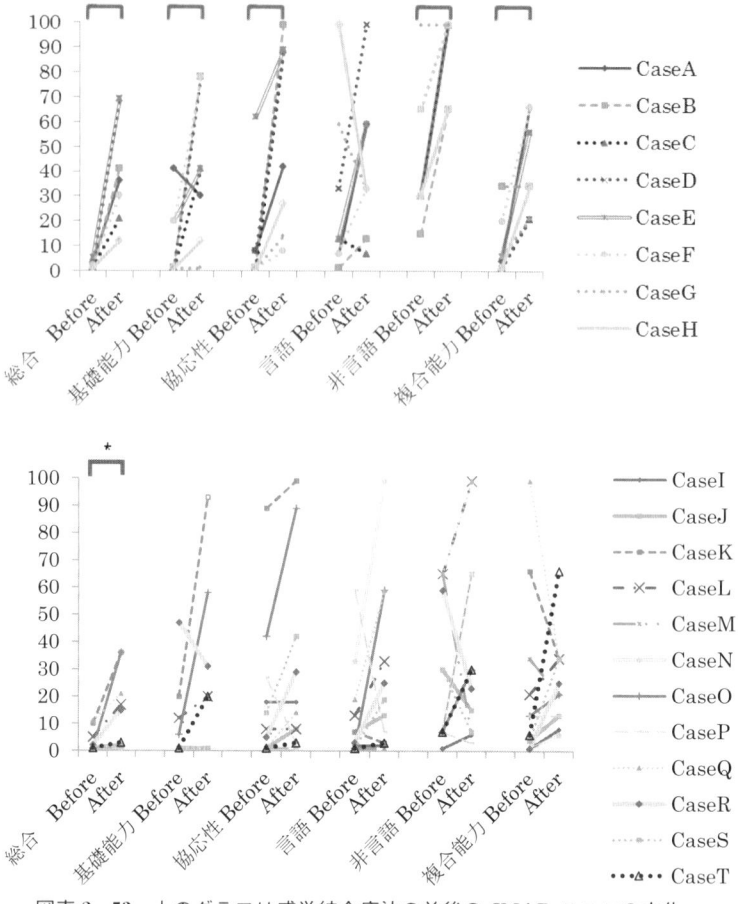

図表 2-53　上のグラフは感覚統合療法の前後の JMAP スコアの変化，
下のグラフは集団療育の前後のスコアの変化

(出所) Iwanaga et al. (2013).

6　SIT の効果

　SIT の効果については議論されており，エビデンスが十分でないことが指摘されているが (Section On Complementary And Integrative Medicine and Council on Children with Disabilities, 2012)，治療効果を示す研究は少しずつ出されている。これまでの研究では感覚運動機能 (May-Benson & Koomar, 2010)，感覚処理 (Miller et al., 2007；Fazlioglu & Baran, 2008) などに改善が見られたとする報告がある。自己刺激行動が減少したり，社会的相互作用や遊びなどの機能的行動が増えたことが報告されている (Case-Smith & Bryan, 1999；Linderman & Stewart, 1999；Smith et al., 2005；Watling & Dietz, 2007)。

　SIT の効果について著者も研究を行ったのでその一部を紹介する。この研究では SI 療法を実施した ASD 幼児 8 名と一般的な集団療育を受けた ASD 幼児12名のデータを比較した (Iwanaga et al., 2014)。**図表 2-53** 上は SI 療法を受けた ASD 児の JMAP の

スコアの変化，下は一般的な集団療育を受けた児のスコアの変化である。SI 療法を受けた ASD 児は「総合点」と基礎的な感覚運動能力を評定する「基礎能力指標」，協調運動を評価する「協応性指標」，視覚認知を評価する「非言語性指標」，視覚運動能力を評定する「複合能力」で有意な改善が認められた。一方，一般的な集団療育では「総合点」のみに有意な改善があった。双方のグループのスコアの変化量を比較すると「協応性」「非言語」「複合能力」で有意な差があった。つまり，SI 療法を受けた ASD 児の方が協調運動，視覚-運動能力のスコアがより大きく改善していることがわかった。よって，SI 療法は ASD 児の協調運動能力，視覚-運動能力を改善するために適用できると考えられる。

8 おわりに

本稿では SIT と SI 理論に基づく生活支援について説明した。ASD 児の多くは感覚や運動の問題を抱えており，それらの問題が彼らの生活に影響を与えている場合がある。そのため，感覚や運動の問題への治療的介入や支援は重要である。今後，療育，教育，養育の場において SI 理論に基づく指導や対応がもっと活用されるようになることが期待される。

参考となるリソース

Ayres, A. J. (1979). *Sensory integration and the child*. Los Angeles: Western Psychological Services.

Ayres, A. J. & Tickle, L. S. (1980). Hyper-responsivity to touch and vestibular stimuli as a predictor of positive response to sensory integration procedures by autistic children. *American Journal of Occupational Therapy*, **34**, 375-381.

Bundy, A. C. (2006). 学校における感覚統合理論の使用 Bundy, Anita C., Lane, S. J., & Murray, E. A.（編） 土田玲子・小西紀一（監訳） 感覚統合と実践 第 2 版 協同医書出版社

Case-Smith, J. & Bryan, T. (1999). The effects of occupational therapy with sensory integration emphasis on preschool-age children with autism. *American Journal of Occupational Therapy*, **53**, 489-497.

Fazlioĝlu, Y. & Baran, G. (2008). A sensory integration therapy program on sensory problems for children with autism. *Percept Motor Skills*, **106**, 415-422.

Fisher, A. G., & Murray, E. A. (1991). Introduction to sensory integration theory. In Fisher, A. G., Murray, E. A., Bundy, A. C. (Eds). *Sensory integration: Theory and Practice*. Philadelphia: F. A. Davis.

Grandin, T. & Scariano, M. M. (1986). *Emergence: Labeled autistic*. Novatio: Academic Therapy Publicaions.
（グランディン，T.・スカリーノ，M. M. カニングハム久子（訳）(1994). 我，自閉症に生まれて 学習研究社）

Green, S. A., & Ben-Sasson, A. (2010). Anxiety disorders and sensory over-responsivity in children with autism spectrum disorders: is there a causal relationship? *Journal of Au-*

tism and Developmental Disorders, **40**, 1495-1504.

Fisher, A. G. & Bundy, A. C. (1991). The interpretation process. In Fisher, A. G., Murray, E. A. & Bundy, A. C. (Eds.) *Sensory integration : Theory and practice*. Philadelphia : F. A. Davis.

Iwanaga, R., Honda, S., Nakane, H., Tanaka, K., Toeda, H., & Tanaka, G. (2014). Pilot Study : Efficacy of Sensory Integration Therapy for Japanese Children with High-Functioning Autism Spectrum Disorder. *Occupational Therapy International*, **21**(1), 4-11.

萩原拓・岩永竜一郎・平島太郎・伊藤大幸・辻井正次 (2012). 感覚プロフィール日本版の標準化と信頼性, 妥当性の研究 厚生労働科学研究費補助金障害者対策総合研究事業 (精神障害分野)「発達障害者の適応評価尺度の開発に関する研究 H21-23年度, 194-273.

Lane, S. J., Reynolds, S., & Dumenci, L. (2012). Sensory overresponsivity and anxiety in typically developing children and children with autism and attention deficit hyperactivity disorder : cause or coexistence? *American Journal of Occupational Therapy*, **66**, 595-603.

Linderman, T. M., & Stewart, K. B. (1999). Sensor integrative-based occupational therapy and functional outcomes in young children with pervasive developmental disorders : A single subject study. *American Journal of Occupational Therapy*, **53**, 207-213.

May-Benson, T. A., & Koomar, J. A. (2010). Systematic review of the research evidence examining the effectiveness of interventions using a sensory integrative approach for children. *American Journal of Occupational Therapy*, **64**, 403-414.

Miller, L. J., Coll, J. R., & Schoen, S. A. (2007). A randomized controlled pilot study of the effectiveness of occupational therapy for children with sensory modulation disorder. *American Journal of Occupational Therapy*, **61**, 228-238.

日本感覚統合障害研究会 MAP 標準化委員会 (編訳) (1988). 日本版ミラー幼児発達スクリーニング検査マニュアル

日本感覚統合学会 (2011). JPAN 感覚処理・行為機能検査 (Japanese Playful Assessment for Neuropsychological Abilities ; JPAN) パシフィックサプライ株式会社

太田篤志 (2002). 感覚発達チェックリスト改訂版 (JSI-R) 標準化に関する研究 感覚統合研究, **9**, 45-55.

太田篤志 (2004). JSI-R (Japanese Sensory Inventory Revised : 日本感覚イベントリー) の信頼性に関する研究 感覚統合研究, **10**, 49-54.

Parham, L. D., Roley, S. S., May-Benson, T. A., Koomar, J., Brett-Green, B., Burke, J. P., Cohn, E. S., Mailloux, Z., Miller, L. J., & Schaaf, R. C. (2011). Development of a fidelity measure for research on the effectiveness of the Ayres Sensory Integration intervention. *American Journal of Occupational Therapy*, **65**, 133-142.

Pfeiffer, B. A., Koenig, K., Kinnealey, M., Sheppard, M., & Henderson, L. (2011). Effectiveness of sensory integration interventions in children with autism spectrum disorders : a pilot study. *American Journal of Occupational Therapy*, **65**, 76-85.

Section On Complementary and Integrative Medicine ; Council on Children with Disabilities ; American Academy of Pediatrics, Zimmer, M., & Desch, L. (2012). Sensory integration therapies for children with developmental and behavioral disorders. *Pediatrics*, **129**, 1186-1189.

Smith, S. A., Press, B., Koenig, K. P., & Kinnealey, M. (2005). Effects of sensory integration intervention on self-stimulating and self-injurious behaviors. *American Journal of Occupa-

tional Therapy, **59**, 418-425.

辻井正次・岩永竜一郎 (2010). 感覚過敏ってなんだろう―イヤな感覚どうしたらいいの？― アスペルデの会

Watling, R. L., & Dietz, J. (2007). Immediate effects of Ayres's sensory integration-based occupational therapy intervention on children with autism spectrum disorders. *American Journal of Occupational Therapy*, **61**, 574-583.

Wilbarger, J. & Wilbarger, P. (2006). 感覚防衛反応の治療に対する Wilbarger のアプローチ Bundy, A. C., hane, S. J., & Murray, E. A. (編) 土田玲子・小西紀一 (監訳) 感覚統合と実践 第2版 協同医書出版社

（岩永竜一郎）

コラム　海外の感覚運動統合の動向

　このコラムでは，感覚運動機能に障害のある子どもの療育について述べる。

　感覚運動機能に障害のある子どもの発達を神経心理学的に評価すると，①原始反射抑制の不十分さ，②感覚処理過程の不全，③姿勢・平衡反応の不十分さ，④平衡反応関連の前庭障害などといった精神運動的機能不全（psychomotor dysfunction）が示されている（Kephart, 1971；Kiphard, 1994）。この精神運動領域については，未だに明確な定義はないが，ハロウ（Harrow, A.），デイブ（Dave, R. H.），シンプソン（Simpson, E. J.）の分類が一般的に用いられており，その一例としてハロウの分類を図表1に示す。

　感覚運動機能の障害は，表面に現れた行動上の異常の背景には神経心理学的な不全があり（Ayres, 1973；Baranek, 2002；Dunn, 1999；Eggert, 1995），感覚運動統合（sensorimotor integration）の未発達およびそれに伴う運動企画能力の障害，未分化な身体像（body image）や身体図式（body scheme）が原因であると考えられている（Ayres, 1965, 1979；Elbasan et al., 2012）。

　ピアジェ理論（Piaget, 1962）によると，感覚運動的知能の発達には，感覚運動期の循環反応が重要であり，ここで得られる外界に関する知識はヒト特有のものである。この時期，子どもは自分から環境に働きかけて目新しい経験をし，周囲の物の特徴やその関係に合わせて自分の行動を修正するようになる。知覚の発達と同様に，循環反応は，物，空間，時間，動き，因果関係などについて子どもの身体図式を安定させていく（Tansley, 2004）。そして，この時期の発達上の問題は，感覚運動的知能や前操作的思考の発達の妨げとなる。

　感覚運動機能の障害は，その障害の神経心理学的評価から，自閉症，多動性症候群，学習障害などの診断名が付くが，療育を行う上では感覚運動機能のどこに問題があるのかが分かりにくく，また診断基準により用語が異なるなどの批判がある。それらの批判を解決する一つの動きとして，近年，感覚運動機能システム上のどの部分に障害が起こっているかで分類し，療育に結びつけていくという考えが提案されている（Koziol et al., 2011；May-Benson & Koomar, 2010；Miller et al., 2007）。これは，感覚運動機能の障害全体を「感覚処理障害（SPD）」とし，感覚処理機能のどこで障害が起こっているかによって「感覚調整障害（SMD）」，「感覚識別障害（SDD）」，「感覚運動機能障害（SBMD）」の3つに分ける診断のための疾病分類（図表2）である。

　この分類法は，現在「精神保健と発達障害の診断基準　0歳から3歳まで」（DC0-3R（Greenspan & Wieder, 2008）および，「乳幼児期の診断・統計マニュアル」（ICDL-DMIC）に採用されているが，2013年5月に出版されたDSM-5には採用されなかった（Zimmer & Desch, 2012）。今後WHOのICD-11が発表される予定であり，その動向が

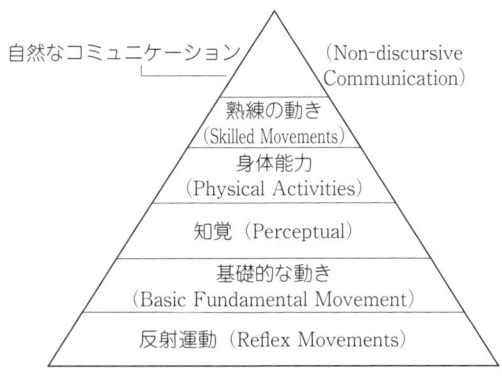

```
        自然なコミュニケーション   (Non-discursive
                                    Communication)
            熟練の動き
          (Skilled Movements)
            身体能力
         (Physical Activities)
          知覚（Perceptual）
          基礎的な動き
       (Basic Fundamental Movement)
        反射運動（Reflex Movements）
```

図表1　精神運動的領域の体系的分類（Harrow, 1972）

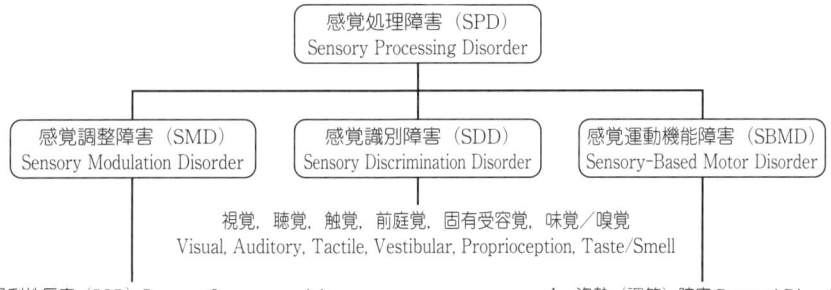

```
              感覚処理障害（SPD）
            Sensory Processing Disorder
                     │
    ┌────────────────┼────────────────┐
 感覚調整障害（SMD）  感覚識別障害（SDD）  感覚運動機能障害（SBMD）
Sensory Modulation  Sensory Discrimination  Sensory-Based Motor
    Disorder           Disorder              Disorder
```

視覚，聴覚，触覚，前庭覚，固有受容覚，味覚／嗅覚
Visual, Auditory, Tactile, Vestibular, Proprioception, Taste/Smell

1. 感覚過剰性反応（SOR）Sensory Overresponsivity
2. 失調性反応（SUR）Sensory Underresponsivity
3. 感覚的追求（SS）Sensory seeking（craving）

1. 姿勢（調節）障害 Postural Disorders
2. （発達性）協調運動障害 Dyspraxia

図表2　感覚情報処理過程の障害についての分類図
（出所）　Miller et al.（2007）.

注目されている。

　次に，精神運動発達を促す，いくつかの感覚統合療法を紹介する。感覚統合療法とは，神経系を改善する療法である。以下にその主な療法およびアプローチについて紹介する。

〈聴覚統合療法〉

　聴覚処理障害（auditory processing disorder）は，自閉症スペクトラム障害（ASD），注意欠如・多動性障害（ADHD）および特異的言語発達障害（SLI）を含む発達障害で認められる。聴覚統合療法（auditory integration therapy）は，聴覚の過敏・低下を改善する療法である（Fey et al., 2011；Miller, 2011；Moore et al., 2013）。耳は，「聴く」だけではなく，「方向感覚」「体のバランス」「体勢（内耳の前庭）」「脳の活性」「心身統合」といった大切な機能をもち，それらのコントロールにも関わる複雑な器官である。「聴く」ことは聴覚的注意を必要とし，聴く能力に障害や不全があると，聴覚識別だけでなく，空間認知や聴覚の左右分化にも問題が起こる。その上，環境中の雑音と必要な聴覚的情報を分離することもできなくなる（DePape et al., 2012；Kreisman et al., 2012；O'Connor, 2012）。聴覚統合療法は，1960年代からフランスの耳鼻咽喉科医 A. トマティス（Tomatis, A.）により発達し，現在いくつかの療法がある。広く知られている療法として，トマティス法，サモナス・サウンドセラピー（SST）およびヨハンセン個別聴覚刺激法（IAS）がある（Marohn, 2002；Sinha et al., 2006；Tomatis, 2005）。

トマティス法は聴覚心理音声学の権威として知られる「聴き取れない音は発音できない」「聴覚を改善すれば、発声にも変化が現れる」「改善された聴覚は定着する」という法則の発見により、長年の研究から生みだした聴覚トレーニングメソッドである（Gilmor et al., 1989；Marohn, 2002）。簡単に言えば、高周波数の音の作用に関する理論であり、実際には、聴覚・発声訓練器である「電子耳」（electronic ear）を使って訓練をする。「電子耳」という特殊な装置を使い、聴覚を生まれたままの状態に戻し、そこから再構築していくといった、独特のトレーニングである。

サモナス・サウンドセラピー（SST）は、ドイツ人のスタインバック（Steinbach, I.）が開発した療法である（Sinha et al., 2004）。基本的には「音楽療法」と「トマティス理論」をベースに、包絡線形変調器（envelope shape modulator）を用いて行う。包絡線形変調器はスタインバックが開発した装置で、音の濾過処理をする。サモナス・サウンドセラピーで用いる音楽は、包絡線形変調器でスペクトル活性化と濾過処理を施したものである。スペクトル活性化とは、自然音や楽器の特徴となる音スペクトルを活性化することで、要するに、高周波数領域を助長し、低周波数領域を排除した音である。

ヨハンセン個別聴覚刺激法（IAS）では特殊音楽CDを使用し、そのCDを用いて言語に関わる脳の神経経路を刺激する。言語やコミュニケーションに障害のある子ども（ASD, SLIなど）に3歳から適用することが可能である。この特殊音楽CDは言語処理能力、集中力、リスニングおよび言語理解を向上させる。最初のステップでは、アセスメント（背景情報のチェックリスト）を行い、リスニングオージオグラム、個々の発達プロファイルの公式および非公式のテストを行う（Leslie, 2000）。次にサウンドセラピープログラムを録音したCDを一日10〜15分間、毎日ヘッドフォンで聴く。再評価は、年齢に応じて4〜10週間ごとに行われ、再評価後、セラピーの効果が議論され、必要な場合は新しいCDを個別のニーズに応じてカスタマイズする。プログラムは、通常8〜12ヵ月間行われる。

これらの療法は他の療法（言語療法、作業療法など）と一緒に行うと効果的であり、感覚調整機能の改善、注意時間の延長、刺激反応性の抑制、気分の改善、不安の減少、かんしゃくの減少、雑音刺激に対する耐性の増強、睡眠・姿勢・バランス・協調運動の改善、多動の抑制、社会性の改善、対人関係の改善が期待される。

〈視覚統合療法〉

視覚統合療法（visual integration therapy）は、視覚トレーニングを行うことのできる検眼師（optometrist）の専門分野で、その一例としてオプトメトリックビジョンセラピー（OVT）がある（Barry, 2011）。OVTは、視覚機能を改善するために設計され、特別なレンズ、プリズム、光、運動およびバランス訓練で視覚注意力を改善する（Maino, 2010；Maino et al., 2012）。OVTは視覚認知領域に働きかける。さらに、視覚統合療法は周辺視野、色知覚、視覚－粗大運動協応、視覚－微細運動協応および応視知覚を改善させる。

〈多感覚アプローチ〉

基底刺激法（basal stimulation）は多感覚アプローチで、ドイツ人のフレーリッヒ

（Fröhlich, 1998）が開発した。基底刺激法は療法ではなく，基本的なレベルの学習を可能にし，外部刺激に対する組織の反応性を高めることを意図するもので，その概念としては，刺激をコミュニケーションととらえ，その刺激による対話を通じて，感覚に働きかけていくというものである。フレーリッヒは，以下の8つのカテゴリーからの刺激を提案している。

1. 全身：全身表面（Somatic suggestions：full body surface）
2. 振動／深部感覚（Vibratory and deep sensation suggestions）
3. 前庭感覚（Vestibular suggestions）
4. 口頭（Oral suggestions）
5. 香りと味（Suggestions for smell and taste）
6. 聴覚（Acoustic suggestions）
7. 視覚（Visual suggestions）
8. 触覚：顔，口（Tactile-haptic suggestions：face, mouth）

基底刺激法は，日常的なプログラムで行われるが，刺激に対する反応を観察しながら，その刺激の強さや種類は個々のニーズに合わせて与えられる（Fröhlich, 1990, 1993）。

〈感覚運動機能に対する反射および運動中心のアプローチ〉

感覚運動統合の障害に対する反射面および運動面からのアプローチも多く提案されている。例えば，ドーマン・デラカート法（Doman-Delacato method），フェルデンクライス身体訓練法（Feldenkrais method），乳幼児発達のためのムーブメント教育プログラム（Bainbridge-Cohen が創始したボディ・マインド・センタリング），神経生理心理学研究所（INPP）の神経発達療法，ブタペスト水治リハビリテーション運動療法（BHRG）などである。これらのプログラムおよび療法は，多くの専門家により世界中で実施されている。以下に，これらの中から INPP の神経発達療法およびブタペスト水治リハビリテーション運動療法（BHRG）について紹介する。

INPP の神経発達療法は，ブライズ（Blythe P.）が1975年にイギリスのチェスターに設立した神経生理心理学研究所（INPP）で開発された。ASD，ADHD，SLI の子どもは，読み書き，計算や体育が苦手であり，集中力が足りない，疲れやすいなど，原始反射と姿勢反射が関係しているケースが多い（Blythe, 2009）。成長しても原始反射のスイッチが残っていると，からだが勝手な動きをし続け，姿勢反射という次の反射グループの登場が遅れてしまう。そこで，これらの反射に対して臨床的評価を行い，子どもの発達プロファイルを満たすように設計された個別の運動治療プログラムを行っていく（Blythe, 2005）ことで，原始・姿勢反射の抑制のための訓練を行っていく（Blythe, 2012）。

ブタペスト水治リハビリテーション運動療法（BHRG）は，ハンガリー人のラカトシュ（Lakatos K.）が開発した療法（Lakatos, 1993）である。水中（温かいプール）での運動は，上下左右すべての方向の理解，感覚機能や運動機能，知覚，ラテラリティを高めることに有用であるとされている（Lakatos, 2001）。発達アセスメント後，個別指導計画の作成および2-3ヵ月ごとのフォローアップ健診が行われる。プールで行う運

動・感覚統合訓練は，初めに個別指導から始め，グループセッションへと移行し，プール外で行う運動指導へとつなげていく。BHRG プログラムにより，感覚過敏が減少し，協調運動および運動計画，身体指向性，微細運動能力，呼吸運動，動作リズムおよび複合動作の運動順序制御，空間認識力などが改善する。

　ここでは数ある感覚統合療法の一部について紹介した。多くの専門家が様々な療法を開発しているが，障害は千差万別で，どの療法が良いとは一概に言うことはできない。これらのアプローチについての研究はなされているが，その効果について「効果がある」という研究と「効果がない」という研究の両極端な発表があり，充分な証拠が得られていない（Edelson et al., 2003）。特に聴覚統合療法および視覚統合療法のセラピー効果については「効果がある」という研究発表がなされているが，データがまだ少ないため，充分な証拠となり得ていない（Dawson et al., 2000；Sinha et al., 2011）。それぞれの子どもに合った療法を選択することが重要である。

参考文献

Ayres, A. J. (1965). Patterns of Perceptual-Motor Dysfunction in Children: A Factor Analytic Study. *Percept Mot Skills*, **20**: 335-368.

Ayres, A. J. (1973). *Sensory Integration and Learning Disorders*. Los Angeles,: Western Psychological Services.

Ayres, A. J. (1979). *Sensory Integration and the Child*. Los Angeles,: Western Psychological Services.

Baranek, G. T. (2002). Efficacy of sensory and motor interventions for children with autism. [Review]. *J Autism Dev Disord*, **32**(5): 397-422.

Barry, S. R. (2011). The Work & Wisdom of Dr. Frederick W. Brock. *J Behav Optom*, **22**(3): 59-63.

Blythe, S. G. (2005). Releasing Educational Potential through Movement: A Summary of Individual Studies Carried out Using the INPP Test Battery and Developmental Exercise Programme for Use in Schools with Children with Special Needs. *Child Care in Practice*, **11**(4): 415-432.

Blythe, S. G. (2009). *Attention, Balance and Coordination: The A.B.C. of Learning Success*. Hoboken: Wiley-Blackwell.

Blythe, S. G. (2012). *Assessing Neuromotor Readiness for Learning: The INPP Developmental Screening Test and School Intervention Programme*. Hoboken: Wiley-Blackwell.

Dawson G. & Watling R. (2000). Interventions to facilitate auditory, visual, and motor integration in autism: a review of the evidence. *J Autism Dev Disord*, **30**(5): 415-421.

DePape, A. M., Hall, G. B., Tillmann, B., & Trainor, L. J. (2012). Auditory processing in high-functioning adolescents with Autism Spectrum Disorder. *PLoS One*, **7**(9): e44084.

Dunn, W. (1999). *The Sensory Profile*. SanAntonio: Therapy Skill Builders, Psychological Corporation.

Edelson S. M., Rimland B. & Grandin T. (2003). Response to Goldstein's commentary: Interventions to facilitate auditory, visual, and motor integration: "show me the data". *J Au-

tism Dev Disord, **33**(5)：551-552；discussion 553-555.

Eggert, D. (1995). *Theorie und Praxis der psychomotorischen Förderung (Theory and Practice of Psychomotor Development)*. Dortmund：Borgmann.

Elbasan, B., Kay 305 Han, H., & Duzgun, I. (2012). Sensory integration and activities of daily living in children with developmental coordination disorder. *Ital J Pediatr*, **38**(1)：14.

Fey, M. E., Richard, G. J., Geffner, D., Kamhi, A. G., Medwetsky, L., Paul, D., et al. (2011). Auditory processing disorder and auditory/language interventions：an evidence-based systematic review. [Review]. *Lang Speech Hear Serv Sch*, **42**(3)：246-264.

Fröhlich, A. (1990). [Basic stimulation-possibilities of activating support and care]. *Krankenpflege (Frankf)*, **44**(1)：5-8.

Fröhlich, A. (1993). [Basal stimulation]. *Dtsch Krankenpflegez*, **46**(3)：160-164.

Fröhlich, A. (1998). *Basale Stimulation：Das Konzept*. Düsseldorf Verlag Selbstbestimmtes Leben.

Gilmor, T. M., Madaule, P., & Thompson, B. (1989). *About the Tomatis Method*. Toronto：The Listening Centre Press.

Greenspan, S. I., & Wieder, S. (2008). The interdisciplinary council on developmental and learning disorders diagnostic manual for infants and young children - an overview. *J Can Acad Child Adolesc Psychiatry*, **17**(2)：76-89.

Harrow, A. J. (1972). *A Taxonomy of Psychomotor Domain：A Guide for Developing Behavioral Objectives*. New York：David McKay.

Kephart, N. C. (1971). *The slow learner in the classroom* (2nd ed.). Colombus Ohio：Merrill Pub Co.

Kiphard, E. J. (1994). *Mototherapie. Teil 2. (Movement Therapy, Part II)*. Dortmund：Modernes Lernen.

Koziol, L. F., Budding, D. E., & Chidekel, D. (2011). Sensory integration, sensory processing, and sensory modulation disorders：putative functional neuroanatomic underpinnings. [Review]. *Cerebellum*, **10**(4)：770-792.

Kreisman, N. V., John, A. B., Kreisman, B. M., Hall, J. W., & Crandell, C. C. (2012). Psychosocial status of children with auditory processing disorder. [Comparative Study]. *J Am Acad Audiol*, **23**(3)：222-233；quiz 234.

Lakatos, K. (1993). A Hidroterápiás Rehabilitációs Gimnasztika módszer (The Hydrotherapeutic Rehabilitation Gymnastics Method). *Fejlesztő Pedagógia (Journal of Developmental Pedagogy)*, **1-2**：67-68.

Lakatos, K. (2001). Korai szenzomotoros fejlesztés a Budapesti Hidroterápiás Rehabilitációs Gimnasztika (BHRG) Alapítvány Központjában az 1999-2000 (Early sensortimotor development program at the BHRG Foundation Center between 1999 and 2000). *Fejlesztő Pedagógia (Journal of Developmental Pedagogy)*, **6**：6-20.

Leslie, C. (2000). *Johansen Sound Therapy：An Evaluation. Audit Report*. Edinborough：East and Midlothian NHS Trust.

Maino, D. (2010). The binocular vision dysfunction pandemic. [Editorial]. *Optometry and Vision Development*, **41**(1)：6-13.

Maino, D., Donati, R., Pang, Y., Viola, S., & Barry, S. (2012). Neuroplasticity. In M. Taub, M. Bartuccio & D. Maino (Eds.), *Visual Diagnosis and Care of the Patient with Special Needs*

(pp. 275-288). New York, NY: Lippincott Williams & Wilkins.
Marohn, S. (2002). *The Tomatis Method: Listening and Autism. "The Natural Medicine Guide to Autism"*. Charlottesville, VA: Hampton Roads Publishing Company, Inc.
May-Benson, T. A., & Koomar, J. A. (2010). Systematic review of the research evidence examining the effectiveness of interventions using a sensory integrative approach for children. [Review]. *Am J Occup Ther*, **64**(3): 403-414.
Miller, C. A. (2011). Auditory processing theories of language disorders: past, present, and future. [Review]. *Lang Speech Hear Serv Sch*, **42**(3): 309-319.
Miller, L. J., Anzalone, M. E., Lane, S. J., Cermak, S. A., & Osten, E. T. (2007). Concept evolution in sensory integration: a proposed nosology for diagnosis. [Editorial]. *Am J Occup Ther*, **61**(2): 135-140.
Moore, D. R., Rosen, S., Bamiou, D. E., Campbell, N. G., & Sirimanna, T. (2013). Evolving concepts of developmental auditory processing disorder (APD): a British Society of Audiology APD special interest group 'white paper'. *Int J Audiol*, **52**(1): 3-13.
O'Connor, K. (2012). Auditory processing in autism spectrum disorder: a review. *Neurosci Biobehav Rev*, **36**(2), 836-854.
Piaget, J. (1962). The stages of the intellectual development of the child. *Bull Menninger Clin*, **26**: 120-128.
Sinha, Y., Silove, N., Wheeler, D., & Williams, K. (2004). Auditory integration training and other sound therapies for autism spectrum disorders. [Review]. *Cochrane Database Syst Rev* (**1**): CD003681.
Sinha, Y., Silove, N., Wheeler, D., & Williams, K. (2006). Auditory integration training and other sound therapies for autism spectrum disorders: a systematic review. [Review]. *Arch Dis Child*, **91**(12): 1018-1022.
Sinha, Y., Silove, N., Hayen A., & Williams, K. (2011). Auditory integration training and other sound therapies for autism spectrum disorders (ASD). *Cochrane Database Syst Rev* (**12**): CD003681.
Tansley, A. E. (2004). *Motor Education: Educational Development Programs*. Berlin: Arnold-Wheaton.
Tomatis, A. A. (2005). *The Ear and the Voice (L'oreille et la voix)* (Trans R. Prada & P. Sollier). Lanhan, Maryland, Trout, Oxford: The Scarecrow Press.
Zimmer, M., & Desch, L. (2012). Sensory integration therapies for children with developmental and behavioral disorders. [Review]. *Pediatrics*, **129**(6): 1186-1189.

(トート・ガーボル)

コラム　海外の運動指導の動向

このコラムでは，ドイツとイタリア，アメリカにおける発達障害幼児に対する運動指導の動向を事例を通して述べる。

1. ドイツ（デュッセルドルフ市）

市が運営する Foerderungszentrum fuer Kinder（子ども早期支援センター）(**図表1参照**) は1998年に創立された。ここで行われる運動指導は，0～6歳までの視覚や聴覚に障害のある子どもや，発達障害のある子どもが対象である。2012年には約50名の何らかの障害のある子どもが登録し，定期的に来室している。理学療法士の資格と Zusatzausbildungen（補助訓練）という各科目を3ヵ月以上学んだ者が運動療法を行うことができる。

運動指導は主にプールや水遊び部屋，体育館，森林で行われる。プールで行う運動は，はじめ恐怖心をもつこともあるので注意を要する。また，注意欠如・多動性障害（ADHD）のある子どもの中には，初回から興味を示して自分の好きなように泳ごうとする場合がある。そのため，理学療法士は，"ここ（プール）は私（理学療法士）の場所である"と強く主張し，理学療法士の指示のもとで泳ぐようしっかりと伝える。指示に従わないと，次回の水泳には参加できないということも伝える。水遊びの部屋には鏡があり，自分の身体の動きを視覚的に確認することができる工夫や，大きなマットの上に水を流し，転がる遊びができるような工夫がされている。また，子どもたちには週1回1～2時間，森で遊ぶ時間が設けられている。森では自然と戯れることが第一に考えられ，子どもたちが主体的に活動できるように支援者は臨機応変に後方支援する。この活動を通して多くの子どもたちが豊かな表情を示すようになる。

理学療法士による運動療法も1回30～45分間，週3日にわたって行われる。実施される運動療法は神経生理学（Neurophysiologie）の理論に基づいたものである。すべての運動指導は，理学療法士を中心に各専門家と相談した上で決定されるが，特に身体的なバランス能力を鍛えるための運動を促しており，身体の力を必要に応じて調節しながら発揮できるような運動が取り入れられている。

ここでの運動指導は，運動支援といった方が適切かもしれない。以前は権威のある大学教授が考案した方法を子どもたちの意思とは関係なく指導してきたが，現在支援者は"やる気"を喚起させることに徹している。

2. イタリア（ボローニャ市の UISP（イタリアみんなのスポーツ連合））

UISP で障害のある子どもたちに対する組織的活動が始まったのは2010年からである。

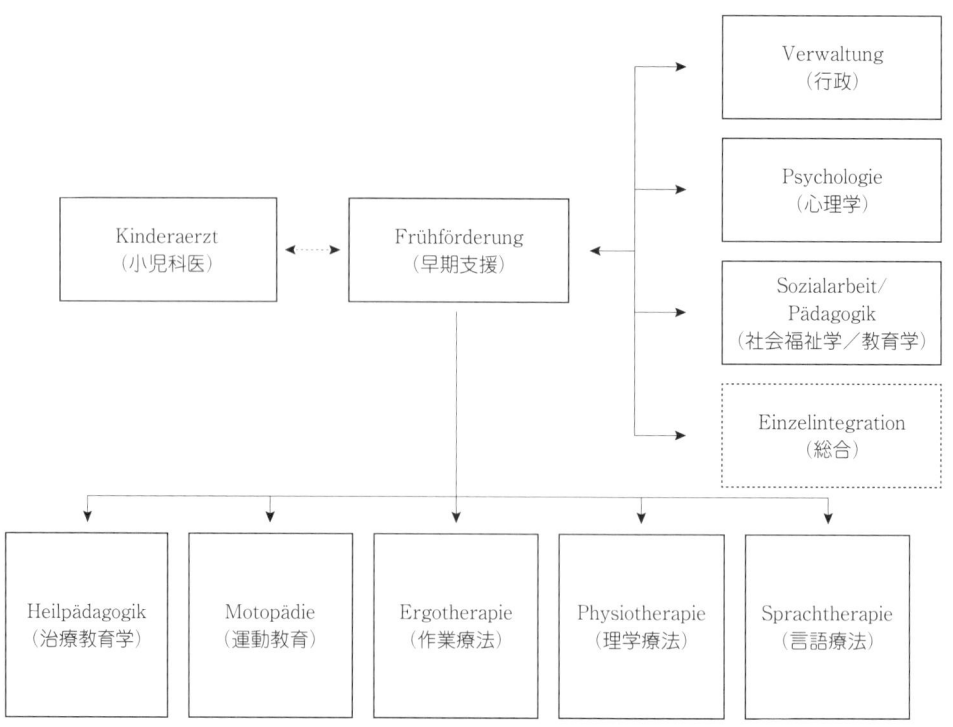

```
                                              ┌─────────────────┐
                                         ┌───→│  Verwaltung     │
                                         │    │   (行政)         │
                                         │    └─────────────────┘
                                         │    ┌─────────────────┐
                                         │───→│  Psychologie    │
                                         │    │   (心理学)       │
                                         │    └─────────────────┘
                                         │    ┌─────────────────┐
┌──────────────┐      ┌──────────────┐   │───→│ Sozialarbeit/   │
│ Kinderaerzt  │←---→│ Frühförderung │───│    │ Pädagogik       │
│  (小児科医)   │      │  (早期支援)   │   │    │(社会福祉学/教育学)│
└──────────────┘      └──────────────┘   │    └─────────────────┘
                                         │    ┌ ─ ─ ─ ─ ─ ─ ─ ─ ┐
                                         │───→ Einzelintegration
                                         │     (総合)
                                         │    └ ─ ─ ─ ─ ─ ─ ─ ─ ┘
```

図表1　障害児と小児科及び子ども早期支援センターとの関係（デュッセルドルフ市）

Heilpädagogik	Motopädie	Ergotherapie	Physiotherapie	Sprachtherapie
(治療教育学)	(運動教育)	(作業療法)	(理学療法)	(言語療法)

2011年9月～2012年6月の0～6歳の登録者は20～25人で，活動は希望があれば毎日でも可能であるが，一般的に両親が選択するのは週1，2回程度である。指導者はISEF（イタリアスポーツ大学）卒業者が多く，イタリア国内パラリンピック協会が開催している2週間の週末に2回ある講座を受けることを奨励している。また，専門家のもとで25時間の研修を受けること，UISPが行っている36時間の講習と30時間の実習を行い，筆記と実施試験を受けることを今年度の課題にしている。

　障害のある人に対するスポーツ活動は，①全員障害のある人で行うグループワーク，②特に重度な障害のある人に対する1対1の活動，③障害のある人をない人たちの中に溶け込ませる活動，の3つである。子どもたちの場合は，②と③の活動となる。あらゆる障害に対してプログラムが作成され，その内容は障害活動プログラム責任者や理学療法士などが，子どもを取り巻く生活全体を検討して作成する。プログラム作成の要点は，段階を追って目標に到達させ，遊びや空想をかきたてながら運動に接近させていくことである。プログラムは①水泳，②公園を歩く，③球技活動，④オリエンテーリングなどである。0～6歳の場合はグループ活動に家族の協力が欠かせない。当初，障害のある人たちの登録者が30人であったが，2012年は約100人に増加しており，成果は上がっている。

3. アメリカ（カリフォルニア州のリージョナルセンター）

　カリフォルニア州では，ランタマン法に基づきリージョナルセンターが年間約14万人の発達障害児やリスク児とその家族を支援している。発達障害幼児に対する運動指導に

関して，対象となる年齢は0歳から18歳までですべての障害を対象としている。センターでは3歳までを対象としており，その後は学校区を中心として支援を行っている。運動指導はアダプテッド体育専門教員により，障害児学級や通級指導教室において少人数で実施される。運動内容は，一般的な幼児体育で行われるものに加えて，走る，跳ぶ，投げるといった基本動作が中心となる。このように，カリフォルニアでは障害児体育の専門家がいるということが大きな特徴である。アダプテッド体育専門教員は，一般体育教員とは別の試験に合格しなければならない。日本では障害に関する専門家として，特別支援学校教諭免許状を有する教員がいるが，アダプテッド体育専門教師に近い資格としては，障害者スポーツ指導員が挙げられよう。しかしながら，アダプテッド体育専門教員は障害と体育という両方の専門性をもちつつ教育にあたっている。日本でも同様の資格制度の発足が期待される。

また，リージョナルセンターでは3歳から10歳までを対象に運動発達検査を実施している。検査はアダプテッド体育専門教員が中心となって行う。運動発達検査はTGMD2（Test of Gross Motor Development 2nd ed.）である。検査内容としては主に，歩行運動，走る，ギャロップ，片足跳び，跳び越え，立ち幅跳び，スライドの6つである。これらの結果は，日本でいう個別の指導計画のように保護者が理解できるように，「子どもの運動スキルについての評価シート」というかたちで説明がなされている。

以上，3つの地域での取り組みについて紹介した。それぞれの地域での課題もあるが，発達障害の運動指導にこれらの良い点を取り入れていくことが望まれる。

参考文献

齋藤雅英・依田充代・鈴木悠介・高井秀明ほか（2013）．発達障害幼児に対する運動指導に関する国際調査，平成24年度日本体育大学学術研究補助費報告書（未刊行）

（齋藤雅英）

第3章
知的障害の療育

1 知的障害とは

（1）用語と定義

　我が国では，知的な障害を表す用語として「精神薄弱」が長い期間にわたり用いられてきたが，1998年に法改正され，1999年4月から「知的障害」が用いられるようになった。

　「知的障害（Intellectual Disability）」とは，アメリカ知的・発達障害協会（AAIDD：the American Association on Intellectual and Developmental Disabilities）の「知的障害定義，分類および支援体系」第11版（2012）によれば，「知的障害は，知的機能と適応行動（概念的，社会的および実用的な適応スキルによって表される）の双方の明らかな制約によって特徴づけられる能力障害である。この能力障害は，18歳までに生じる。」と定義されている。

　AAIDDによれば，知的機能とは，全般的な知的能力のことで，推論する，計画する，問題を解決する，抽象的に思考する，複雑な考えを理解する，速やかに学習する，および経験から学ぶことが含まれているとされる。

　また，知的機能が明らかに制約されているとは，標準化された個別の知能検査で得たアセスメント情報を用いて判断され，使用する知能検査の標準測定誤差と，検査の長所および制約を考慮して，IQ得点が平均より約2標準偏差以上低いことを指している。IQ得点が平均より約2標準偏差以上低いとは，概ねIQ70未満を指し，知能検査の標準測定誤差とは，±5程度である。

　次に，適応行動とは，日常生活においてその人が属する文化の中でその人の年齢に相応しい日常生活を過ごすために学習した概念的スキル，社会的スキル，実用的スキルを用いることができることである。各々のスキルの具体的内容は以下に示す。

AAIDDによる適応スキルの3つの領域
概念的スキル：言語（読み書き），金銭，時間および数の概念
社会的スキル：対人スキル，社会的責任，自尊心，騙されやすさ，無邪気さ
　　　　　　　（用心深さ），規則／法律を守る，被害者にならないようにする，および社会
　　　　　　　的問題を解決する
実用的スキル：日常生活の活動（身の回りの世話），職業スキル，金銭の使用，安全，ヘルス
　　　　　　　ケア，移動／交通機関，予定／ルーチン，電話の使用

　我が国では適応行動を測定する標準化された検査としてABS適応行動尺度（AAMDから出版されたABSの日本版で現在絶版），新版S-M社会生活能力検査，ASA旭出式社会適応スキル検査（2012年ヴァインランド適応行動尺度を参考に2012年に出版）があるが，診断のために用いられることは多くない。

　アメリカではAAIDDの前進のAAMDで標準化された適応行動尺度（ABS：Adaptive Behavior Scales) が用いられている。適応行動の明らかな制約は，これらの標準化した尺度によって，(a)適応行動の3つの型（概念的，社会的または実用的）のひとつ，あるいは(b)概念的，社会的および実用的スキルの標準化した尺度による総合得点で，平均より約2標準偏差以上低い能力として操作的に定義される。ここでもアセスメント法の標準測定誤差を考慮しなければならない。

　上記の定義で示されているように，知的障害は，知的機能と適応行動の両方が明らかに制約されていること，さらにその障害が18歳までに生じることの3つを満たす場合にだけ該当する。

　アメリカ精神医学会による「DSM-5 精神疾患の診断・統計マニュアル」では，知的障害を表す用語として「知的能力障害（知的発達症／知的発達障害）」が採用され，米国連邦法規では，「精神遅滞」が「知的能力障害」と置き換えられ，米国では，医学，教育，その他の専門職，一般市民や支援団体で広く使用される用語となっている。

　DSM-5 によれば，知的能力障害とは，発達期に発症し，概念的，社会的，および実用的な領域における知的機能と適応機能の両面の欠陥を含む障害であり，以下の3つの基準を満たさなければならない。

DSM-5 による知的能力障害の診断基準

A．臨床的評価および個別化，標準化された知能検査によって確かめられる，論理的思考，問題解決，計画，抽象的思考，判断，学校での学習，および経験からの学習など，知的機能の欠陥。

B．個人の自立や社会的責任において発達的および社会文化的な水準を満たすことができなくなるという適応機能の欠陥，継続的な支援がなければ，適応上の欠陥は，家庭，学校，職場，および地域社会といった多岐にわたる環境において，コミュニケーション，社会参加，および自立した生活といった複数の日常生活活動における機能を限定する。

C．知的および適応の欠陥は，発達期の間に発症する。

　文部科学省は，平成14年6月に出された「就学指導の手引き」において，知的障害の定義を述べており，それを要約すると「発達期に起こり，知的機能の発達に明らかな遅れがあり，適応行動の困難性を伴う状態」である。

（2）知的障害の程度と分類

　DSM-5 によれば，知的能力障害の重症度は，IQ の値ではなく概念的，社会的，実用的領域における適応機能のレベルに基づいて，軽度，中等度，重度，最重度と分類されており，重症度のレベルは，必要とされる支援のレベルでもある。AAIDD の知的障害における分類の主目的は，給付／財政援助のグループ分け，研究，サービス／支援の提供，および本人と環境の間の特有な性質を伝達するための4つである。そして，分類には人の機能の概念的枠組みを5つの次元（知的能力，適応行動，健康，参加，状況）で捉える多次元的アプローチを採用している。その理由は，一つの次元（たとえばIQ）に基づく分類アプローチよりも利点があるためである。

図表 3-1 知的障害の原因

発生時期	原因となる疾患等
出生前 (遺伝子・配偶子の段階，胎生期)	先天性代謝異常（フェニールケトン尿症，ガラクトース血症，テイザックス病，メープルシロップ尿症など），結節性硬化症，ダウン症候群，13トリソミー，18トリソミー，猫泣き症候群，胎児性アルコール症候群，トキソプラズマ・梅毒・風疹などのウィルスによる母体感染，薬物，化学物質，鉛・有機水銀などの有害物質，放射線など
周産期	低出生体重，出産時の酸素欠乏，新生児黄疸など新生児期の疾患
出生後	事故等による頭部外傷，感染など高熱を伴う疾病の後遺症，発作性疾患，鉛など有害物質による中毒，栄養失調など

　文部省は，昭和53年10月6日文初特第309号通達において知的障害の程度を「軽度」「中度」「重度」とし，その具体的な状態を示していたが，廃止された。

　知的障害の程度を具体的に表すものとして，知的障害特別支援学級の対象者となる知的障害者の障害程度を「知的発達の遅滞があり，他人との意思疎通に軽度の困難があり日常生活を営むのに一部援助が必要で，社会生活への適応が困難である程度のもの」（平成25年10月4日付け25文科初第756号初等中等教育局長通知）としており，障害の程度としては軽度と考えられる。具体的な状態としては，「その年齢段階に標準的に要求される機能に比較して，他人との日常生活に使われる言葉を活用しての会話はほぼ可能であるが，抽象的な概念を使った会話などになると，その理解が困難な程度の者となる。また，同時に，家庭生活や学校生活におけるその年齢段階に標準的に求められる，食事，衣服の着脱，排泄，簡単な片付け，身の回りの道具の活用などにほとんど支障がない程度」のことをいう。さらに，特別支援学校の対象者の障害の程度を「1. 知的発達の遅滞があり，他人との意思疎通が困難で日常生活を営むのに頻繁に援助を必要とする程度のもの　2. 知的発達の遅滞の程度が前号に掲げる程度に達しないもののうち，社会生活への適応が著しく困難なもの」（学校教育法施行令第22条の3）とし，障害の程度としては中度ないし重度と考えられる。具体的な状態としては，「認知や言語などにかかわる知的機能の発達に明らかな遅れがあり，特別な配慮なしに，その年齢段階に標準的に要求されるコミュニケーション能力が身についていないため，一般的な会話をする際に話された内容を理解することや自分の意思を伝えることが著しく困難であり，他人とのコミュニケーションに支障がある状態を示す。日常生活においては，一定の動作，行為の意味，目的，必要性を理解できず，その年齢段階に標準的に要求される日常生活上の行為に，殆どの場合又は常に援助が必要である程度のこと」である。

(3) 原　　因

　知的障害をもたらす原因となる疾患等が発生する時期で分けると，図表3-1のようであるが，原因不明の場合も少なくない。

第 3 章　知的障害の療育

（4）特　　性

　知的障害のある子どもでは，粗大運動，微細運動，認知，理解言語・表出言語，情緒・社会性，生活習慣など全般的な発達の遅れがみられる。発達の順序（育つ道筋）は定型発達の子どもとほぼ同様で，発達はしていくがそのスピードがゆっくりしている。知的障害の程度が重度になればなるほど，発達のスピードは緩慢になり，最終的にどのレベルまで発達していくかは，知的障害の程度によって異なる。定型発達の子どもと比較すると，発達の個人差や個人内差が大きいことも特徴として挙げられる。

（5）早期発見と早期対応

　染色体異常など先天的な原因がはっきりしている場合は，出生後早期に発見されることが多い。多くの場合，保護者が養育している間に発達の遅れが徐々に明らかになり，原因が特定されないことが少なくない。

　我が国では，母子保健法第12条および第13条の規定により，すべての自治体で乳幼児健診が実施されている。実施時期と回数は，発達の考え方や母子保健を重視するか否かにより異なるが，多くの自治体が，3〜4ヵ月児健診，1歳6ヵ月児健診，3歳児健診を実施している。したがって，知的障害の程度が重い場合は乳児健診で，中・軽度の場合は幼児健診で発見されることが多い。また，保育所や幼稚園に通う子どもでは，保育者が子どもの発達の遅れに気付くことがある。さらに，家庭で日々子どもに接している主な養育者が，近所の同年齢の子どもやきょうだいと比較して遅れに気付くことがある。知的障害は，運動機能の発達の遅れや言語機能の発達の遅れとして気付かれることが多い。

　早期に発見された場合は，早期から対応がなされることが望ましい。発達の遅れやその疑いが告げられるだけで，早期対応がなされない場合，保護者は不安や絶望の余り我が子との関係が希薄になったり，ドクターショッピングに時間を費やしたり，過保護や過干渉になったりして，可塑性の高い乳幼児期に適切なかかわりがなされず，無為に時間が過ぎてしまい，子どもの発達が妨げられることがある。したがって，早期から療育機関と家庭が連携して適切なかかわりができれば，子どもの発達が促され，二次的障害をもつことを防ぐことができるため，早期対応の意義は大きい。

　発達の遅れがはっきりした場合，保護者が療育機関を利用する。近年，児童発達支援センターや民間の療育機関では，0歳児からの受け入れを行っているところも増加してきている。子どもの生活年齢によって通園頻度が異なり，発達段階によってグループ分けされていることが多い。たとえば，0歳代では，月に1回親子で通い，個別指導で子どもの発達の評価を受け，親の不安や悩みに応えながら家庭での養育について助言され，指導されたことを取り入れて親が子どもを養育する。1歳代になると週に1回程度，2歳代では週に2回程度親子通園し，小集団で指導を受けるようになる。3歳児以上になると週に3〜5回の通園に増加し，親子通園だけでなく，単独通園，あるいは，親子分離での小集団指導がなされるようになる。小集団指導は，主に保育士によって進められることが多い。子どもの障害や発達状況に応じて，言語聴覚士（ST），作業療法士（OT），理学療法士（PT），心理士などの専門職による個別指導もなされている。

2 知的障害児への療育の歴史

(1) 諸外国と我が国における知的障害児療育の歴史

　我が国の障害児に対する療育・教育は，どの障害分野でも欧米と比較してかなり遅れている。しかし，欧米においても，知的障害児への施策が最も遅れていた。

　1784年フランスのパリに世界初の盲学校がアユイによって創設されたが（ちなみに，我が国では1831年東京楽善会訓盲啞院－現筑波大学附属視覚特別支援学校創立），同じフランスでも，知的障害児に対する教育は約50年遅れて始まった。

　フランスでは1837年にイタール（Itard, J. M. G.）がアヴェロンの野生児に対して教育を行い，セガン（Séguin, É. O.）はイタールに師事し（2人とも医師），後に，重度知的障害児（当時は白痴と呼ばれていた）が収容されていた公共施設において，自身が開発した「セガン教具」を用いて重度知的障害児に教育を施し，生理学的教育方法で大きな成果をあげたといわれている。その後，セガンは1850年頃にアメリカに移住し，アメリカでも知的障害児教育の分野に大きな影響を与えた。

　また，イタリアのモンテッソーリ（Montessori, M.）は，ローマ大学精神科病院で医師として多くの知的障害児に接し，感覚教育法を実施して知的発達を促す効果をあげたとされている。彼女は，知的障害児教育に関する文献研究を通してセガンの教育方法に出会い，「知的障害は主に医学上の問題というより，主として教育学上の問題であると感じる」にいたり，1898〜1900年の2年間に感覚教具を知的障害児に試したりした（後に，障害児に用いた教育法を社会経済的に不利な健常幼児に用いて教育効果をあげ，1907年から「子どもの家」において幼児教育を行った）。

　上述したように，知的障害児者は多くの場合，精神障害者と共に精神病院に収容され，「白痴は不治である」（ピネル（Pinel, Ph.）ら）という考え方に基づいて，何もない部屋に閉じこめられて毎日を過ごすだけで教育的なかかわりはほとんどされていなかった。それに対して，セガンやセガンの影響を受けたモンテッソーリらは，適切な対応によってその状態が改善すると考え，それを実践したことによって，今日の考え方や療育に道をひらいたと言える。

　我が国では，1891年に石井亮一が我が国初の知的障害児施設滝野川学園を創設した。濃尾大震災の孤児のために聖三一孤女学院を創設したところ，2名の知的障害児がおり，この子どもたちの教育方法を学ぶためアメリカに渡った。そこで，故セガンの未亡人を通してセガンの教育理論や「セガン教具」に出会い，多くの知的障害児施設を視察して帰国し，孤児院を知的障害児施設とし，子どもたちの教育にセガンの理論や教具を用いたとされる。

　1918（大正8）年に創設された藤倉学園（後に大島藤倉学園と改称）では，園長の川田貞治郎が，「心練」という身体訓練を考案し実施した。「心練」とは，「身体の諸感覚を呼びさまし，筋肉の発達を促進し，精神活動を活発にし，注意・集中・忍耐・持久・

判断・自制・創造の力を育てることを目標とする」身体的訓練であり，教具を用いて行なう。現在も学園で教育的治療部の活動として取り組まれている。

このように，我が国でも，セガンらの影響を受けて，種々の感覚に働きかけて発達を促すという教育方法が取り入れられていた。

（2）諸外国と我が国の現状

アメリカでは，1975年に全障害児教育法（PL94-142）が制定され，「3歳から21歳のすべての児童が，無料かつ適切な公教育を受ける権利を有している」と記されている。そして，公立の学校には，障害児が「最も制約の少ない環境」で教育を受けられるようにすることが義務づけられた。さらに，1986年に障害者教育改正法（PL99-457）が制定され，出生から2歳までの障害児とリスク児（障害をもっているかもしれない子ども）およびその家族に対するサービスが推し進められることになった。年齢の低い子どもや療育機関に通うのが難しい場合には，特殊教育の専門スタッフが子どものニーズに応じて教具などを持参して家庭訪問という形態で指導している。療育機関の数は限られていて，幼い障害児が療育機関を往復する負担を軽減するため，アウトリーチという形態で地域に出向き，公共の場を借り，そこに必要な用具や教材を運びこんで小集団や個別で療育を行っている。

アメリカでは，1960年代後半から1970年代の初めにかけて，全米で障害乳幼児に対するプログラムが開発された。1970年代初めから，州や地域，療育機関などが，それぞれ用いるプログラムを選択して，知的障害幼児に対して指導がなされ始め，1980年代後半からは，さらに年齢の低い障害児に対しても指導がなされている。アメリカの数多くのプログラムのうち，日本に紹介・導入され普及しているものもあれば，紹介されたものの普及していないものもある。

我が国でも，知的障害児教育は，視覚障害，聴覚障害，肢体不自由など他の障害のある子どもに対する教育と比較するとかなり遅れて開始された。

私立愛育養護学校では，1955年に我が国で初めて養護学校に幼稚部を設置し，知的障害のある幼児の保育・教育が行われた。一部の国立大学附属知的障害児養護学校にも幼稚部が設置された（現筑波大学附属大塚特別支援学校に1963年幼稚部5歳児クラス，1964年4歳児クラス設置，東京学芸大学附属特別支援学校に1975年幼稚部設置）。

1957年に知的障害児通園施設（精神薄弱児通園施設と呼ばれていたが，1999年4月名称変更）が法制化されたときには，原則として6歳以上で就学義務の猶予または免除を受けた者に限るとされ，通園施設は，中・重度の知的障害児のための学校としての役割を果たしていた。1974年に対象児に対する規定が撤廃され，就学前児も通園できるようになった。さらに，1979年には，養護学校義務化により，知的障害児通園施設は，就学前の幼児，あるいは，義務教育終了後の青年が通う所となった。このように，我が国では，1970年代後半になるまで，就学前の知的障害幼児が教育・療育を受けられる場所はほとんどなかった。

幼稚園や保育所でも，1974年文部省と厚生省が障害児の入園を促すための通達や経費

図表3-2 児童発達支援センターのデイリープログラム

時　間　帯	活　動　内　容
9：30〜 9：45	登　園
9：45〜10：00	持ち物整理・排泄・自由遊び
10：00〜10：20	朝の会（出席確認と呼名・歌・手遊び）
10：20〜11：00	設定保育（運動あそび・音楽あそび・感覚あそび・課題遊び・造形あそびなど）
11：00〜12：00	排泄・手洗い・昼食・歯磨き
12：00〜13：00	自由遊び
13：00〜13：45	週に1回個別専門指導（PT・OT・ST・心理）
13：45〜14：00	排泄・帰りの会・持ち物の整理・降園

補助を開始し徐々に受け入れが進んだが，長い間軽度の知的障害児に限られていた。

　知的障害児通園施設に就学前の幼児が通えるようになってからも，長い間，大部分の知的障害児通園施設では，3歳以上の子どもしか受け入れていなかった。ごく一部の先取的な施設でだけ0歳児からの受け入れを行っていた。2003年度の知的障害児通園施設実態調査では215施設から回答があり（回収率85%），施設に通う子どもの年齢をみると，3歳（22.0%），4歳（31.3%），5歳（26.2%），6歳（11.8%）で3歳以上児が91.1%と大半を占め，3歳未満児は1割に満たなかった。2012年度の実態調査（259施設に発送，有効回答率61.8%）でも，3歳（24.8%），4歳（30.4%），5歳（33.1%）と3歳以上の幼児が88.3%，3歳未満児が9.75%であった。その理由として，通園施設での3歳未満児の受け入れが少ないこと，知的障害児の早期発見と親の障害受容が容易でないこと，働く親の増加により通園施設に通いたくても通えない親子が増加していることなどが考えられよう。

　ほとんどの知的障害児通園施設では，療育時間は10時から14時位までの4時間程度で，保育士が中心となり，小集団での保育を行っていることが多い。年齢や発達段階によって5，6人から7，8人のクラスに分かれ，朝の挨拶や手遊び，サーキットなど身体を動かす活動，音楽を用いた活動，描画などを行い，昼食を食べて，自由遊びなどの後，帰りの挨拶をするというように，**図表3-2**に示すような流れになっていることが多い。

　近年，保護者の個別指導のニーズが高く，子どもの発達特性に合わせて，OT，PT，ST，心理士による個別指導を行っている施設が多いが，特に知的障害児では，専門職による指導の頻度は多くない。

　我が国で用いられているプログラムには，大きく分けて二つの流れがある（山下勲，1988）。一つは，主として医療サイドからの治療的アプローチであり，他は主として，心理・教育的サイドからの教育的・発達的アプローチである。前者には，北九州市立総合医療センターでの安藤忠による実践があり，後者には，ポーテージ・プログラム，ワシントン大学プログラム，オレゴン大学プログラム，筑波大学池田由紀江によるダウン症児早期教育プログラムによる実践がある。

　施設によっては，「ポーテージプログラム」「ワシントン大学プログラム」を実施した

り，マカトン法を導入しているところもあるが，大部分の特に公立の通園施設では，子どもの発達段階に合わせた保育的な対応をしている。発達障害の専門家が立ち上げた民間の療育機関や，専門のスタッフを多く雇用している療育機関では，それぞれの機関や専門家がベストと考える方法を採用して療育を行っている。

なお，2013年4月から障害者総合支援法の施行により，障害児通園施設は，障害種別が取り払われ，すべての通園施設が児童発達支援センターと改称された。

3 知的障害児への療育

知的障害のある子どもへの支援方法として，様々な療育法が提案されている（**表2B**）。それらは，様々な背景理論を持ち，方法も多様であるが，自閉症スペクトラム障害（ASD）の療育分類（表2C参照）に従って，行動的アプローチ，発達過程にそったアプローチ，コミュニケーションスキルの療育法，感覚運動の療育法に大別することができる。知的障害児への療育の詳細な内容は次節に譲り，ここでは**表2B**に沿って知的障害児の療育を概観していく。

（1）行動的アプローチ

行動的アプローチとして知的障害児に焦点を合わせて開発された療育法には，ポーテージプログラムがある。これは，発達に遅れがある乳幼児を対象にした個別プログラムであり，プログラムの指導技法に応用行動分析（ABA）を用いる療育法である。その他の行動的アプローチとしては，ABA，行動療法，ソーシャルスキルトレーニングがあるが，これは自閉症スペクトラム障害（ASD）の療育法としてあげたものと同じである（表2C参照）。同じ背景理論と手続きのもとに，知的障害の特性にあわせて行われる。

（2）発達過程にそったアプローチ

ダウン症の乳幼児を対象にした療育法として，ダウン症の早期療育プログラムとワシントン大学プログラムがある。両者ともに，ダウン症の発達を全領域にわたって促していくアプローチをとっている。前者は，筑波大学池田研究室で開発された早期教育プログラムであり，後者は，ワシントン大学で開発された早期介入のためのプログラムである。

（3）コミュニケーションスキルの療育法

コミュニケーションスキルの療育法としては，拡大代替コミュニケーション（AAC），絵カード交換式コミュニケーションシステム（PECS），VOCA，マカトン法，インリアルがあるが，これらは自閉症スペクトラム障害（ASD）の療育法としてあげたものと同じである（表2C参照）。同じ背景理論と手続きのもとに，知的障害の特性にあわせて行

表2B　知的障害の療育一覧表

療育タイプ	名称	目的	対象	内容
行動的アプローチ	ポーテージプログラム Portage Program	発達に遅れのある乳幼児に対して早期から教育を行い、教育効果を上げることを目的としている。	発達に遅れのある乳幼児を対象とする。ダウン症のある乳幼児は障害の発見と告知が非常に早期であるため、対象とされることが多い。	米国ウィスコンシン州ポーテージ市において開発され、1972年に「ポーテージ早期教育ガイド」として刊行された障害乳幼児とその親のためのプログラムであり、1976年に改訂版が出された。わが国に導入され、1983年に日本版「ポーテージ乳幼児教育プログラム」が出版され、同年日本ポーテージ協会が設立され、各地で実施されるようになった。このプログラムの特徴は、個別プログラムであること、親が子どもの指導者となり、家庭の日常生活の中で指導すること、プログラムの指導技法に応用行動分析の原理を用いることの3点である。このプログラムは、発達を6領域に区別し、領域ごとに子どもが達成すべき行動目標がリストアップされている。
	応用行動分析 Applied Behavior Analysis（ABA）	子ども自身や周囲の人にとって望ましい行動の形成や増加、望ましくない行動の減少や消去を目標としている。	言葉のない重度の知的障害や自閉症スペクトラム障害のある子ども、行動問題を伴う広汎性発達障害児者が対象とされることが多い。	アメリカのスキナー（Skinner, B. F.）が行ったオペラント条件付けの考え方（行動理論）と手法を、1960年代にロバース（Robers, O. I.）が話し言葉のない自閉症児の言語指導に適用し発語を引き出したことに始まる。事前の出来事（A：先行刺激）に対してある行動（B：行動）をすると、その結果として事後の出来事（C：結果）が起きる時、当事者にとって事後の出来事Cがプラスと受け取られるなら、再びある行動Bをするようになる。すなわち、事前の出来事Aとの関係を強めることになり（強化する）、ある行動Bの生起を高める。
	行動療法 Behavior Therapy	子どもや周囲の大人が困る行動を減少させ、望ましい行動を増加させることを目標としている。	言葉のない重度の知的障害や、自閉症スペクトラム障害のある子ども、行動問題を伴う広汎性発達障害児者が対象とされることが多い。	アメリカのスキナーが行ったオペラント条件付けの考え方（行動理論）と手法に基づいて行う治療である。たとえば、他児が椅子に座って課題に取り組む場面で落ちつきなく動き回り、椅子に座れない幼児がいるとする。着席行動を身につけることが標的行動とされ、週1回30分など定期的に一定の時間、玩具など刺激のない部屋で治療者と一対一の場面で、子どもが椅子に座ればご褒美（報酬、強化子）として子どもの大好きなチョコレートの小片を口に入れることを繰り返すと、子どもはご褒美が欲しいために椅子に座るようになる。着席行動を学習すると報酬がなくても着席できるようになり、標的行動が学習され行動が変容されたとみなされる。このようにチョコレートやジュースなどの食物による強化は動物実験のようだと批判されたり、強化がなくなると行動が元に戻ってしまう（般化されない）こともあった。人間では子どもであっても、言葉でほめるような社会的強化でも強化子として有効に働くことがわかり、食物を強化子として使うことは少なくなった。
	ソーシャルスキルトレーニング Social Skills Training（SST）	知的障害や発達障害のある子どもが対人関係に困難さをもつ場合、友だちと関係を築いたり、良好な関係を維持したり、集団生活に適応できるようになることを目的としている。	対人関係や集団生活に適応することに困難さをもつ知的障害児や発達障害児が対象とされる。	医療分野（精神科医療）で実施されるようになり、日本には1980年代後半に導入され、近年、学校教育、矯正教育、特別支援教育など幅広い分野で取り入れられている。進め方は、対象児者の年齢、性別、対象となる人の障害等の状態、目的等により様々であり、目的（治療的、予防的、積極的）、形態（構成的、非構成的）、対象（個人、小集団、集団）、内容（他者理解、自己表現、感情調整、集団参加、授業参加）に応じて適宜選択する。指導の具体的内容としては、表情、返事、挨拶、拒否、質問、食事、話題の共有、話し合いの仕方などさまざまである。

第3章 知的障害の療育

				実生活で適応行動が取れるよう、話し合いやロールプレイだけでなく、実際に近い状況で何度も練習し、実生活で行動できるようにすることが大切である。
発達過程にそったアプローチ	ダウン症の早期療育プログラム	ダウン症の診断は非常に早期であるため、親が大きなショックを受ける。親が愛情を持って前向きに子育てができるよう親の気持ちを支えると共に、早期からダウン症児の特性に応じた適切な働きかけを親に指導し、子どもの可能性を十分に引き出し発達を促すため。	ダウン症のある乳幼児	筑波大学池田研究室のプログラムは、これまでのプログラムを参考にして開発された早期教育プログラムである。このプログラムには以下の3つの特徴がある。①ダウン症の発達には遅れやいくつかの特徴はあるが、発達の道筋は健常児と同じと考える。②0歳～5歳のそれぞれの時期の子どもの全面発達をねらいとし、運動、認知、言語、社会性・生活習慣の4つの領域で個別課題を提示している。③健康と発達を統一的に考えている。
	ワシントン大学プログラム	ダウン症のある乳幼児に対して早期から介入することにより発達を促すため。	ダウン症のある乳幼児	米国ワシントン大学児童発達精神遅滞センターにおいて1971年にドミトリーブ（Dmitriev, V.）らによって開発されたダウン症児の早期介入のためのプログラムである。このプログラムは、粗大運動、微細運動、認知、言語、社会性の5領域を含み、発達の全域を網羅している。指導の形態は、専門機関及びそれとの連携による家庭指導、保健機関との連携による指導である。発達の評価、目標の設定、方法の設定、実施、評価・記録などについてはルールがある。
	拡大代替コミュニケーション Augmentative and Alternative Communication（AAC）	自発的要求等自分の気持ちを表現したり、他者の気持ちを理解することが難しい子どもが、その子どもに適したさまざまな手だて（AAC）を用いて、他者とのコミュニケーションを取りやすくするため。	知的障害や自閉症スペクトラム障害のために、他者とのコミュニケーションに困難さをもつ児童や成人が対象とされる。	AACとは、ジェスチャー、サイン、手話、点字、シンボル・絵・写真カード、VOCA、トーキングエイドなど、その子どもが使える全てのコミュニケーション手段を活用して、他者とコミュニケーションが取れるようにする支援である。その人のもつコミュニケーション能力と発達段階についてアセスメントし、どのような手段を用いればコミュニケーションが容易になるかを判断して導入する。
	絵カード交換式コミュニケーションシステム Picture Exchange Communication System（PECS）	知的障害や自閉症スペクトラム障害などのために自発的なコミュニケーションが容易でない人が、自分の意思を自発的に表現できるようにするため。	自発的に言葉で十分にコミュニケーションがとれない人、特に自閉症スペクトラム障害のある人、言葉をある程度話せても自発的に話せない人、おうむ返しが主、語彙が少ない、発声が不明瞭などの理由で、特定の人以外の人に十分に意思を伝えられない人が対象とされる。	アメリカのデラウェア州自閉症プログラム（DAP）の中で、アンディ・ボンディとロリ・フロスト（Bondy, A. & Frost, L.）によって1980年代に開発された。従来のコミュニケーション・トレーニングでは、前提となるスキル（注目する、模倣するなど）がいくつか必要であったが、この方法では前提条件はなくすぐに開始できる。 まず、絵カードと要求対象との自発的交換を学習する。自発的な交換を最初から教えるため、2人のトレーナーが対応する。1人は絵カードを取って相手に渡すことを手伝い（プロンプター）、他の1人は絵カードを受け取って要求対象を渡す（コミュニケーション・パートナー）。トレーニングは6段階に分かれており、進展段階に応じて他のスキル（視覚的スケジュールの使用など）も教えていく。
	VOCA Voice Output Communica-	音声出力コミュニケーションエイドと呼ばれている。音声によるコ	知的障害や自閉症スペクトラム障害、言語障害があるために相手	VOCAは、音声方式と合成音声方式の2種類から成り、前者は前もって録音して登録した単語を音声で発するもの、後者はキーボードをタッチして、その場で文を作り、

コミュニケーションスキルの療育法	tion Aid	ミュニケーションが困難な人がコミュニケーションの道具として活用するため。	に話す内容が伝わりにくい人，脳性まひなどにより発声器官にまひがあって発音が不明瞭な人が対象とされる。	その文が音声で発せられるものである。VOCAを使うと，音声でのコミュニケーションが可能となる。最近では，iPhoneやiPadにインストールして使うことができるようになり，手軽に使える道具となっている。会話の補助手段として利用されている。
	マカトン法 Makaton	話し言葉によるコミュニケーションが容易でない子どもが，他者とのコミュニケーションを通して人とのやりとりの喜びを体験できるようにするためであり，言語を中心に発達全体を促すため。	知的障害者の中でも，話しことばをもっていない，ことばを理解する力に比べて表出する力が弱い，発音が不明瞭で相手に通じないなどの人に適している。その他，脳性麻痺，聴覚障害，広汎性発達障害，失語症，学習障害，口蓋裂による運動障害性構音障害のある人が対象とされる。	1972年にイギリスのウォーカー（Walker, M.）等によって，知的障害と聴覚障害を併せ持つ成人の言語指導法として考案された。その後，知的障害児や自閉症児にも適用されるようになった。マカトンの名称は，共同研究者の名前に由来（Margaret, Kathey, Tony）している。話し言葉（スピーチ）と手指による動作表現（サイン）や略画（シンボル）を同時提示する。そのため，マカトンサインによるコミュニケーションだけでなく，話し言葉の習得をも促進する。日本への適用研究は1986年から始まり，1989年に「日本版マカトンサイン集」が出版され，日本マカトン協会が設立された。さらに，1997年に「日本版マカトンシンボル集」が，その後も多くの教材が出版された。日本版では，330の核語彙が9段階に分類され，一つのステージ内の語彙がある程度確実になると次のステージに進む。
	インリアル Inter Reactive Learning and Communication（IN-REAL）	ことばの遅れのある子どもに対して，自由な遊びや会話の場面で子どもがコミュニケーションする楽しさを経験することを通して，コミュニケーションへの意欲や基礎的力を育て，コミュニケーション能力を促進するため。	軽度から重度の発達遅滞のある幼児や小学生が対象とされるが，中高生にも適用できる。	インリアルは，1974年にアメリカコロラド大学コミュニケーション学科のワイズ（Weis, R.）とヒューブレイン（Heublein, E.）により，言語発達遅滞幼児に対する言語指導法の一つとして開発された。当初INREALは，「In-Class Reactive Language Theory」の略だったが，1984年にコミュニケーションを基礎におく学習促進法として開発され，「Inter Reactive Learning and Communication」（相互に反応し合うことで学習とコミュニケーションを促進する）と名称を改めた。わが国では，1980年から竹田契一氏を中心に実践が開始され，1985年に日本INREAL研究会が設立され各地に広まった。子どもと大人が相互に反応し合うことで学習とコミュニケーションを促進しようと考え，子どもに対するかかわり方の有効で適切な方法を見出すために，遊び場面での大人と子どものかかわりをビデオ撮りして分析を行い検討する。大人はどのように子どもにかかわるか，その手がかりの一つとして，SOUL（Silence, Observation, Understanding, Listening）がある。SOULを守り，子どもに主導権をもたせる基本的なかかわりが第1段階（シンシリティ・レベル）で，子どもの問題点に合わせて発達を援助するかかわりが第2段階（ミーニング・レベル）である。
	モンテッソーリ教育 Montessori Education	それぞれの発達段階にある子どもを援助して，自立した子どもを育てるため。	当初，知的障害児を対象としていたが，後に健常幼児をも対象とするようになり，幼児教育の分野で主に取り入れられている。	イタリアのマリア・モンテッソーリ（Maria Montessori）が知的障害児の治療教育として，セガンの理論に従って考案した感覚教育法である。1907年から健常児にも適応するようになり，最初はローマに「子どもの家」（モンテッソーリ教育を実践する幼児教育施設のこと）が設立された。モンテッソーリ教育は，子どもの発達段階に基づいて5つの実践課目を設けている。①日常生活の練習，②感覚教育，③言語教育，④算数教育，⑤文化教育，各々の課目に独特の体系をもつ教具が用意されている。教具は，形，手触り，重さ，材質に配慮した木製玩具である。日本には1960年代に紹介され，幼稚園や

感覚運動の療育法				「子どもの家」で実践されている。国際モンテッソーリ協会（AMI）の認可を受けた日本モンテッソーリ協会が1968年に発足し，教員養成講座を開いている。国際免状と日本協会独自の免状がある。
	感覚統合療法 Sensory Integration	感覚とは，視覚，聴覚，触覚，味覚，嗅覚，痛覚の他に温覚，冷覚，内臓覚，振動覚などを指す。重力と運動，筋肉と関節，皮膚に関する感覚を，各々，前庭覚，固有覚，触覚と呼び，感覚統合療法では，主にこの3つの感覚を用いて感覚の統合をすすめることを目指す。	発達障害のある子ども	米国の作業療法士（OT）エアーズ（Ayres, A. J.）が1970年代初めに学習障害児のための治療法として開発した。日本には1980年代に導入され，主に学習障害，自閉症スペクトラム障害のある子どもに施行されている。感覚統合が上手く行われないと，情緒，対人関係，学習，言語などにおいて課題をもつ。たとえば，落ち着きがない，触覚，前庭感覚，視聴覚刺激に対して過敏，あるいは逆に鈍い，粗大運動，微細運動が不器用，行動調整がうまくいかないなどである。感覚間の統合を目的として行う療法である。特別支援学校や療育機関などの感覚統合訓練室を中心に，ブランコ，すべり台，宙吊りソフトリング，ミラクルフォーム，小豆プールやボールプールなどの道具を用いて感覚刺激を与えたり，刷毛，シェービングクリームなど感覚刺激を与える様々な物が用いられている。
	ムーブメント療法 Movement Therapy	子どもの自主性，自発性を尊重し，子ども自身が動くことを学び，動きを通してからだ（動くこと），あたま（考えること），こころ（感じること）の調和のとれた発達を援助するため。	健常な子どもから様々な障害のある子どもまで幅広い。	1970年に米国のマリアン・フロスティッグ（Frostig, M.）が発案し，1977年に小林芳文によって日本に紹介された。1991年に日本ムーブメント教育協会（1998年に日本ムーブメント教育・療法協会に改名）が設立され，2006年3月NPO法人を取得し，日本のムーブメント教育療法の拠点となっている。様々な遊具，音楽，プール，トランポリン，パラシュートなど遊びの要素を含む動的環境を取りこんだアプローチである。
	音楽療法 Music Intervention Therapy	音楽が人にもたらす生理的，心理的効果，音楽活動を通して引き出される社会的活動への参加などにより，行動変容や発達促進を目指す。音楽にはリラクセーションの効果があるといわれ，安心して心をひらき自分自身を表現し発揮できるようになることにより，子どもの長所を引き出し，行動上の問題を軽減するため。	軽度から重度の知的障害のある子どもや成人，発達障害のある者で，障害や年齢は広範囲である。自分に自信がなく自己表現が苦手な人にも適用される。	音楽療法は第二次大戦後，特にアメリカで発展した。対象となる人の行動観察とやりとりの中でアセスメントする。運動面，認知面，対人関係，情緒，行動などの様子と音楽に対する反応（好きな音，音質，音量，メロディーなど）について知ることが大切である。アセスメントに基づいて効果的な方法を選択する。乳幼児では母子一緒に参加することが多い。1～4週間に1回，30～60分程度のセッションを継続的に行う。一緒に楽器を奏でたり，歌ったり，音楽に合わせて身体を動かしたりする。道具は楽器以外に布などを使うこともある。一対一で行う個人療法と小集団で行う集団療法とがあり，目的に応じて選択する。音楽活動を通して，目と手の協応，集中力を高める，注視時間の増加，歌や音への興味を引き出す，動作模倣，気持の発散などの行動変容が得られる。

われる。

（4）感覚運動の療育法

　感覚運動の療育法として知的障害児に焦点を合わせて開発された療育法には，モンテッソーリ教育がある。これは，モンテッソーリ（Montessori, M）が知的障害児の治療教育として考案した感覚教育法である。その他の感覚運動の療育法としては，感覚統合

療法，ムーブメント療法，音楽療法があるが，これは自閉症スペクトラム障害（ASD）の療育法としてあげたものと同じである（**表2C** 参照）。同じ背景理論と手続きのもとに，知的障害の特性にあわせて行われる。

（藤井和枝）

4 知的障害児への療育法

表2B において，基本的な内容が説明されている。以下では，その中の主要な療育を取り上げて，詳細に説明していく。

1) ダウン症の早期療育プログラム
2) ポーテージプログラム

1) ダウン症の早期療育プログラム

1 ダウン症の早期療育プログラムとは

(1) 早期療育の意義

ダウン症は出生直後に顔貌などの臨床所見でその疑いがもたれ，染色体異常のため生化学的検査によって診断がつき，発見と診断・告知の時期は非常に早い。

他の原因や原因が特定できない知的障害の場合は，子育ての過程で我が子の発達の遅れに気付き，それを否定したり肯定したりしながら，徐々に我が子の障害を受けとめていく。親が自主的に医療機関・相談機関を訪れることもあれば，1歳6ヵ月児健診や3歳児健診の事後指導を経て医療機関を受診するなど，ゆっくりと診断と告知の時期を迎えるため，ある程度の覚悟や心の準備ができていることが多い。

しかし，ダウン症では，血液検査結果に基づく正式の診断は生後1ヵ月頃になるが，ダウン症の疑いは出生直後から生後1週間以内に告げられることが多い。さらに，染色体検査のため医療機関によって診断が異なることはなく，親は診断を否定できない。我が子がダウン症を伴うという現実に直面することは，親にとってはまさに青天の霹靂である。

親子間に愛着関係が形成されるかなり前に，両親は心の準備もないまま，否定できない事実を告げられるため，非常に大きなショックを受ける。失望や落胆，悲しみや不安，怒りや苛立ちなどを抱えつつ子育てをしなければならない。したがって，障害の診断・告知に続いて，相談や療育の場が提供されるべきである。ダウン症の出生と診断・告知は，ほとんど同時期であるため，超早期からの療育が必要となる。出生間もない親子を支援するのが，ダウン症児の早期療育プログラムである。

診断・告知の時期が非常に早期であるため，子どもは主に家庭で養育されている。したがって，親がダウン症の特性や子どもの発達の状態を知り，それに相応しい対応の仕方を理解して，家庭で適切なかかわりをしていくことが求められる。

(2) 早期療育の目的

早期療育には，主に2つの目的がある。1つ目は，親が大きなショックの中で子育てに取り組むため，愛情をもって前向きに子どもと向き合い，意欲的に子育てできるよう，親の気持ちを支えることである。乳幼児期の親子関係は，子どもの発達に大きな影響を及ぼすため，応答的なかかわりができるよう，親の気持ちを支えることが重要である。

ダウン症児は健常児と比較して，乳児自身からのサインが乏しい傾向にあるため，微弱なサインをキャッチして，待たせないで応えることが大切である。また，乳幼児期前半には，親が子どもをあやしても，大人からの働きかけに対する反応が弱いことが多い

が，あきらめないでかかわり続けるうちに，子どもは微笑んだり，発声なども増え，泣き声が大きくなり，要求も増えてくる。そうなると，親はこれまで以上に子どもを愛おしく思い，子どもとのかかわりを楽しめるようになる。その結果，子どもの成長・発達が促される。親子関係は，双方の気持・態度が互いに影響し合うため，良い循環が保たれるよう，早期から親を支援することが大切である。

2つ目の目的は，ダウン症の特性と子どもの発達段階をふまえ，可塑性の大きい乳児期から適切な指導を継続することにより，子どもが生得的にもっている可能性を十分に発揮できるよう支援し，発達を促すことである。

乳幼児期は，一日の大半を家庭で親と共に過ごすため，親に現在の子どもの発達の状態をできるだけ把握してもらい，それに適した働きかけ方や玩具等について理解してもらうことが大切である。親が子どもを過大評価し続けると子どもに過度な要求をすることになり，親子関係がうまくいかなくなることがある。逆に，過小評価してしまうと，適切なかかわりや活動，玩具等を与える機会を逃してしまい，発達を促す適期を遅らせてしまう可能性があるからである。

（3）ダウン症の早期療育プログラム

ダウン症は早期に診断を受けるため，早期からの療育や発達相談の必要性が高く，アメリカを中心として，1960年代後半から1970年代前半に，障害乳幼児のために数多くの早期療育プログラムが開発され，ダウン症児に適用され，その効果が報告されるようになった。その影響を受けて，「ポーテージプログラム」（2）に詳述）や「ワシントン大学プログラム」「オレゴン大学プログラム」などが，日本に紹介され導入されてきた。また，筑波大学池田研究室など大学の研究室を中心に1970年代後半からダウン症乳幼児に対して早期教育がなされてきた。その後，障害児通園施設などの療育機関で0歳児からの受け入れが進み，ダウン症乳幼児に早期療育がなされてきた。

日本のダウン症の早期療育プログラムには，他国で開発・実施され効果が検証された方法を我が国に導入して若干手を加えて用いる場合と，他国の複数のプログラムなどを参考に独自のプログラムを開発して用いる場合の2通りがある。福岡教育大学では山下勲氏が「ワシントン大学プログラム」を翻訳し調整して実施した。筑波大学池田研究室では，後者のやり方で「ダウン症の早期教育プログラム」を実施した。社会福祉法人全国心身障害児福祉財団中央愛児園の「早期療育プログラム」では，チームアプローチをとり入れ，〈保育〉と〈専門療育指導（理学療法，作業療法，言語発達指導，心理発達指導，水泳療法，音楽療法）〉を実施している。以下では，筑波大学池田研究室の「ダウン症児の早期教育プログラム」と，それをほぼ踏襲して継続実施している「日本ダウン症協会　乳幼児発達相談」について紹介する。

2　療育の方法

(1)「ダウン症児の早期教育プログラム」の考え方と実施方法

　ダウン症児の乳幼児期の発達を保障するためには，①医療的ケア，②生活，③養育環境の3つの基本的柱が必要である。まず，ダウン症児は免疫が弱く呼吸器疾患に罹りやすいため，無理をせず健康増進を図ること，種々の合併症をもつことが多いため，治療可能なものは治療し，最良の身体的状態を保つことが必要である。次に，診断によるショックから立ち直れず刺激の少ない単調な生活やリズムのない生活にならないよう，年齢に応じたリズムのある生活と豊富な刺激のある生活ができるようにすること。最後に，人的環境（親の養育態度や周りの人の協力や理解，医療，福祉，教育制度などの充実）と物的環境（住宅環境や子どもを取りまく空間）をできるだけ適切に整えること。

　このプログラムには，3つの特徴がある。第1の特徴は，ダウン症児の発達には遅れやいくつかの特徴はあっても発達の道筋は健常児と同じであるが，遅れと特徴による発達のつまずきを最小限にするため綿密な働きかけをするようプログラムが作られていることである。第2の特徴は，0歳～5歳までのそれぞれの時期の子どもの全面的発達をねらいとしながら，運動，認知，言語，社会性・生活習慣の4つの領域で個別課題を提示していることである。第3の特徴は，健康と発達を統一的に考えることである。

　プログラムは4つの領域からなっており，やさしい課題から難しい課題へと順に並べられている。また，年齢により0歳，1・2歳，3・4・5歳の3つの時期に区分され，それぞれの時期に到達目標がある。それぞれの時期に用意された項目は，平均的な発達のダウン症児が達成できると思われる項目である。

　実施に当たっては，まず，綴じこみのプログラムの表を見て，各領域ごとに現在子どもがすでに達成できている課題項目の番号に赤鉛筆で○印を付ける。特に落ち込みの大きい領域や同じ領域内でも○印の少ない下位カテゴリーが発見でき，子どもの苦手なもの，得意なものがよくわかる。子どもが今，最も練習を必要としている内容は何かについて相談し，各領域で1つ程度の課題を選択して達成目標を決める。子どもにとって達成目標が4つあるのは多すぎると思われる場合は，1つか2つにしてもよい。家庭でその課題を行ってもらうため，実際のやり方を示しながら説明し，いつ，どれくらい，どのように行うかをシートに記入して親に渡す。1ヵ月（1週間，2週間単位でもよい）後，親子が相談に来所した時，再度子どもの発達の状態を評価する（再評価）。最初にたてた目標が適切だったかどうかよく検討して，次の目標を立てる。親は，課題が書かれたシートに家庭で取り組んだことや子どもの様子を記録して，次回の相談に持参する。

　課題を練習してもらう際の心得は，まず，教え込もうとしないで遊びの中で自然な雰囲気をつくりだすことを心がけることである。次に，子どもが上手にできたり，少しでもできる部分があれば，心からほめることである。そして，子どものやる気が持続するよう，自信をもってできることから始め，意欲がみえ始めたら少しずつ難しいことにもチャレンジするよう促すことである。また，ある課題がなかなか達成できない場合は，

達成目標を少し下げるか，援助を増やすなどの工夫をする。課題が単調すぎて興味がもてない場合には，別の遊びの中に課題の要素を取り入れるなどの工夫をする。

このプログラムは，子どもと接している人なら誰でも行うことができ，家庭で親が行うこともあれば，保育所や通園施設で保育者や指導員が行うこともあり，月齢が小さい場合や医療が必要な場合には看護師や保健師が行ってもよい。

発達心理学などを専門とする者や心理士が行う場合は，アセスメントで発達検査を実施する。

（2）「日本ダウン症協会 乳幼児発達相談」での実施方法

ダウン症乳幼児の発達相談における考え方は上述したものと同じであり，進め方も概ね同様である。親子には1ヵ月に1度来所してもらう。個別相談を基本とし，まず，発達検査（MCCベビーテスト）や行動観察で子どもの発達の様子をみた後，運動，認知，言語，社会性・生活習慣などについて，家庭での子どもの様子を親に質問し，子どもの発達の状態をアセスメントする。子どもの全体的な発達をみるとともに親がどのように我が子を評価しているかについて知るために初回と3～4ヵ月に1回程度，津守式乳幼児精神発達質問紙を親に記入してもらう。次に，次回までの1ヵ月間に家庭で取り組んでもらう課題を2～3つ選択し，実際に子どもに行いながらやり方を説明し，親の理解を促す。シートに目標とする課題とそのやり方（いつ，どれくらい，どのように行うか）を記入して親に渡す。子どもが課題にどのように取り組んだかについて，親はシートに記録し，次回持参する。欠席した場合は，電話で子どもの様子を詳しく聞き，当日持参する予定だった記録を相談員に送付してもらい，相談員は課題をシートに記入して親に送付する。

個別相談の他，年に3回，午後に1時間半程度の学習会を行っている。テーマは，摂食指導，生活全般，コミュニケーションの3つである。相談員がテーマに添って話しをし，参加している親が質問をしたり，先輩母親スタッフが関連する体験を話すなど，親同士の情報交換の場ともなっている。

相談日には2名の相談員が対応し，1日の枠は6組まで，相談員は各々3組ずつの親子を担当する。親子には30分程度の時差をつけて来所してもらい，他の親子との交流も体験してもらう。相談員以外に日本ダウン症協会の会員の先輩母親数名がスタッフとして参加している。

（3）療育の実際（池田編，1984：74，125 より）

| 首のすわり④　うつ伏せにされると頭を45度までもち上げる　　運動4 |

頭と胸が少しもち上がるように，子どもの胸の下に小さな枕を置いてうつ伏せに寝かせます。床から45度以上でオモチャを見せ，頭をもち上げるよう誘いましょう。頭を長くもち上げていられるようになったら，枕は取り除きます。頭を保持できるようになったら，もち上げたまま左右を見られるようオモチャで誘いましょう。

| 首のすわり⑤　自分の両手で体を支えて胸を上げ頭をもち上げる　　運動5 |

胸の下に小さな枕などを置き，子どもをうつ伏せに寝かせます。声をかけながらガラガラを振って見せ，胸をもち上げるよう誘いましょう。両手で支えられるようになったら枕は取り除き，床に対して90度の角度まで頭をもち上げるよう励ましましょう。

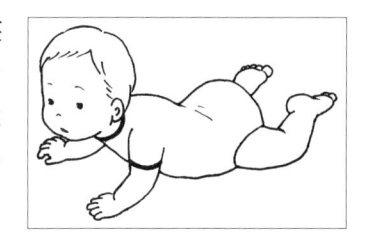

物の操作Ⅰ⑱　積木を箱にきちんとしまいこむ　　　認知28

9個（3列に3個ずつ）あるいは12個（3列に4個ずつ，2列に6個ずつ）の立方体の積木とそれがちょうど入る箱を用意します。「積木をみんな入れようね」とことばをかけながら，お母さんが積木をいくつか入れてみせ，「○○ちゃんも，入れてね」と子どもを誘いましょう。

（4）評価と今後の課題

長畑・池田ら（1981）は，「ダウン症児の早期教育プログラム」による超早期療育の効果とプログラム開始時期による効果の違いを検討した。指導は生後1ヵ月～24ヵ月の間に開始され，指導期間は6ヵ月未満～21ヵ月間であった。その結果，超早期教育を受けたダウン症児は，受けていない児のDQと比較して平均DQ70前後と良い状態だったが，2歳頃になるとDQ下降の傾向をみせ始め，ことば獲得段階からのつまづきが大きくなることを暗示していると述べている。また，プログラム開始時期による違いは，粗大運動と知覚・巧緻運動（認知）領域でみられたが，社会性・身辺自立，言語の領域ではみられなかった。

また，池田ら（1986）は，超早期からプログラムに参加したダウン症児について追跡調査を行いその効果を検討した。0歳～3歳までプログラムに参加した3歳～8歳のダウン症児に対して，S-M社会生活能力検査，田中ビネー知能検査，PVT，津守式乳幼児精神発達質問紙で発達の評価を行った。その結果，S-M社会生活能力は3～5歳時の増加に比べ5歳以降は停滞傾向にあり，SQは減少傾向にあったが，60以上を維持していた。田中ビネーによるMAは，加齢に伴いほぼ上昇傾向にあるが，5歳以降の伸びは小さくなっていた。津守式によるDQは全体としてある範囲で維持されていることなどがわかった。0歳から超早期教育を受けたダウン症児において，社会生活能力，知的能力，言語能力の3能力が相互に関連して発達していると考えられたと述べている。

これらの研究結果から，ダウン症乳幼児に対しては，できるだけ早期から継続した指導をすることが発達を促すために効果的であるが，検査の下位項目に言語の占める割合が大きくなる発達（精神）年齢になると，発達の伸び率が小さくなるといえよう。

参考となるリソース

① 現在療育が行われている機関

　　公益社団法人日本ダウン症協会：乳幼児発達相談

② 関連図書・文献

The American Association on Intellectual and Developmental Disabilities (2009). *Intellectual Disabilities: Definition, Classification, and Systems of Supports -11 th ed.*
（太田俊己・金子健・原仁・湯汲英史・沼田千妤子（訳）（2012）．知的障害―定義，分類および支援体系―　日本発達障害福祉連盟）

American Psychiatric Association (2013). *Diagnostic and Statistical Manual of Mental Disorders Fifth Edition.*
（日本精神神経学会（訳）（2014）．DSM-5　精神疾患の診断・統計マニュアル　医学書院）

藤井和枝・藤井榮子・奥玲子・遠藤恵子・千野千鶴子（2008）．ダウン症miniブック　ゆっくり育つ子どもたち　乳幼児の発達相談　JDS公益財団法人日本ダウン症協会．

藤井和枝（2012）．ダウン症乳幼児の超早期教育・療育―我が国の現状と課題　発達障害研究，**34**(4)，343-351．

池田由紀江（編著）（1984）．ダウン症児の早期教育プログラム　ぶどう社

池田由紀江・岡崎裕子・菅野敦・上林宏文・当麻利香子・加藤俊彦・大城政之・細川かおり（1986）．超早期教育に参加したダウン症児の追跡研究　安田生命社会事業団研究助成論文集，**22**，1-16．

菅野敦・玉井邦夫・橋本創一・小島道生（編著）（2013）．ダウン症ハンドブック改訂版―家庭や学校・施設で取り組む療育・教育・支援プログラム―　日本文化科学社

長畑正道・池田由紀江・高橋純・岡崎裕子・柴崎正行（1981）．ダウン症乳幼児の超早期療育の効果　厚生省「長期疾患療育児の養護訓練福祉に関する総合的研究」研究班報告書，**1**，72-75．

（藤井和枝）

2）ポーテージプログラム

1 ポーテージプログラムとは

（1）定義とプログラム開発の背景

「ポーテージ早期教育プログラム」は，アメリカで開発された障害乳幼児とその親のためのプログラムであり，1983年から我が国でも実施されている。

アメリカでは，1966年に「ヘッドスタート」（PL89-794）が本格的に実施され，社会経済的に著しく不利な状況にある6歳未満の子どもたちの教育を実施するプログラムに対して助成金が交付された。この「ヘッドスタート」では，親の参加を必要不可欠としている。1972年にこの法律が修正され，「ヘッドスタート」のプリスクールには障害乳幼児を一定の割合で入れなければならなくなった。また，1968年に制定された「障害児早期教育援助法（PL90-538）」により，優れたプログラムに対して連邦政府から助成金が交付されたため，多くの就学前プログラムが開発された。さらに，1969年には「障害児早期教育プログラム」が制定され，障害乳幼児の発達を援助する技術を実証するプログラムに助成金を与え，親を積極的にプログラムに参加させることが強調された。

このような流れの中で，1969年にアメリカウィスコンシン州ポーテージ市において，障害乳幼児とその親のための早期教育プログラムの開発を目的として，「ポーテージプロジェクト」が連邦政府から助成金を得て組織された。1972年に実験版プログラム「ポーテージ早期教育ガイド」が完成し，1976年には改訂版が出され，現在では，全米各地の他，イギリスをはじめ世界90ヵ国で活用されている。

日本では，山口薫氏が中心となり厚生省の研究助成を得て1980年から3年間研究がなされ，1983年に日本版「ポーテージ乳幼児教育プログラム」が出版された。1985年に日本ポーテージ協会が設立され，全国に支部がつくられ，このプログラムが広められ，2005年に改訂版「新版ポーテージ早期教育プログラム」が出された。

（2）療育の目的と特徴

このプログラムは，発達に遅れや偏りのある子どもに早期（できれば0歳児）から教育を行い，教育効果をあげることを目的としている。

このプログラムには，大きく3つの特徴がある。1つ目は，個別のプログラムである。発達に遅れや偏りのある子どもは，定型発達の子どもと比較して個人差や個人内差が大きく，個々の子どもの発達に応じた対応をする必要があるためである。2つ目は，協会公認の認定相談員が教室で月に1～2回親子の指導をするが，基本的には親が家庭で子どもを指導することである。家庭は子どもにとって一番リラックスできる自然な環境であり，子どもの発達は様々であっても親は我が子のことを一番よく知っており，家庭で

は日常生活の中で親が毎日指導でき効果的であるため，主に家庭で日常生活の中で親が指導する。3つ目は，指導技法に応用行動分析の原理を用いることである。

(3) 理論的背景

このプログラムは，アメリカのスキナー (Skinner, B. F.) が提唱した行動分析学の原理を応用したものである。先述したように，指導技法に応用行動分析の考え方を取り入れているため，親は，実施にあたって，応用行動分析の考え方や理論，用語について理解しなければならない。

(4) プログラムの構成

このプログラムは，発達領域を「乳児期の発達」「社会性」「言語」「身辺自立」「認知」「運動」の6つに区別し，領域ごとに，子どもが達成することが望ましい行動目標を0歳から6歳までリストアップしている。「乳児期の発達」には「1. 視覚刺激に反応する」から「45. 喃語を出す」までの45項目，「社会性」には「1. 目の前で動く人を目で追う」から「84. 公共の場所で人に迷惑をかけない」までの84項目，「言語」には「1. 同じ音声を繰り返す（例　ママ　パパパ）」から「92. 聞きなれないことばの意味をきく」までの92項目，「身辺自立」には「1. ミルクなどを吸い，飲み込む」から「105. かさをさして歩く」までの105項目，「認知」には「1. 顔に布をかけると，手でとりのける」から「111. 1〜100まで物を数える」までの111項目，「運動」には「1. 20cm くらい前の物に手を伸ばす」から「139. 目を閉じて，支えなしで10秒片足で立つ」までの139項目の行動目標があり，合計576項目の行動目標からなっている。

2　プログラムの実施方法

(1) 対象と指導者

プログラムの対象は，発達年齢が0〜6歳の範囲にある障害のある乳幼児である。指導者は，NPO法人日本ポーテージ協会公認の認定相談員である。認定相談員になるためには，「ポーテージ早期教育プログラム（初級）研修セミナー」を受講し，認定相談員の助言のもとに実際に指導を行い，その事例をもって「ポーテージ早期教育プログラム（中級）研修セミナー」を受講しなければならない。その後，1年以上経過すると，3事例の報告をそえて認定相談員の申請をすることができ，審査委員会で承認されると「ポーテージ認定相談員」として指導ができる。

認定相談員を対象とした事例研究会や研修セミナーが定期的にもたれており，相談員の資質の向上にも力を入れており，3年ごとに更新の手続きをとることも義務づけられている。

(2) 実施方法

相談員は，まず，現在の子どもの発達をアセスメントする。子どもがすでに学習して

いることは何か，子どもができる技法は何かなどについて，チェックリストを用いて把握する。チェックリストの「最初の評定」欄に，達成されている行動には〇印を，まだ達成されていない行動には－印をつける。次に，相談員は，これを基に子どもの行動目標を親と話し合いながら各領域から選択する。さらに，行動目標に到達するためには，長い期間を要することがあるため，子どもによって，行動目標をスモールステップに細分し，子どもが1～2週間で達成できるような短期目標（標的行動）を決める。そして，標的行動のベースラインをチェックし，どのように指導するかを相談員が実際に子どもに行い，その場面を親に見てもらいながら説明し，具体的な指導法について親に習得してもらい，家庭で親に子どもの指導をしてもらう。教室には，週に1度～月に1度程度通ってもらう。

次回，親子が教室に来た際，相談員は短期目標とした行動がどこまで達成されたかアセスメントし，達成されていれば次の目標へと進む。達成されていなければ，やり方を変えたり，ステップをさらに細かくして再度課題とする。

チェックリストから選択された行動目標に子どもが達するためには，子どもの発達状態に応じて，行動目標（長期目標）をスモールステップに細分し，そのステップ（短期目標）に取り組むようにすることが必要となり，これを課題分析と呼んでいる。一つのステップが1週間程度で達成できるようであれば，親子共に不必要なフラストレーションをもつことなく，現在取り組んでいる課題に子どもが興味をもって取り組める。

また，目標に達するために様々な援助が必要となる。援助には，身体的援助，視覚的援助，言語的援助，およびそれらの組み合わせがある。その援助を徐々に減らしていきながら（フェイディング）単純な行動を形成し，それをつなげていく（チェイニング）。さらに，望ましい行動はほめて（正の強化）その行動の定着を図り，望ましくない行動をやめさせたい場合には無視をすることによって（消去）対応するなど，応用行動分析の考え方に基づいて，その技法を用いて指導する。

行動目標が達成されると，チェックリストに達成年月日を記入する。家庭では，親に指導の結果を「家庭指導記録表」に記入してもらい，必要に応じて「活動チャート」にも記録してもらう。

行動目標をスモールステップに分けるということについて，「歯をみがく」という行動を例として挙げると以下のようである（「親のためのポーテージプログラム指導技法」1986より引用）。子どもはこれらのステップを1週間単位で一つずつでも二つずつでも学習していき，最終目標に到達するという見通しをもって指導していく。

目標　歯をみがく
ステップ
 1. 歯ブラシを手にとり，水道の栓をひねって水を出す
 2. 流水で歯ブラシをぬらす。
 3. 歯ブラシにねり歯磨きをつける。
 4. 歯ブラシを前後に動かし，下奥歯の上（かみ合わせ）をみがく。

5. 歯ブラシを前後に動かし，上奥歯の上（かみ合わせ）をみがく。
6. 歯ブラシを下方に動かし，上の歯を全部みがく。
7. 歯ブラシを上方に動かし，下の歯を全部みがく。
8. 水で口の中をすすぎ，はき出す。
9. 歯ブラシをゆすぐ。
10. 歯ブラシをかける。

　「認知」領域の子どもの発達をアセスメントしたところ，「一枚の板に円，三角，四角がそれぞれ一つずつあるパズルが正しくできる」段階にあるとする。そこで，「認知」領域の70番「円，四角，三角の形の名を言う」を目標行動とした場合，この目標行動を以下の1～8のようにスモールステップに分けることができる（「親のためのポーテージプログラム指導技法」1986より引用）。一つひとつの標的行動を短期目標として，1週間，あるいは2週間かけてその目標を学習し，最終目標に到達するよう指導していく。

選別または照合
1. 子どもは言葉による援助で大きさの違う円，三角，四角をそれぞれ同じ形に選り分ける。
2. 援助なしで形を選ぶ。

指でさす
3. 円と四角を示すと，大人のモデルをまねして指示に従い，円を指さす。
4. 円，四角，三角を示すと，大人のモデルをまねして，言われた形（いずれの形でも）を指さす。
5. 援助なしに言われた形を指さす（円，四角，三角）。

名を言う
6. 大人のまねをして（「これは何ですか。これは三角形です」）円，四角，三角を言う。
7. 各形の発音の最初の部分を言えば（「これは，しー」）三つの形の名を言う。
8. 援助なしに三つの形の名を言う。

（3）実施の手引き

　プログラムの実施にあたっては，NPO法人日本ポーテージ協会の「新版 ポーテージ早期教育プログラム―0歳からの発達チェックと指導ガイド―」を使用するが，プログラム実施に必要な以下のものが布製バッグに入っている。「チェックリスト」の冊子には，先述したように，子どもが達成することが望ましい576項目の行動目標が6つの領域ごとに発達の系列にしたがってリストアップされており，各領域は色分けされていて一見してわかりやすくなっている。さらに，一つひとつの行動目標とそれを達成するための活動例（指導方法や補助の仕方，教材，教具の利用など）が，各行動目標ごとに1枚の「活動カード」になっており，全カードがA5判ファイルに綴じられている。「新版 ポーテージ早期教育プログラム発達経過表」は，相談員によるアセスメントで達成したとみなされた項目には色を塗り，達成した項目と達成していない項目が明らかになるようになっている。「利用の手引」には，プログラムの使い方が説明されている。親

が家庭でどのように指導するかが具体的に説明され，応用行動分析理論に基づいて，強化，タイムアウト，シェイピングとチェイニング，モデリング，望ましくない行動への対応の仕方などについて詳しく書かれている。その他，指導の記録の仕方，教材などについても述べられている。

3 評価と今後の課題

アメリカでは，「ポーテージプログラム」実施の効果が，第1年目から第4年目までに指導を受けた子どもたちを対象に調査され，その結果が以下のように報告され（Cochran & Shearer, 1984），アメリカ教育局から「ポーテージプログラム」の妥当性が認められた。第1年目には，9ヵ月間指導を受けた子どもの指導前後のIQを比較したところ，ビネー法検査では平均18.3上昇していた。第2年目には，8ヵ月間指導を受けた子どもにビネー法検査で13ヵ月間の進歩が見られた。第3年目には「ポーテージプログラム」の指導を受けた子どもを「ヘッドスタート学級」に参加した子どもと比較すると，MA，IQ，言語，知的発達，社会性のすべてにおいて有意に優れていた。第4年目には，平均指導期間は6.3ヵ月であったが，指導月数を超える進歩がみられ，就学前プログラムを終えて就学した46名中42名が，普通学級で特殊教育の援助を受けながら学習していると報告された。

我が国では，清水らが，「ポーテージプログラム」によるダウン症児の指導効果について3事例を報告している。週に1回の通所指導を原則とし，来所時に発達評定を行い，1週間の指導プログラムを作成して親に渡し，家庭で母親にプログラムを実施してもらった。そして，年に3回津守式乳幼児精神発達質問紙を施行した。事例1は生後2ヵ月から23ヵ月間，事例2は2歳2ヵ月から34ヵ月間，事例3は2歳6ヵ月から15ヵ月間指導を受けた。その結果，加齢に伴うDAの変化は，指導開始月齢が早い場合に最も良好で，指導開始月齢が遅くDAが低い場合が相対的に最も劣悪であると考察している。加齢に伴うDQ変動は，18ヵ月を過ぎると比較的安定した値を示し，それ以降も顕著な低下が認められず，療育指導を受けないダウン症児の知的特性に関する知見とは一致しないことから，早期療育指導の効果が反映されたと述べている。

早期からの継続した療育が障害乳幼児の発達に良い影響をもたらしたことは否めないが，他の障害乳幼児の療育方法との比較がなされていないため，「ポーテージプログラム」の有効性を示唆するためには，開始年齢と継続期間を同一にし，初回の発達年齢をほぼ同一にして，他の療育方法を受けた子どもと比較検討する必要があろう。

参考となるリソース
① 療育が行われている機関
　NPO法人日本ポーテージ協会では，ホームページで本部相談室・電話相談，研修会等の紹介をしており，概略は以下のようであり，詳しくはHPを参照されたい。
　　〈NPO法人日本ポーテージ協会本部〉

〒166-0012　東京都杉並区和田3丁目54番5号第10田中ビル3階3号室
- 発達障害電話相談：東洋大学（教授清水直治氏）
- 協会では，プログラム実施に必要な書籍や教材・教具等，「ポーテージ・プログラム」について解説した DVD，指導者向けのテキストなどの販売も行っている。

2015年現在，全国に85名の認定相談員がおり，障害乳幼児の指導に当たっている。

② 関連図書・文献

Bluma, S. M., Shearer, M. S., Froman, A. H. & Hillard, J. (1976). *Portage Guide to Early Education* (Revised edition). Wisconsin : Cooperative Education Service Agency 12, Portage.

Cochran, D. C., & Shearer, D. E. (1984). The Portage model for home teaching. In Paine, S. C., Bellamy, G. T., & Wilcox, B. (Eds.) *Human Services That Work*. Baltimore : Paulh-Brookes Publishing, Co.

NPO法人日本ポーテージ協会（2005）．新版 ポーテージ早期教育プログラム—0歳からの発達チェックリストと指導ガイド— チェックリスト

NPO法人日本ポーテージ協会（2014）．『新版ポーテージ早期教育プログラム』を学ぶ 初級研修セミナー資料

NPO法人日本ポーテージ協会（2013）．ポーテージプログラム入門—『新版ポーテージ早期教育プログラム』一日セミナー テキスト

NPO法人日本ポーテージ協会（2005）．発達遅滞乳幼児の早期教育の発展 講演会・研究会資料・基礎論文集

NPO法人日本ポーテージ協会（2005）．『インクルージョン保育を展開するための幼児・グループ指導カリキュラム』

Boyd, R. D. & Bluma, S. M. 山口薫（監訳）(1986)．親のためのポーテージプログラム指導技法 NPO法人日本ポーテージ協会

清水直治・山口薫・島田征子・土橋とも子・吉川真知子（1984）．ポーテージ・プログラムの適用によるダウン症児の早期療育 発達障害研究，**6**(1)，39-47.

清水直治・土橋とも子（1986）．ポーテージ・プログラム 発達障害研究，**8**(3)，161-168.

清水直治（監修），日本ポーテージ協会（編著）(2012)．続・ポーテージで育った青年たち 輝いて今をいきいきと—早期からの発達相談と親・家庭支援をすすめて— ジアース教育新社

山口薫（1986）．乳幼児期における教育的対応とその成果 発達障害研究，**8**(3)，139-160.

山口薫・金子健・清水直治・土橋とも子・吉川真知子（1999）．乳幼児期にポーテージを受けた発達遅滞乳幼児の追跡調査研究 明治学院大学 心理学紀要，**3**，9-25.

山口薫（監修）(2002)．ポーテージで育った青年たち—発達に遅れのある子の乳幼児からの成長の歩み— ぶどう社

（藤井和枝）

第4章
注意欠如・多動性障害（ADHD）の療育・治療

1 ADHD とは

(1) ADHD の定義および診断基準

　注意欠如・多動性障害（Attention-Deficit/Hyperactivity Disorder：ADHD）は，年齢あるいは発達に不相応な水準の不注意，多動性－衝動性の症状を示す神経発達上の障害である。国際的には，ADHD の定義と診断基準は，米国精神医学会が作成した精神疾患の診断・統計マニュアル（DSM）と世界保健機関が作成した国際疾病分類（ICD）のどちらかが用いられている。我が国では，治療や療育の分野では概ね DSM を用いているが，一方で文部科学省が ADHD の定義と判断基準を提示しており，学校教育の現場ではこれに準拠することが多い。以下，それらの診断体系を紹介する。

① DSM における定義と診断基準

　DSM において ADHD の診断カテゴリーが用いられるようになったのは，1987年に公表された DSM-III-R からであり，これが1994年の DSM-IV，2000年の DSM-IV-TR，そして最新版である2013年の DSM-5 においても引き続き用いられている。しかし，この間，ADHD の日本語名称は変更が加えられてきた。DSM-III-R では「注意欠陥多動性障害（Attention Deficit Hyperactivity Disorder）」であったが，DSM-IV と DSM-IV-TR では「注意欠陥／多動性障害（Attention-Deficit/Hyperactivity Disorder）」となり，2013年の DSM-5 では「注意欠如・多動症（Attention-Deficit/Hyperactivity Disorder）」となった。なお，日本精神神経学会は，2008年に ADHD の日本語訳として「注意欠如・多動性障害」の名称を提示した。DSM-5 では，正式名称の「注意欠如・多動症」に加えて，それまで用いられた「注意欠如・多動性障害」が併記されている。

　最新版の DSM-5 の診断基準は，DSM-IV-TR を基本的には踏襲しているが，主な変更点としては，発症年齢が7歳以前だったのが12歳以前に変更されたこと，成人を対象にした診断の記載が加えられたこと，自閉症スペクトラム障害（ASD）との合併診断が可能になったことがあげられる。DSM-5 における ADHD の診断基準は，DSM-IV-TR と同様に ADHD の診断基準には発達水準に不相応な不注意，多動性-衝動性が含まれる（図表4-1）。

② ICD における定義と診断基準

　ICD は，世界保健機関が作成した国際疾病分類であり，現在は第10版（ICD-10）が用いられている。ICD-10 では，「F00-F99 精神と行動の障害」の大分類のもとに「F90-F98 小児期および青年期に通常発症する行動および情緒の障害」の中分類があり，その中に「F90 多動性障害」が位置づけられている。そして，「F90 多動性障害」の下位分類として，「F90.0 活動性および注意の障害」「F90.1 多動性行為障害」「F90.8 他の多動性障害」「F90.9 多動性障害　特定不能」がある（図表4-2）。ICD では，こ

図表 4-1 DSM-5 における注意欠如・多動性障害の診断基準（American Psychiatric Association, 2013/2014）

注意欠如・多動症／注意欠如・多動性障害
Attention-Deficit/Hyperactivity Disorder

A．(1)および／または(2)によって特徴づけられる，不注意および／または多動性-衝動性の持続的な様式で，機能または発達の妨げとなっているもの
(1) 不注意
　以下の症状のうち6つ（またはそれ以上）が少なくとも6カ月持続したことがあり，その程度は発達の水準に不相応で，社会的および学業的／職業的活動に直接，悪影響を及ぼすほどである：
　(a) 学業，仕事，または他の活動中に，しばしば綿密に注意することができない，または不注意な間違いをする．
　(b) 課題または遊びの活動中に，しばしば注意を持続することが困難である．
　(c) 直接話しかけられたときに，しばしば聞いていないように見える．
　(d) しばしば指示に従えず，学業，用事，職場での義務をやり遂げることができない．
　(e) 課題や活動を順序立てることがしばしば困難である．
　(f) 精神的努力の持続を要する課題に従事することをしばしば避ける，嫌う，またはいやいや行う．
　(g) 課題や活動に必要なものをしばしばなくしてしまう．
　(h) しばしば外的な刺激によってすぐに気が散ってしまう．
　(i) しばしば日々の活動で忘れっぽい．
(2) 多動性および衝動性
　以下の症状のうち6つ（またはそれ以上）が少なくとも6カ月持続したことがあり，その程度は発達の水準に不相応で，社会的および学業的／職業的活動に直接，悪影響を及ぼすほどである：
　(a) しばしば手足をそわそわ動かしたりトントン叩いたりする，またはいすの上でもじもじする．
　(b) 席についていることが求められる場面でしばしば席を離れる．
　(c) 不適切な状況でしばしば走り回ったり高い所へ登ったりする．
　(d) 静かに遊んだり余暇活動につくことがしばしばできない．
　(e) しばしば"じっとしていない"またはまるで"エンジンで動かされているように"行動する．
　(f) しばしばしゃべりすぎる．
　(g) しばしば質問が終わる前に出し抜いて答え始めてしまう．
　(h) しばしば自分の順番を待つことが困難である．
　(i) しばしば他人を妨害し，邪魔する．

B．不注意または多動性-衝動性の症状のうちいくつかが12歳になる前から存在していた。

C．不注意または多動性-衝動性の症状のうちいくつかが2つ以上の状況（例：家庭，学校，職場；友人や親戚といるとき；その他の活動中）において存在する。

D．これらの症状が，社会的，学業的または職業的機能を損なわせているまたはその質を低下させているという明確な証拠がある。

E．その症状は統合失調症，または他の精神病性障害の経過中にのみ起こるものではなく，他の精神疾患（例：気分障害，不安症，解離症，パーソナリティ障害，物質中毒または離脱）ではうまく説明されない。

▶これらの基準に基づき，3つの型のいずれかに特定する。
1. **混合として存在**：過去6カ月間，基準A1（不注意）と基準A2（多動性-衝動性）をともに満たしている場合
2. **不注意優勢に存在**：過去6カ月間，基準A1（不注意）を満たすが基準A2（多動性-衝動性）を満たさない場合
3. **多動・衝動優勢に存在**：過去6カ月間，基準A2（多動性-衝動性）を満たすが基準A1（不注意）を満たさない場合

図表 4-2　ICD-10 における多動性障害の診断分類（World Health Organization, 2015）

```
F00-F99  精神と行動の障害（Mental and behavioural disorders）
  F90-F98  小児期および青年期に通常発症する行動および情緒の障害（Behavioural and emotional
           disorders with onset usually occurring in childhood and adolescence）
    F90  多動性障害（Hyperkinetic disorders）
      F90.0  活動性および注意の障害（Disturbance of activity and attention）
          注意欠陥（Attention deficit）・多動性を伴う障害（Disorder with hyperactivity）
          注意欠陥（Attention deficit）・多動性障害（Hyperactivity disorder）
          注意欠陥（Attention deficit）・多動性症候群（Syndrome with hyperactivity）
      F90.1  多動性行為障害（Hyperkinetic conduct disorder）
          行為障害を伴う多動性障害（Hyperkinetic disorder associated with conduct disorder）
      F90.8  他の多動性障害（Other hyperkinetic disorders）
      F90.9  多動性障害　特定不能（Hyperkinetic disorder, unspecified）
          小児期あるいは青年期の多動性反応 NOS（Hyperkinetic reaction of childhood or ado-
          lescence NOS）
          多動性症候群 NOS（Hyperkinetic syndrome NOS）
```

の「F90 多動性障害」が ADHD とほぼ同一概念である。また，注意欠陥と多動性の両方を持つ ADHD は「F90.0 活動性および注意の障害」に相当する。

ICD-10 では，「F90 多動性障害」の症状について次のように説明している。この一群の障害は，早期に発症し（多くは5歳まで），認知の関与が必要とされる活動を持続できず，どれもやり遂げることなく一つの活動から次の活動に移る傾向があり，それには不注意で調節不良な過活動を伴っていることに，特徴づけられる。他の幾つかの障害が合併される。多動性の子どもは，しばしば無謀で衝動的であり，事故を起こしやすい。そして，意図的な反抗というよりもむしろ軽率なルール違反のためにしつけの問題とされがちである。大人との関係では，ふつうの慎重さ遠慮がないといった社会的な抑制がしばしば欠けている。他の子どもに嫌われ，孤立しがちである。認知的機能の障害が認められ，運動や言語発達の特異的な遅れが生じる頻度が高い。二次障害として，反社会的行動や自己評価の低さが生じる。

③ 文部科学省における定義と判断基準

我が国の法律や行政では，DSM-5 や ICD-10 とは別に，ADHD の日本語表記および定義が用いられている。我が国の発達障害者支援法や学校教育法などの法令では，「注意欠陥多動性障害」と表記されており，文部科学省では「注意欠陥／多動性障害」として定義されている（図表4-3）。このように，日本語表記や定義が統一されていないが，いずれも略称は ADHD が用いられ，「不注意」と「多動性-衝動性」によって特徴づけられていることに変わりはない。文部科学省は，ADHD の独自の判断基準も公表している（図表4-4）。

以上のように，ADHD の定義や診断については，現在，国際的に採用されている DSM-5 と ICD-10，さらに，我が国の文部科学省による基準が併存しており，ADHD の定義，診断基準について統一されない状況を呈している。今後 ICD が改訂され第11版（ICD-11）が発表される予定であるが，国際的な基準の統一が進められることが望

図表4-3　文部科学省による注意欠陥／多動性障害（Attention-Deficit/Hyperactivity Disorder：ADHD）の定義

> ADHDとは，年齢あるいは発達に不釣り合いな注意力，及び／又は衝動性，多動性を特徴とする行動の障害で，社会的な活動や学業の機能に支障をきたすものである。また，7歳以前に現れ，その状態が継続し，中枢神経系に何らかの要因による機能不全があると推定される。

＊平成15年3月の「今後の特別支援教育の在り方について（最終報告）」参考資料より抜粋．

図表4-4　文部科学省による注意欠陥／多動性障害（Attention-Deficit/Hyperactivity Disorder：ADHD）の判断基準

以下の基準に該当する場合は，教育的，心理学的，医学的な観点からの詳細な調査が必要である。

A．以下の「不注意」「多動性」「衝動性」に関する設問に該当する項目が多く，少なくともその状態が6ヶ月以上続いている。

不注意
- 学校での勉強で，細かいところまで注意を払わなかったり，不注意な間違いをしたりする。
- 課題や遊びの活動で注意を集中し続けることが難しい。
- 面と向かって話しかけられているのに，聞いていないようにみえる。
- 指示に従えず，また仕事を最後までやり遂げない。
- 学習などの課題や活動を順序立てて行うことが難しい。
- 気持ちを集中させて努力し続けなければならない課題を避ける。
- 学習などの課題や活動に必要な物をなくしてしまう。
- 気が散りやすい。
- 日々の活動で忘れっぽい。

多動性
- 手足をそわそわ動かしたり，着席していてもじもじしたりする。
- 授業中や座っているべき時に席を離れてしまう。
- きちんとしていなければならない時に，過度に走り回ったりよじ登ったりする。
- 遊びや余暇活動におとなしく参加することが難しい。
- じっとしていない。または何かに駆り立てられるように活動する。
- 過度にしゃべる。

衝動性
- 質問が終わらないうちに出し抜けに答えてしまう。
- 順番を待つのが難しい。
- 他の人がしていることをさえぎったり，じゃましたりする。

B．「不注意」「多動性」「衝動性」のうちのいくつかが7歳以前に存在し，社会生活や学校生活を営む上で支障がある。

C．著しい不適応が学校や家庭などの複数の場面で認められる。

D．知的障害（軽度を除く），自閉症などが認められない。

＊平成15年3月の「今後の特別支援教育の在り方について（最終報告）」参考資料より抜粋．

まれている。

（2）幼児期にみられる ADHD の特徴

ADHDは，子どもの3～7％に認められる一般的な障害である。その症状は，幼少期に始まるが，3歳以前に診断されることはわずかである。それは，もともと幼児が成人に比べて動きが激しいため，通常の発達範囲内かどうかの見極めがつきにくいことに

図表 4-5 ADHD 項目の因子分析

第1因子　注意散漫　α=.8983
1　注意がそれて，すぐに視線があちこちに移る。
2　何かに集中できないときは，よそ見をしている。
3　先生が話している途中で他の音や物に気を取られて注意がそれてしまう。
4　座っている間中，身体がもぞもぞと動いている。
5　集団で移動するときに，何かに興味が奪われると立ち止まってしまう。
6　はさみを使うときに，勢いよく切るので余計なところまで切ってしまう。
7　着替えの途中で気が散って，その場を離れて，別のことを始めたりする。
8　1対1の場面や，区切られたコーナーの方が落着いていられる。

第2因子　自己中心性　α=.9011
9　自分の意見を話し始めると止まらない。
10　唐突に自分の思いを話し出すことが多い。
11　先生の話を遮って自分の考えを突然述べようとする。
12　相手の話に興味を持つと，すぐに割り込んでしまう。
13　話をしている途中で，話題が次々に変わっていく。
14　「○○をしてから××をしましょう」といくつかの指示を出す時，最後まで聞かずに行動してしまう。

第3因子　多動・衝動性　α=.8927
15　先生の様子をうかがいながら，わざといけないことをする。
16　突然動き出すので，周りの人や物にぶつかる。
17　先生に身体接触を求めてくるときに，力やスピードの加減が分からずに勢いよくぶつかってくる。
18　嫌なことを「やられた」と思った瞬間に，すぐに手が出てしまう。
19　順番を待てずに割り込んだりじゃまをしたりする。
20　やってはいけないことがわかっていても，我慢できずについやってしまう。
21　遊びに飽きてくると，ルールを破って勝手な遊びを始める。

（出所）　尾崎ほか（2010）．

一因がある。就学前期から児童期にかけて集団活動の中で初めて症状が顕在化して診断されることが多い。

　そのため，幼児期における ADHD に関する資料は児童期以降に比べて少ないが，その中で，幼児期における ADHD 児の行動特徴を示した ADHD 項目（**図表 4-5**）がある（尾崎・小林・水内・阿部，2010）。これは，保育者による発達が気になる子どもについての報告をもとに専門家が ADHD 児の行動特徴に合わせて作成した項目であり，保育者に対して保育場面での子どもの行動観察をもとに回答を求めた。これらの ADHD 項目を 4〜6 歳の ADHD 児と定型発達児で比較したところ，全ての項目において ADHD 児は定型発達児よりも有意に高かった。また，因子分析により抽出された「注意散漫」「自己中心性」「多動・衝動性」の 3 因子を，ADHD 群，ASD 群，知的障害群で比較したところ，ADHD 群は，他の群よりも有意に高かった。これらの ADHD 項目は，基本的には**図表 4-1** の DSM-5 の診断基準と共通しており，保育場面での幼児期後半の ADHD 児の行動特徴を表すものとして参考になるだろう。

2 ADHD 概念の歴史的変遷

（1）DSM における ADHD 概念の変遷

　注意欠如・多動性障害（ADHD）は，有病率が概ね3〜7％と報告されており，子どもに比較的よくみられる発達障害の一つである。ADHD の主な症状は，注意が持続しないこと，落ち着きがないこと，行動のコントロールが難しいことであるが，これらは子どもが一般に持っている発達特性でもあり，定型発達との区別が難しい。また，ADHD は様々な障害を併発しやすいこと，そして，ADHD は小児期に始まり成人期まで続くが，その症状は各時期によって変化していくことから，幼児期における ADHD の診断は難しいと言われている。

　これまで ADHD の名称，定義，診断は様々な変遷を辿ってきた。このような落ち着きがなく動きが激しい子どもに対する医学的対応の歴史は古くローマ時代にさかのぼるとも言われているが，近年多動の子どもに広く関心が集まるきっかけになったのは，20世紀初めの欧米におけるエコノモ脳炎の大流行である。その際，脳炎後遺症として注意障害や多動衝動性が認められたことで，それらの症状と脳障害との関係が注目された。そして，1950年代には医学的概念として微細脳損傷（Minimal Brain Damage），さらに1960年代には微細脳機能障害（Minimal Brain Dysfunction：MBD）が提唱されたが，脳損傷が特定できないことからこれらの概念は使われなくなった。一方，同時期に原因ではなく主症状に着目した概念として，「多動症的衝動障害」や「多動症候群」が提唱された。この多動に注目した概念は DSM へと引き継がれ，1968年の DSM-II では「児童期障害の多動性反応」と記載された。しかし，70年代に入ると，こうした子どもに注意力の乏しさが認められるとされ，1980年の DSM-III では「不注意」の概念が導入され Attention-Deficit Disorder（ADD；注意欠陥障害）と改められた。しかし，1987年の DSM-III-R では Attention-Deficit Hyperactivity Disorder（ADHD；注意欠陥多動性障害）の診断名が用いられ，「多動を伴う不注意」を中核症状とすることに変更された。1994年の DSM-IV では Attention-Deficit/Hyperactivity Disorder（AD/HD；注意欠陥／多動性障害）となり，ここで「多動-衝動」概念と「不注意」概念の両方を明確に取り入れた定義となった。続く2000年の DSM-IV-TR と2013年の DSM-5 においてもこの両方の概念が引き続き用いられた。しかし，DSM-5 では，日本語訳の変更が行われた。ADHD の正式名称は「注意欠如・多動症」とし，それまで用いられた「注意欠如・多動性障害」を併記することになった。すなわち，DSM-5 では，注意欠如・多動症／注意欠如・多動性障害（Attention-Deficit/Hyperactivity Disorder：ADHD）と表記されている。

　さらに ADHD の対象年齢も変更されてきた。1970年代まで，ADHD の主症状は成長と共に消失していくと考えられ，ADHD は小児期の障害であると捉えられていたが，1980年代には，成人期においても ADHD の状態は続くと考えられるようになった。ま

た，これまで ADHD は女児よりも男児が多いことが報告されてきたが，最近では，成人期の ADHD では，男女差が大変小さくなることが指摘されている。すなわち，現在では ADHD は男女ともに子どもから成人までを対象とする障害として捉えられるようになっている。このように DSM における ADHD の概念，用語，診断基準，対象年齢，性差は，時代とともに捉え方が次々と変更され，現在に至っている。

（2）我が国における ADHD 概念の導入

我が国における ADHD 概念の導入について振り返ってみる。現在では，ADHD は社会的な注目を集めている障害であるが，日本において ADHD 概念の認知が始まったのは比較的最近であり，医学領域においても1990年代以降である。それ以前には MBD 概念が紹介されていたが，一部の専門家が知るに留まっており，大きく取り上げられることはなかった。また，ADHD 概念が紹介された後も研究が少ないばかりか，ADHD に懐疑的な医師が多かったと言われている。ADHD の診断・治療方針に関する研究会（2008）は，「日本では，最近まで ADHD の存在そのものを疑問視する声が強かったが，1998年にマスメディアがこの障害に関する報道を連続的に行ったことを機に障害として社会的注目を集め，医療界においてもようやく障害概念として認知されるようになってきた」と述べている。このように1990年代後半になって ADHD 概念が普及し始めると，日本における ADHD の行政や法律の整備が進められることとなった。2007年から実施された特別支援教育において，文部科学省は，中央教育審議会初等中等教育分科会特別支援教育特別委員会（2005）によって取りまとめられた「特別支援教育を推進するための制度の在り方について（答申）」をふまえて，小中学校に在籍する学習障害，高機能自閉症とともに ADHD の児童生徒への対応を提言している。また，2005年に施行された「発達障害者支援法」は，ADHD，学習障害，自閉症などの発達障害が日本で初めて取り上げられた法律であり，これらの発達障害児者への生涯にわたる一貫した支援に関する事項が明記されている。

このように我が国では，ADHD 概念は1990年代後半から認知され始め，21世紀に入ると徐々に注目されるようになって，現在多くの人に周知される状況に至っている。それに伴い，ADHD 児への支援体制も整えられるようになったが，まだまだ万全の状況とは言えず，ADHD 児への理解と支援の充実は今後の課題である。

3　ADHD 児への療育・治療

ADHD の療育・治療としては，主に，教育・療育的介入，心理社会的介入，薬物療法がある。実際には，それらを組み合わせて行われることが多い。どのような方法を用いるかは，ADHD 児の年齢，症状，ニーズに合わせて決めていく。その際，子どもの症状やニーズに合わせることが最も重要であるが，それだけでなく親の考えを尊重すること，家族や教師の協力が得られるかどうかを考慮することも大切である。

第4章　注意欠如・多動性障害（ADHD）の療育・治療

現在，国内外で行われている教育・療育的介入，心理社会的介入，薬物療法には，それぞれ様々な方法がある（**表2C**）。詳細な内容は，次節に譲り，ここではADHDの療育・治療を概観していく。

（1）薬物療法

一般に，ADHDの治療としては，薬物療法が知られている。海外では多数の中枢刺激薬が用いられているが，日本では現在ADHDの治療薬として厚生労働省が承認している中枢刺激薬は，メチルフェニデート塩酸塩徐放錠（商品名：コンサータ）だけである。なお，その他に承認されている薬として，非中枢刺激薬のアトモキセチン塩酸塩（商品名：ストラテラ）がある。しかし，学童期以降の子どもや成人においては，前頭葉の機能に作用する中枢刺激薬がADHDの中核症状の改善に効果があることが検証されているのに対して，前頭葉の未発達な幼児に対しては中枢刺激薬が有効であるかは明らかにされていない。さらに，幼児を対象にした中枢神経剤の安全性と効果に関する臨床研究からは，5歳以下の子どもに対する中枢神経剤の薬物療法において多くの副作用が生じることが報告されている。そのため幼児への薬物療法に対しては十分慎重に判断する必要がある。

したがって，ADHDの幼児に対しては，薬物療法よりも教育・療育的介入や心理社会的介入を行うことが推奨されている。

（2）教育・療育的介入

療育的介入は，行動的アプローチと発達論的アプローチに大きく分けられる。行動的アプローチには，行動療法，認知行動療法，ソーシャルスキルトレーニングなどがある。ADHD児に対して適切な行動を強化する行動療法は，これまでの研究からエビデンスが確認されており，適切な心理療法であることが実証されている。ADHD児に有効な行動的技法としては，子どもの行動に随伴して報酬を与える「正の強化」，子どもの問題行動に随伴する正の強化を得られないようにする「タイムアウト」，子どもの問題行動に随伴して報酬を取り上げる「レスポンス・コスト」，子どもが望ましい行動をすると報酬が得られる「トークン・エコノミー」などがある。

また，認知行動療法とソーシャルスキルトレーニングは，ASDの療育として紹介したものと基本的に同じである（第2章を参照）。ADHD児は，集中力がない，怠惰，攻撃的などとネガティブな評価を受けることが多く，不適切な自己評価や考え方をもっていることが多い。認知行動療法は，これらのネガティブな思考を修正し，それに伴う不快な気分を低減するのに役立つものである。また，ADHD児は，不注意と多動‐衝動性によって，適切な対人関係を築くこと，相手の話を聞くこと，順番を守ること，衝動性を調節することなどが難しくなる。そこで，これらの問題に対してソーシャルスキルトレーニングによって社会的スキルを向上させ，社会的適応を改善していく。なお，認知行動療法とソーシャルスキルトレーニングを実施するには言語能力が必要であるため，幼児期では対象年齢が限られる。

表2C　ADHDの療育一覧表

療育・治療のカテゴリーと名称			創始者と創始年代	対象	目的	内容
教育・療育的介入	行動的アプローチ	行動療法 Behavioral Therapy	20世紀前半から始まる米国の心理学者であるSkinner, B. F.の学習理論に基づく心理療法。	ADHD児者，その他の発達障害児者，定型発達児者	適切な行動を強化し，問題行動を弱化する。	問題行動などに対して，行動的技法（正の強化，タイムアウト，レスポンス・コスト，トークンエコノミーなど）を使って，行動変容を行う。
		認知行動療法 Cognitive Behavioral Therapy (CBT)	1970年代に，認知療法のEllis, A. や Beck, A. が積極的に行動療法的技法を取り込んで発展させた。	ADHD児者，その他の発達障害児者，定型発達児者	好ましい行動を増加させ，問題行動を軽減する。	行動療法と認知療法の技法を組み合わせて実施。ネガティブな思考を修正し，それに伴う不快な気分を低減する。
		ソーシャルスキルトレーニング Social Skills Training (SST)	1970年代に，カリフォルニア大学ロサンゼルス校の医学部精神科のLiberman, R. P. によって考案。	ADHD児者，その他の発達障害児者，定型発達児者	社会的スキルを習得する。	基本的には，モデリング，ロールプレイ，実技リハーサルなどを行う。小さい子どもには，ゲームを通してソーシャルスキルを学ばせる。
	発達論的アプローチ	DIR/Floortimeモデル DIR/Floortime Model	1980年代に，米国のGreenspan, S. と Wieder, S. によって創設。	ASD児に開発されたプログラムをADHD児に応用。	発達理論に基づき，感覚の発達，運動スキル，認知情動発達，コミュニケーションを向上させる。	遊びを通して，親や他者との相互作用を頻繁に取れるように子どもに働きかける。大人は，子どもと同じフロアーに座って一緒に遊ぶ。
		対人関係発達指導法 Relationship Development Intervention (RDI)	1980年代に，Gutstein, S. E. が始め，米国テキサスにConnections Centreを中心に広めていった。	ASD児に開発されたプログラムをADHD児に応用。	社会認知発達プロセスにそって，社会性のスキルと対人関係発達を促す。子どもの社会的関わりに対する動機づけと関心を高め，社会的関係を楽しむ能力を高める。	関係発達アセスメントに基づき，個別プログラムを作成する。コーチとして位置づけられた親は，プログラムに沿って，子どもに対してスキルの習得を支援するための訓練を受ける。
	教室での支援	毎日の連絡カード Daily Report Card (DRC)	2010年に Fabiano, G. A. が作成。	ADHD児	ADHD児の教室における行動管理	毎日の連絡カードを作成することにより教室における行動管理を行い，ADHD児を支援する。
		Making Socially Accepting Inclusive Classrooms (MOSAIC)	2012年に Mikami, A. Y. 他が作成。	ADHD児	ADHD児の教室における行動管理	ADHD児の同胞関係の改善により教室における行動管理を行い，ADHD児を支援する。
心理社会的介入		ペアレントトレーニング Parent Training	1960年代から始まるASDのためのPTと1970年代から始まるADHDのためのPTがある。	ADHD児，その他の発達障害児の親	親が子どもの発達状態を理解し，子どもへのかかわり方を知り，子どもにあった支援ができる。	親は，グループトレーニングを受けて，子どもの望ましい行動への強化や不適切な行動への対応方法を習得する。
		ステッピングストーンズ・トリプルP Stepping Stones Triple P	1970年代にオーストラリア・クイーンズランド大学の Sanders, M. によって開発。	ADHD児，その他の発達障害児の親	子どもとの効果的なかかわり方や問題行動に対する対処スキルを学ぶ家族支援プログラム。	トリプルPの発達障害児を対象にしたプログラム。トリプルPの基本を踏まえて，発達障害児が起こしやすい行動に焦点を合わせて対処スキルを学び，家庭で親が実施する。

薬物療法	中枢刺激薬による薬物治療	1937年, Bradley, C. が行動コントロールに刺激薬が有効であることを発見。	ADHD児者	ADHD児の注意問題の改善	メチルフェニデート塩酸塩徐放錠（商品名：コンサータ）を朝1回服用。
	非刺激薬による薬物治療	米国 Eli Lilly and Company により開発。2002年に米国で承認取得。	ADHD児者	ADHD児の注意問題の改善	アトモキセチン塩酸塩（商品名：ストラテラ）を朝夕2回服用。

一方，発達論的アプローチには DIR/Floortime モデルと対人関係発達指導法（RDI）が挙げられる。これらは ASD の療育として紹介したものと基本的に同じである（第2章参照）。どちらも最初は，ASD のための療育法として開発されたが，ADHD に対しても有効なことがわかり，ADHD にも適用されている。これらの療育法は，現在我が国ではあまり普及しておらず，一部のクリニックなどで実施されるに留まっている。

教室における教育的介入としては，幼稚園や学校で様々な方法で支援が行われている。ADHD は，発達早期に発症し，幼少より症状が認められているものの，落ち着いて課題に取り組むことが求められる幼稚園や学校で ADHD の症状が顕在化し問題化することが多い。その対応として，幼稚園や学校において教室での ADHD 児の行動管理を行う毎日の連絡カード（Daily Report Card：DRC）や Making Socially Accepting Inclusive Classrooms（MOSAIC）が行われている。また，日常的に ADHD 児への対応を配慮する物理的環境調整支援や人的支援を行うことが効果的である。

（3）心理社会的介入

一般的に心理社会的介入の方法には，当事者の力量を高める方向と環境側に働きかける方向がある。表2C では心理社会的介入の方法としてペアレントトレーニングとステッピングストーンズ・トリプルPを挙げているが，いずれも ADHD 児の親に対して実施し，親の子育ての力量を高めていくことを目的としている。ペアレントトレーニングは元来 ADHD のために開発されたプログラムであり，ステッピングストーンズ・トリプルPは，トリプルPプログラムの中でも，対象を ASD や ADHD などの発達障害に特化したものである（第5章参照）。ADHD のペアレントトレーニングは，親への心理教育として我が国において最も普及しているプログラムであり，ADHD の関連症状や反抗的攻撃的行動の軽減に効果があることが認められている。行動技法などを用いて，親が子どもの行動への対応の仕方を学んでいくものであり，親はそれにより子育てに自信をもち，子どもは親から適切な対応をされることにより自尊心や自己信頼感を高めていくことを目指している。

このように ADHD 幼児の場合は，子ども自身に教育・療育的介入をしていくだけでなく，親に対して心理社会的介入をしていくことが大変有効である。

参考となるリソース

ADHD の診断・治療方針に関する研究会 齊藤万比古，渡部京太（編）（2008）．注意欠如・多動性障害—ADHD—の診断・治療ガイドライン第3版　じほう

Greenspan, S. I., & Greenspan, J. (2009). *Overcoming ADHD: Helping Your Child Become Calm, Engaged and Focused-Without a Pill.* Boston,: Da Capo Lifelong Books.
(グリーンスパン，S. I.・グリーンスパン，J. 広瀬宏之（監訳）(2011). ADHD の子どもを育む：DIR モデルにもとづいた関わり　創元社)

独立行政法人国立特殊教育総合研究所（2004）．注意欠陥／多動性障害（ADHD）児の評価方法に関する研究　一般研究報告書

文部科学省（2004）．小・中学校における LD（学習障害），ADHD（注意欠陥／多動性障害），高機能自閉症の児童生徒への教育的支援体制の整備のためのガイドライン（私案）

小野次朗・小枝達也（編）(2011)．別冊発達 31：ADHD の理解と援助　ミネルヴァ書房

小貫悟・三和彩・名越斉子（2004）．LD・ADHD へのソーシャルスキルトレーニング　日本文化科学社

尾崎康子・小林真・水内豊和・阿部美穂子（2010）．幼児用発達障害スクリーニング尺度の検討　相模女子大学紀要，社会系 **74**, 79-88.

Rickel, A. U., & Brown, R. T. (2006). *Attention-Deficit/Hyperactivity Disorder in Children and Adults.* Boston,: Hogrefe & Huber Publishers.
(リッケル，A. U.・ブラウン，R. T.　松見淳子（監訳）(2014). ADHD　金剛出版)

特別支援教育の在り方に関する調査研究協力会議（2003）．今後の特別支援教育の在り方について（最終報告）

中央教育審議会初等中等教育分科会特別支援教育特別委員会（2005）．特別支援教育を推進するための制度の在り方について（答申）

　　　　　　　　　　　　　　　　　　　　　　　　　　　　　　　　　　　（尾崎康子）

4　ADHD 児への療育・治療法

　表 2C において，基本的な内容が説明されている。以下では，その中の主要な療育・治療を取り上げて，詳細に説明していく。

　　1) 教育・療育的介入
　　2) 心理社会的介入
　　3) 薬物療法

第4章 注意欠如・多動性障害（ADHD）の療育・治療

1）教育・療育的介入

1 教育・療育的介入の必要性と目的

　ADHDとは，年齢不相応なほどの多動・衝動性，不注意を主訴とする行動上の障害である。特に幼児期は，その特徴が顕著に現われ，子どもの力だけではコントロールが難しい。

　多動・衝動性が激しい場合，一定時間座っていられず課題や行事に参加できなかったり，やり始めたことを最後までやり遂げられず，学習やスキル，生活習慣，マナーといったものが身に付きにくい。目についたものにとっさに反応して手を出す，飛び出しをする，大きな声で不規則発言をする，といった場合，危険な事態やトラブルに陥ってしまうこともあるだろう。一方，不注意な子どもは聞いているようで指示が耳に届いていないことが多いため，行動がワンテンポ，ツーテンポ遅れ，叱られることも少なくない。

　このようなことが毎日繰り返されると，学習や好ましい対人関係をもつ機会を失ったり，叱られ続けることによって周囲との関係は悪化し，「自分はできる」といった適切な自己有能感や「自分は大切な存在である」と感じられるような自尊心を失ってしまうことが危惧される。それらを防ぎ，子どもたちの健やかな成長を支えていくためには，家庭や医療機関だけでなく，ADHD児が生活の多くの時間を過ごす教育・保育・療育場面においても児を適切に支援していくことが求められる。

2 教育・療育的介入の方法

　過去40年間にわたるADHD児への教育的支援に関する研究の結果，「教室における行動管理」が有効であることが明らかとなっている（Fabiano, G. A., 1998；Fabiano；G. A., 2008；Antshel & Barkley, 2011；Evans, E. W., 2014）。

　行動管理を目的とした支援策としては，「毎日の連絡カード（Daily Report Card；DRC）」（Fabiano, 2010）や同胞関係の改善を目的とした介入プログラム「Making Socially Accepting Inclusive Classrooms；MOSAIC」（Mikami, 2012）が有効との報告がある一方，子どもの行動を管理するためには通常の自然な環境下での日常的な関わり方や教師と生徒の行動を検討する視点の導入（Evans, E. W., 2014），教師へのコンサルテーションの必要性も挙げられている（Fabiano, 2010）。

　近年，幼稚園に通う3～6歳児の担任を対象とした3ヵ月間の行動修正プログラム（PEP-TE）が子どもの外向的問題行動，並びに教師の行動と心理的負担の改善に有効との報告がされている（Plueck,L., 2014）。しかし教育・療育場面での検証については小

学生，あるいはそれ以上の年代を対象とするものがほとんどであり，就学前児を対象とした教育・療育プログラムについてはほとんど見当たらない，というのが現状である。

これらのことを踏まえると，就学前のADHD児に対しては，落ち着いて日常を過ごしたり，活動に参加したりできるような「物理的環境調整」や一人ひとりのADHD児に合った課題設定や適切な日々の声掛けや関わりといった周囲の大人による「課題の工夫と介入」，そして様々な場面で一貫した対応を心掛けるための「保護者との連携」，保育士・教員を支えるための「専門機関との連携」が重要であると考えられる。

3 支援策を検討する際のポイント

「十人十色」とはよく言われるが，ADHD児の示す症状特徴や程度は一人ひとり異なっており，成長や状況によっても大きな差が見られる。そのためADHDは「個人差」「個人内差」が大きい障害と言われている。また知的な発達水準や認知的特徴，学習の積み重ねの程度や社会性，運動能力，性格，家庭環境なども子ども一人ひとり異なっている。

よってADHD児の支援を考える際には，今，目の前にいるADHDをもっている子どもが「何に」「どのように反応するのか？」，「どういった環境・状況なら落ち着いていられるのか？」，「得意なこと，好きなことは？」「苦手なこと，嫌なことは？」「本人はなにに困っているのか？」といった具体的な特徴，状態像，得手不得手，好き嫌い，本人の困り感，といったものを把握し，その都度，適切な対応策を検討していくことが求められる。

4 物理的環境調整

(1) 刺激を減らす・整理整頓しておく

雑然とした部屋や騒がしい環境はADHD児にとって大きな刺激となり，混乱を招く要因にもなりかねない。まずは安全確保を心掛け，使用しないものは片付ける，子どもに不要な刺激を与えるようなもの（玩具や本，作品，動植物，ベビーコット等）は部屋の後方か廊下に配置する，あるいは目につかないよう扉のある棚にしまうかカバーをかける，音のするもの（秒針の音が鳴り響く時計や風鈴等）は部屋に置かない，あるいは音がしないよう課題中は止めたり取り外す，といった配慮が必要だろう。

部屋の中で一番散らかっている場所が「大人の机の上」ということは少なくない。魅力的な教材や連絡帳の山が気になって課題に集中できないということがないよう，必要に応じて机の下や箱の中に片付ける，カバーを掛けたりパーテーションやロールスクリーンなどで隠す，といった対応を図りたい。

ADHD児が何かを取りに行く途中，目的とは違ったものに注意が奪われ，肝心の行動をやり遂げられないといったことはしばしばである。彼らにとって日常生活は「障害物競争」なのかもしれない。必要な教材や道具は活動の前にすべて準備しておく，目的

の物がすぐ見つけられるようあらかじめ所在を明確にし，数の補充をしておく，棚や箱の中に収められているものが一目で分かるよう写真を貼っておく，といったことは有効だろう．保管場所が明確で，整理整頓され，管理されていることは ADHD 児が余計な刺激に遭遇しないための重要なポイントなのである．

（2）座席配置

ADHD 児にとって，他の子どもの存在はそれ自体が大きな刺激となりうる．家庭では落ち着いている子どもが園に来た途端，興奮して動きが激しくなるのは，たくさんの友達や先生，魅力的な遊具，楽しい活動，広い開放的な場所のいずれか，あるいはそのうちのいくつかが原因となっていることが少なくない．

子どもに不要な刺激を与えないために，座席は教室の前方，可能であれば先生の立ち位置の近くに配置し，頻繁に大人が声をかけたり，合図を送れる状態であることが望ましい．

ADHD 児やその他の発達障害をもつ子どもがクラスに複数いることは珍しくない．可能な限りそれらの子どもの席は離し，互いに視界に入らぬよう配置したい．対象となる子どもと相性が良く（決して「大好き」「仲良し」「楽しい」という意味ではない），不要な刺激にならず，見本となるような子どもを隣に配置できると，なお望ましいだろう．注意が逸れ，何をすべきかわからなくなった時，その子が助けてくれるかもしれないし，隣の子どものやっていることを見て ADHD 児が自ら課題に戻れるかもしれない．

離席して，他の子どもにちょっかいを出しトラブルになるような場合，離席しやすい子どもをより大人近くの「特別席」に配置するのも 1 つの方法である．それでも問題が続くようであれば職員間で協議し，ADHD 児本人や他児の安全確保と学習・保育を補償するために介助スタッフをつけるといったことも検討したい．

（3）明確な境界

机が隣り合わせに接している時や境界が明確でない大テーブルを複数の子どもが使用している時，ADHD 児が他の子どもの空間に侵入してトラブルになることがある．そのような場合は，机と机の間隔をあけたり，各自の使用スペースが明確になるようビニールテープなどで境界線を引く，個別のテーブルマットを敷き使用範囲を明示する，といった配慮が必要だろう．

「工作をする机」「本を読むコーナー」「勉強をする部屋」「靴を脱ぐスペース」など，場所ごとに活動内容を決め，文字や写真，マークなどのカードを貼り，視覚的に明示することでスムーズに適切な行動をとれる場合がある．パーテーションやマット，椅子や机を用いて物理的境界を設ける，といった工夫も有効だろう．

図表 4-6　効果的な指示の出し方

- 子どもに近づいて
- 名前を呼んで，注意を引いてから
- 視線を合わせて（子どもの視線の高さに合わせて，少し屈むとより効果的）
- 背中や腕などにそっと触れると意識がこちらに向きやすい（身体に触られることが苦手な子どもには要注意）
- 穏やかな口調，表情で
- 具体的な行動を
- 短く，簡潔明瞭に
- 1度に伝える指示は1つだけ
- 子どもが従ったら，あるいは従おうとしたらすかさず「ほめる」

5　課題の工夫と介入

（1）効果的な指示の出し方

　何かに夢中になっていたり，注意が散漫な時は，声を掛けられても指示が耳に届きにくいものである。大声で叱るように指示を出せば反応するかもしれないが，そのうち慣れてしまい，さらに大きな声を出したり，怒鳴らないと指示に従えなくなってしまうかもしれない。

　子どもに伝わりやすく，大人も疲れない，穏やかで効果的な指示のコツを身に付けたい（図表4-6）。まずは子どもの名前を呼び，注意を引いてから指示を出す。子どもに近づき，少し屈んで子どもの目の高さに目線を合わせ，落ち着いて，声のトーンを抑えて穏やかに声を掛けることが大切である。視線を合わせることで，指示が子どもに伝わっているかどうかを実感しやすく，また指示された子どもの気持ちも同時に伝わってくるため，その後の対応も取りやすくなる。

　一度にいくつもの指示は出さず，子どものワーキングメモリーや能力を考慮し，可能な限り1回につき1つずつ指示を出す。漠然と「きちんとしなさい」といわれても「何」を「どうしたら」よいかわからず，すぐに行動に移せない子どもも少なくない。「椅子に座ろうね」「先生のオメメ見て」など具体的な行動で指示を伝えよう。
「片付け」「着替え」のように多くの動作を伴う一連の行動は，「電車を青い箱に入れようね」「お靴を脱ごうね」「次は，Tシャツ着るよ」とより細かい行動に分解し，一つひとつ指示を出していこう。子どもは求められていることが理解しやすくなり，指示に従った行動を取りやすくなる。

　最終的に子どもが指示に従ったら「ほめる」，これがとても重要である。子どもはほめられるとうれしくなり，再びその行動を繰り返すだろう。そして頻繁にほめられることで「自分はできる」と自信をもち，自分を認め，ほめてくれる大人の指示にさらに協力的になっていくだろう。

（2）課題の内容・量・時間・テンポに配慮する

　ADHD児の中には，「間があく」「暇な時間がある」と感じた途端，注意が他に移っ

たり，イライラしたり，反応を求めて大声を出してしまう子どもがいる。テンポの良い，刺激的で楽しい活動はADHD児の参加意欲や注意集中力を高め，課題参加を助けてくれるに違いない。また対象児が好きな話題や活動，キャラクター，色，役割等を取り入れることもADHD児の注意集中を維持する上で非常に有効だろう。

　苦手な課題が続けばだれでも注意は逸れやすくなる。ADHD児なら尚のことだろう。別のことを始めたり，席を立って他の子どもにちょっかいを出す，イライラしてトラブルを起こすなど問題行動が始まってしまうことは想像に難くない。一方，課題が「簡単すぎてやり応えがない」「すぐにできてしまい手持ち無沙汰」といった状況も同様な事態を引き起こす可能性がある。

　「スムーズに事が進まない」「難しい」「面白くない」「めんどくさい」「やりごたえがなく興味がもてない」「暇」と感じさせないよう，子どもの知的な発達水準や認知的特徴，得手不得手，関心の有無，体調，気分などを考慮に入れながら，課題の内容（興味を引きつける課題とあまり興味のもてない課題，動きのある課題と少ない課題，一人活動と協同活動など）や量，取り組み時間，課題の展開を工夫し，授業や活動に変化をもたせていくことがADHD児の集中を維持し，クラス運営をスムーズにしていく鍵だろう。

　一旦，集中が切れるとクラス全体に影響を及ぼしやすいADHD児を常に目の端に捉え，授業や保育を進めることも重要である。その子どもの状態を観察しながら，注意が切れる前に課題や活動を変える，ストレッチなどの休憩を入れる，時には何か役割や係りを与え，子どもの息抜きや動きたい欲求を満たす，といった配慮は，ADHD児の行動管理をする上で非常に効果的である。またそのような変化に富んだ課題展開は当然，定型発達児の注意集中をも促すため，結果としてクラス運営にも非常に良い影響をもたらすようである。

（3）規則や手順，予定を明確に（視覚支援を用いる）

　刺激や変化を好む子どもが多い反面，それらに過剰に反応し，落ち着いて課題に取り組めなくなってしまう子どももいる。また一旦注意が逸れ，授業や保育の流れから離れてしまうと，気付いた時にはどうしたら良いかわからなくなってしまう子どもも少なくない。

　可能な限り課題の流れや板書方法は同じパターンで進めることが望ましい。その時間にやるべきこと，予定，規則などを明確にし，大切なことを表やポスターにして視覚的に明示しておくことも有効である（例；時間割，やるべき行動内容ややり方を写真や表で示したもの，「声のものさし」（**図表4-7**）など）。大人はそれらを指し示すだけで，指示をことばに出して繰り返し伝える必要がなくなるため，不要な興奮を抑え，子どもが流れに戻ったり，ルールを思い出すことを助けてくれる。また刺激に弱いADHD児は，日常生活の中で掲示物から規則などを思いのほか取り込み，身につけていることも少なくないようである。

図表 4-7　声のものさし

（4）肯定的な注目を与える（ほめる）

　ADHD児はその障害特徴から叱られたり，トラブルを経験することもしばしばである。一見して障害があることがわかりにくいため，年齢相応にできていてもほめられるどころか，むしろ「できて当たり前」「できる時があるのだから，今やらないのは怠けている」と誤解され，不当な要求をされたり，過剰に叱責されることも少なくない。

　「否定的なコメントの5倍はほめよう」（CHADD）と言われている。好ましい行動が見られたら即座に「肯定的注目を与える（ほめる）」ことを心掛けたい。その際，同じ年代の子どもと比較せず，その子どもの中で「頑張っていること」「できている行動」，年齢的に見れば当たり前かもしれないが「やめて欲しくない，続けて欲しい行動」，あるいは「不適切な行動をしていない時」を捉え，ほめることが重要である。

　また人を傷つけたり，物を壊すような危険な行動でなければ，好ましくない行動には反応せず，「聞き流す」「見逃す」ことも重要である。

　多少のことは見逃してくれ，彼らなりに頑張っていることをほめられるとADHD児は「うれしい」「見てくれている」「認められている」と感じるようになるだろう。そういったことが積み重なっていくことで，「できないことや苦手なことはあるけれど，それなりにできることもある，認めてくれる人もいる」といった適切な自己有能感や自尊心を育んでいくことにつながっていくのである。そしてほめてくれる，認めてくれる人との関係は良くなり，その他の場面でも協力的になっていくものである。

　ADHD児への療育法としては，行動理論に基づいて，「注目」の力を戦略的に用いるペアレント・トレーニング・プログラム（以下，PT）が薬物療法と並んで有効とされ（Barkley, R. A., 1987），我が国のADHD診断治療のガイドライン（上林ほか，2003；齋藤ほか，2006）でも推奨されている。また「PTのテクニックは教室でも有効」（CHADD）とされ，近年，ティーチャーズ・トレーニング・プログラム（以下，TTP）としてその実践報告が積み重ねられている（岩坂ほか，2005；河内ほか，2013，2014）。

　ある保育園では，園を挙げTTPに取り組んだ結果，ADHD児だけでなく，他の子

どもの好ましい行動も増えたため，クラス運営が非常に楽になったとの報告がされている。また保育士に「ほめる」視点が身に付くと，その視点をもって保護者にも接するため，保護者との関係が良くなり，家庭との連携がより進んだという話もしばしば耳にする。PT のテクニックは特定の ADHD 児だけでなくクラスや園全体，ひいては保護者との関係にも良い影響を与える可能性を秘めているようだ。

（5）行動チャート

行動チャートとは，目標行動を設定し，子どもが達成できたらシールを貼ったり，花丸を書き入れほめる表である。子どもがやるべき行動を明確にし，楽しく目標に向かって励む助けとなるだろう。

目標行動には子どもができない行動だけを選ぶのではなく，少し頑張ればできる行動や努力しなくてもすでにできている行動も混ぜておくことが成功の鍵である。子どもに「できないことをやらせる表」ではなく，あくまでも「ほめるための表」であることを忘れないでおきたい。

個別のチャートを作成できると望ましいが，集団規模によっては難しい場合もある。その場合，班やクラス全体のチャートを作成し，目標行動の内容に配慮することで実施することも可能だろう。

（6）忘れ物，足りないものがないように

「忘れ物をしたため課題に参加できず，機嫌が悪くなる」「消しゴムを無くして友達のものを取ってケンカになる」といったトラブルをよく耳にする。楽しみにしていたことに参加できない，思っていたようにできない，あるはずのものがすぐに手に入らない，といったことは ADHD 児の情緒を不安定にし，衝動的な行動をとらせてしまう要因の一つだろう。家庭と連絡を取り合い，忘れ物や不足なものがないようにすると同時に，園でも予備のものを準備するなど不測の事態に備えたい。

（7）子どもが興奮してしまったら

やりたいことを止められた，思ったようにできない，叱られた，などといったことをきっかけに ADHD 児が興奮し，指示に従えなくなってしまうことがある。そうした際は叱らず，子どもが落ち着くのを待ってから対応するよう心掛けたい。「なぜそうしたのか」というよりも「何がしたかったのか」を尋ね，まずは子どもの気持ちを受け止めよう。その上で，どうすべきだったのかを具体的に行動レベルで伝え，可能であればその場で練習できると学びの良い機会になるだろう。

6　保護者との連携

（1）保護者への連絡

保護者に連絡を取るのは ADHD 児が何か問題を起こした時だけ，ということはない

だろうか。集団の中でトラブルや問題行動が増えると，「状況を保護者に伝え，家庭でも注意して，早く改善してもらいたい」と願う先生・保育士は少なくない。しかし保護者が注意すればその問題行動はなくなるだろうか。どうすべきかはわかっていてもつい衝動的な行動をとってしまうのが ADHD 児の特徴である。むしろ園のみならず，家庭でも叱られ，子どもは自信を失い，大人との関係が悪くなってしまう，といった事態に陥りかねない。また頻繁にネガティブな連絡が繰り返されると，保護者の子どもに対する否定的な感情が湧き起こり，親子関係が悪くなったり，園や先生・保育士に対する拒否感が生れ，連携がうまく取れなくなることも危惧される。

　本来の連携とは，子どもが園で穏やかに日常を過ごし，健やかに成長していけるよう，園と保護者が連絡を取り合い，児の特徴や状況，目標を共有し，家庭と園がそれぞれの役割を果たしていくことではないだろうか。そのためには何か問題があった時だけ連絡をするのではなく，日頃から子どものうまくできていることや頑張っていることを伝え，現状（困難な点だけでなく良い点も）を共有し，保護者の苦労をねぎらう，といった日々のコミュニケーションが欠かせない。その上で，家庭には家庭にしかできないこと，たとえば「生活管理」や「物の管理」，そして毎朝，「ほめて」明るく家を送り出してもらう，といった子どもの「情緒的サポート」をお願いしたいものである。

（2）「連絡シート」

　「連絡シート」とは，子どもが園で頑張っていることを保護者に伝え，家庭でもほめてもらうためのシートである。先生と保護者は児の現状を共有しながら，目標を設定する。そして園で子どもができた行動に先生がシールや○を付け，受け取った保護者が先生のポジティブな評価を子どもに伝え，子どもの頑張りを家庭でもほめてもらう。

　シートを実践し「目標行動ができた」というポジティブな評価を家庭に伝えることで，子どもは園だけでなく家庭でもほめられ，より頑張ろうという意欲が高まるだろう。そして保護者は子どもの頑張りや先生のポジティブなまなざしを実感することができるため，園と家庭のより良い連携につながっていくことが期待できる。

7　専門機関との連携

　近年，ADHD 児をはじめ，発達障害をもつ子どもへの対応に関する研修を受講したり，実際に関わる経験を通して，環境調整や介入スキルに長けた先生が増えてきている。しかし得られた知識と目の前の子どもの実態がうまくつながらず，どう対処してよいか悪戦苦闘している人も少なくない。上手くいかない経験が続けば，先生も疲弊してしまい，ADHD 児にネガティブな感情を抱いてしまうことにつながりかねない。

　先生や園を支えることは，同時に，ADHD 児が適切な支援を継続的に受けられることにつながり，非常に重要なことである。専門家による一般的な ADHD に関する研修会はもちろん，具体的な事例を共有できるような定期的な巡回や相談システムの構築が望まれる。

第4章 注意欠如・多動性障害（ADHD）の療育・治療

参考となるリソース

Antshel, K. M., & Barkley, R. (2011). Overview and historical back-ground of attention deficit hyperactivity disorder. In S. W. Evans & B. Hoza (Eds.). *Treating attention-deficit=hyperactivity disorder : Assessment and intervention in developmental context*, (pp. 1-1 to 1-30). New York,: Civic Research Institute.

Antshel K. M., & Barkley R. (2008). Psychosocial interventions in attention deficit hyperactivity disorder, *Child Adolesc Psychiatric Clinics in North America*, Apr., **17**(2), 421-437.

Barkley R. A. (1987). *Defiant Children, A clinician's manual for parent training*. New York : Guilford Press.

C.H.A.D.D. : http:www.chadd.com

Evans S. W., Owens J. S., & Bunford N. (2014). Evidence-based psychosocial treatments for children and adolescents with attention-deficit/hyperactivity disorder. *Journal of Clinical Child & Adolescent Psychology*, **43**(4), 527-551.

Mikami, A. Y., Griggs, M. S., Lerner, M. D., Emeh, C. C., Reuland, M. M., Jack, A., & Anthony, M. R. (2012). A randomized trial of a classroom intervention to increase peers' social inclusion of children with attention-deficit=hyperactivity disorder. *Journal of Consulting and Clinical Psychology*, **81**, 100-112.

Pelham, W. E., Wheeler, T., & Chronis, A. (1998). Empirically supported psychosocial treatments for attention deficit hyperactivity disorder. *Journal of Clinical Child Psychology*, **27**, 190-205.

Pelham, W. E., & Fabiano, G. A. (2008). Evidence-based psychosocial treatments for attention-deficit =hyperactivity disorder. *Journal of Clinical Child and Adolescent Psychology*, **37**, 184-214.

Plueck. J., Eichelberger. I., Hautmann. C., Hanisch. C., Jaenen. N., & Doepfner. M. (2014), Effectiveness of a Teacher-Based Indicated Prevention Program for Preschool Children with Externalizing Problem Behavior. *Prevention Science*, **22** April.

岩坂英巳・久松節子・藤原壽子（2005）．学校現場におけるペアレント・トレーニング教師版の試み―特別なニーズのある子どもへの対応として―　奈良教育大学教育学部付属教育実践総合センター研究紀要，**14**，141-145.

河内美恵・上林靖子（2013）．ペアレント・トレーニングの保育・教育への応用―ティーチャーズ・トレーニング・プログラムの開発―　第53回日本児童青年精神医学会総会抄録集，449.

河内美恵・楠田絵美・福田英子・吉岡沢栄・佐久間祐衣・上林靖子（2014）．ペアレント・トレーニングの保育・教育への応用Ⅱ―ティーチャーズ・トレーニング・プログラムの実践報告―　第54回日本児童青年精神医学会総会抄録集，233.

上林靖子・齋藤万比古・北道子（編）（2003）．注意欠陥／多動性障害-AD/HD-の診断・治療ガイドライン　じほう

齋藤万比古・渡部京太（編）（2006）．注意欠陥／多動性障害-AD/HD-の診断・治療ガイドライン改訂版　じほう

齋藤万比古・市川宏伸・本城秀次（監修），岩坂英巳（編著）（2014），子どものこころの発達を知るシリーズ④ ADHD の子どもたち　合同出版

〈河内美恵〉

2）心理社会的介入

1 はじめに

　EU（欧州連合）諸国の児童青年精神医学会の指針ではADHDの治療と支援について「まず心理社会的な取り組みから開始すべき」とされており，6歳未満の年代では基本的に心理社会的介入を選択すべきと述べられている。また，英国 National Institute for Health and Clinical Excellence（NICE）のADHDの診断・治療ガイドラインにおいても，就学前のADHDの子どものファーストラインの治療として薬物療法を推奨せず，専門家はまず，親や養育者にペアレントトレーニングまたは親教育プログラムを紹介すべきとしている。我が国のADHDの診断・治療のガイドラインにおいても，心理社会的な支援を優先とする方針は変わらない。

　ADHDの衝動統制の問題と実行機能の不全は，幼児の日常生活のあらゆる面に影響を与える。ひとときも目を離せないほどの多動は安全面での心配に親を疲弊させ，次々と移り変わる注意は，親が食事や着替え，排泄や衛生など毎日の生活をスムーズにこなすことを難しくさせる。なにより，幼児期早期より落ち着きがないために，親子の愛着関係を築きにくいという問題がある。

　入園するころになると，親は他の子どもの発達との違いを目の当たりにする。他児とのトラブルや園での逸脱行動について周りから苦情を言われ，「愛情が足りない」，「子どもはみんな同じようなもの」といった心ない批判やアドバイスに悩まされることとなる。親は自分のしつけが間違っていたのではないか失望し，恥ずかしく感じ，怒り，抑うつ的になることが少なくない。なんとか子どもを直そうと焦るが，一般的な子育てのやり方では上手くいかないため，怒りが子どもに向かい叱責と罰が繰り返される負のスパイラルに陥る場合がある。

　ADHDの治療の目標は，ADHDの特徴による負の影響を最小限にし，子どもの自尊心を育むことである。家庭で過ごす時間が生活のほとんどであるADHDの幼児が育つのには，親が重要な役割を果たす。親がADHDの子どもを温かみのある関係をもちながら育てていくためには，ADHDの特徴と行動について理解したうえで，子どもの成長によい影響を与える方法や関わり方を学ぶことが不可欠だといえよう。

　本稿では親への心理教育と環境調整，行動療法の考えに基づく行動管理の方法と肯定的な注目により親子間の関わりを改善することを学ぶペアレントトレーニング・プログラムについて触れる。

2　親への心理教育

子どもが ADHD であると診断されたとき，親が知るべき情報には次のようなものがある。

① ADHD の特徴（症状）の理解

　落ち着きがなく動き回ることや，叱られても繰り返す行動，やるべき事を最後まで遂行できないという問題は，ADHD の神経学的な特徴に起因している。行動を症状と結び付けて理解する。併存障害についても理解する。

② 二次障害のリスクについて

　親子の関わりは「叱責→罰→反抗」という悪循環に陥りやすく，親子ともに自尊心を育みにくいことが問題となる。ADHD は学習困難や仲間関係の失敗にもつながりやすい。診断の遅れや対応されずに放置されることは二次的な精神症状や社会的問題のリスクを高める。

③ 経過と予後

　成長後の状態像，将来の見通し。子どもの特徴に合った養育の必要性。

④ 行動療法の知識

　行動分析・行動修正理論に基づいた行動管理の方法。

⑤ 子どものポジティブな側面

　ADHD の好ましい側面（よく気がつく，創造的である，活き活きとしているなど）。子ども個人の長所（個別のアセスメントを通じて得られた子どもの能力，性格）。

ADHD に関する知識・情報は，書籍をはじめ医療機関，当事者団体，教育関係，製薬会社のホームページなど様々な機関や媒体を通じて得ることができる。しかし，子ども一人ひとりの違いや個々の問題への対応については，専門家が個別の発達検査や行動観察，子どもの興味関心の聴取など幅広いアセスメントを行い，情報を親にフィードバックすることが必要である。

3　日常生活における環境調整

ADHD の性質に合った環境とは，子どもから見て「いつ」，「どこで」，「何を」，「どのようにすればよいのか」が明らかであり，かつ，一度に行う課題や作業の量が子どもにとってやり遂げられる小さなサイズに調整されている環境である。しかしながら，物理的な環境を整えるだけで十分であるとはいえない。子どもの注意を促すための声かけやモチベーションへの働きかけといった大人の関わりは，ADHD をもつ子どもが育つ環境の中に欠かせない要素である。幼児の日常生活に関連する環境調整について，いくつかの例を紹介する。

ADHD には刺激に注意を奪われやすい特徴があることから，寝室，食事の場所は刺激を減らしたシンプルな空間がよいといえる。落ち着いて座れるよう，ひじ掛けのつい

た椅子や，回転しないタイプの椅子を選ぶのもよい。子どもに触ってほしくないものは目につかないように仕舞っておく。多動の激しい子どもの「家具に上って飛び降りる」といった行動は，親が何度禁止しても（あるいは年齢が上がっても）繰り返されるかもしれない。安全面には配慮が必要だが，自由に体を動かすことができる空間は確保してやりたい。

　食事，片付け，睡眠などの時間や順序は日頃から「家の決まり（ルール）」として具体的に定めておくことが，ルーティンを構築し，子どもの行動を切り替えることに役立つ。決まりがあるうえで「6時になったらおもちゃを仕舞う」，「8時は寝る時間だよ」と言われる方が，「もう片付けて」，「遅いから寝なさい」と突然言われるよりも子どもは納得できる。帽子やかばんの置き場も決めておく。なお，片付けを指示するときは「積木を箱に入れよう」と具体的に指示をする。

　簡単なスケジュールや，手順，完成図を絵や写真で視覚的に示すことは役に立つが，ADHDの子どもは見ることを忘れてしまうため，それを見たり思いだしたりするための合図や声かけが必要であるかもしれない。

　ADHDの子どもは集中時間が短く，一度に処理できる量が小さい。「完了できる課題（作業）の量」を心がけることは様々な面で有効である。玩具は数量を限定したり，出してもよい場所（例えばマットの上）を明確にしたりすることで片付けの時間が短くなることもある。

　親が望む行動を子どもが完全にはできないとしても，ほめられる機会を増やし，子どもが「できた」，「約束（ルール）を守った」と感じられるようにすることは，好ましい行動と社会的な行動を促進していくことにつながる。途中で行動が逸脱する場合にも，最初と最後は上手くやれるよう働きかけるとよい。例えば，食事の時間に子どもに座っていて欲しいと考える親は多いが，ADHDの子どもが食事中立ち歩いてしまう場合にも，食事の最初と最後に「いただきます」，「ごちそうさま」の挨拶を座って言わせて，ほめるといったことはできる。

　子どもが自分の力でやり遂げたときには大いにほめたいところである。しかし，常に上手くやれるわけではないと認識することも必要である。楽しみやごほうびは，ADHDの子どもが活動する動機づけとして有効に働く。子どもの理解力に応じてトークンシステムやポイントシステムを導入するのもよい。子どもの年齢が低い場合，ごほうびやフィードバックは即座に与えられる方が効果的である。

　外出時には「親と手をつなぐ」，「おもちゃは買わない」といった約束事や，「家に帰ったらおやつ」といった見通し（できれば楽しみになること）を事前に伝え，外出先でもときどき思い出させるために確認する。道路へ出るとき，広い場所へ入る際には直前の声かけ（約束事の確認）をして安全な行動を促す。子どもが上手くやれているのを見計らい，頻繁にほめることが大切である。

4　ペアレントトレーニング（Parent Behavior Training：PBT）

　言うことを聞かない，反抗的，攻撃的な行動を減らすための親用のトレーニングマニュアルはADHDの特徴をもつ子どもにも用いられてきた。バークレー（Barkley, R. A.）のDefiant Childrenをはじめ，パターソン（Patterson, G. P.）のParent Management Training-Oregon Model（PMTO），フォアハンドとマクマホン（Forehand and McMahon, 1981）のHelping Non Compliance Children（HNC）などがよく知られる。これらはすべて，ステップバイステップ法に従って，親の指示や家族のルールを守れるように子どもをしつけるスキルを改善するものである。

　6歳未満の破壊的行動の子ども（ADHDを含む）への治療としては，親の行動介入の効果が認められている。6歳までの子どもの親を対象とし，統計的に有効性が認められたParent Behavior Training（PBT）のプログラムとして，Triple P（Positive Parenting of Preschoolers Program），Incredible Years Parenting Program, Parent-Child Interaction Therapy（P-C-I-T），そしてNew Forest Parenting Program（NFPP）が挙げられる。これらのプログラムの共通点は，罰ではなく強化子を用いたより効果的なしつけの方法で子どもの問題行動を管理することと，ポジティブで思いやりのある親子の関わりを促進することである。結果として，子どもの「行動」を改善させ，親の養育スキルを高める。それぞれのプログラムは子どもの行動の問題とよくある発達の心配に関する教育的な要素も含まれ，親の努力を支えている。

　New Forest Parenting Program（NFPP）はとりわけADHDに焦点化したプログラムである。1990年代にイギリスでトンプソン（Thompson, M.）らによって開発された。NFPPはADHDの神経科学的な特徴と，子どもの発達，社会学習理論，行動理論，認知行動理論に基づいている。対象はADHDと診断された，あるいは診断過程にある2歳〜9歳の子どもの親であり，ADHDの特徴を学び，注意（attention）と自己調整（self-regulation）に焦点を当て，親が子どもの自己調整のトレーナーになることを目指している。NFPPは1セッション2時間，8週間のHome Basedのプログラムであり，プログラム実施者による家庭訪問の際には親子の関わりの直接観察が組み込まれている。プログラムの概要は次の通りである。

　最初のセッションで親はADHDの特徴について説明を受ける。それから，子どもの行動や注意を管理するために，簡単なほめ方やアイコンタクトの使い方を学ぶ。

　2週目には1週間の日誌を振り返り，子どもの行動について話し合う。親はルーティンを作ることと，わかりやすいメッセージで制限を設け，対立を避けることを学び実践していく。プログラムの前半（4週）までに，さらにしっかりとした制限でかんしゃくや難しい行動に対応することと，タイムアウトを学ぶ。

　プログラムの後半には，親子の相互作用をプログラム実施者が観察し，フィードバックを行う。それまでに使わなかった行動管理の方法は，最終セッションで取り扱うことになっている。

図表4-8 親子の悪循環

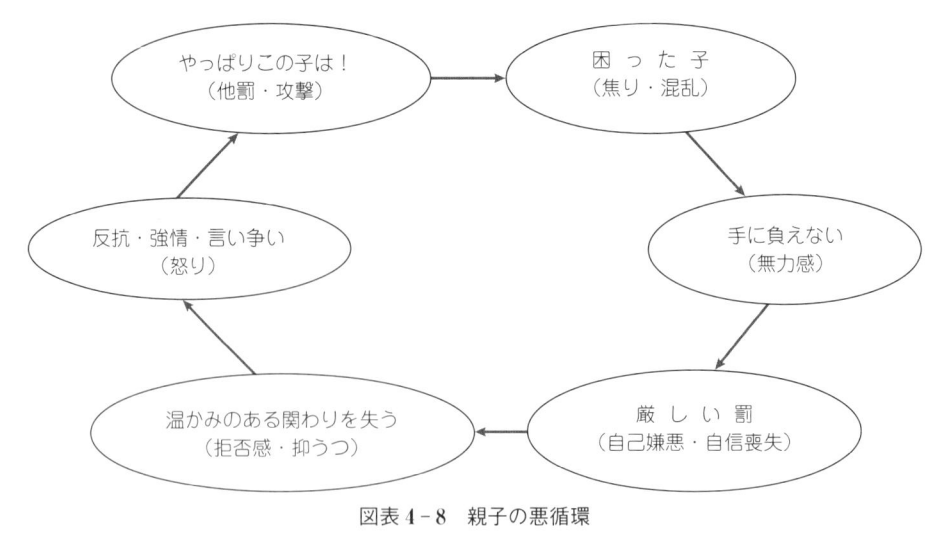

(出所) 上林（2009）より．

5 日本で行われている ADHD のペアレントトレーニング

　我が国では，2000年から2002年の厚生労働省精神・神経疾患研究委託事業による「注意欠陥／多動性障害の診断治療ガイドラインの作成とその実証的研究」の中でペアレントトレーニングの開発と効果の検討が行われた。その中から肥前方式，奈良方式，精研方式（現まめの木方式）という形でまとまったペアレントトレーニングのプログラムが各地で広がってきている。

　肥前方式は，すでに発達障害児を対象に行われていた親訓練プログラムを土台に，ADHD の特徴に合わせ開発されたものである。セッションは，前半に行動療法の理論と技法についての講義を行い，後半は個別のニーズに合わせた対応検討をするという構成になっている。親が改善したいと思う子どもの行動を「ターゲット行動」としてトレーニング期間に改善することを目指し，各家庭での親の取り組みを支援する。

　奈良方式，精研方式はカリフォルニア大学ロサンゼルス校（UCLA）のフランケル（Frankel, F.）とウィッタム（Whitham, C.）によるプログラムと，マサチューセッツ・メディカルセンターのバークレー（Barkley, R. A.）によるプログラムをモデルに開発されたものである。ADHD をもつことによって生じる親子の悪循環（図表4-8）を断ち，温かいコミュニケーションに変え，親子それぞれの自尊心の低下を防ぐことを目的としている。行動修正理論に基づき，子どもの好ましい行動を増やし，好ましくない行動を減らし，協力を引き出すことを課題として取り組む。

　奈良方式，精研方式のペアレントトレーニング・プログラムで扱われる共通のテーマと概要は次の通りである。

① 行動を3つに分ける

　子どもの行動（目に見える具体的な行動）を，「好ましい行動」，「好ましくない行

動」,「許しがたい行動」の3種に分類し，整理する。小さなことでも今やれている「好ましい行動」を見つけ出す。

② 「好ましい行動」に**肯定的な注目を与える**（ほめる）

　好ましい行動のほめ方とは，100％を要求せず25パーセントのレベルでほめるやり方である。そして，子どもが嬉しいと感じるほめ方をする。

③ 「好ましくない行動」は注目をはずす（**無視**）

　好ましくない行動には注目を与えず，好ましくない行動が減少するか好ましい行動が出現するのを待ってほめる。好ましくない行動に注目しないことで，親子の関係が悪循環に陥ることを回避する。

④ 効果的に**指示**をする

　子どもの注意を引き，短い言葉で具体的に指示をする。子どもの活動を中断するときには予告する。指示を繰り返す時には"CCQ"（C：Calm, C：Close, Q：Quiet—穏やかに近づいて，静かな声で—）を心がける。指示の内容が子どもに伝わるようにし，子どもが指示に従うチャンスを作る。

⑤ 許しがたい行動への対応（**制限**）

　「効果的な指示」で許しがたい行動を止める，あるいは子どもにして欲しい行動を伝える。子どもが指示に従ったらほめる。子どもがどうしても指示に従わず自分の行動を制御できない時に限り警告を与えた後ペナルティを使う。ペナルティは子どもが自分の行動の結果として責任を負うためのものであり，体罰や過剰な罰で行動をコントロールしようとするものではない。なお，問題行動が起きにくい状況を作ることや指示の内容を子どもが従えるレベルのものにするなど，環境を見直すことが必要な場合もある。

　プログラムに参加する親には毎回宿題が出されるが，家庭での実践とセッション中に行うロールプレイは，親がスキルを身につけるため講義以上に重要な要素である。またグループで行うペアレントトレーニングでは，親同士の支え合いや励まし合いの効果も重要視されている。いずれのプログラムにおいても，親たちは課題を通じ小さな成功を得ることで自信を取り戻す。子どものかんしゃくや問題行動の際，親が「落ち着いている」は最も重要な'スキル'であると言えるかもしれない。親に限らず大人が怒りや混乱に振り回されず，冷静に対応することが発達障害をもつ子どもが育つ環境としても望ましい。

　上記のプログラムはADHDをもつ子どもの親支援として開発された経緯はあるが，専門用語の使用が少なく子どもの養育全般に有用な方法でもあるため，他の発達障害や被虐待児の親プログラムとしても受け入れられている。しかし，繰り返しになるが，子どもにADHDがあると明らかな場合には，専門家はADHDについての親の理解を助けながらプログラムを進めていくことが求められるのである。

参考となるリソース

Barkley, R. A.（1997）. *Defiant Children : A Clinician's Manual for Assessment And Parent Training*, 2nd ed.. New York : Guilford Press.

Barkley, R. A.（1995）. *Taking Charge of ADHD : The Complete Authoritative for Parents*. New York : Guilford Press.
（海輪由香子（訳）（2000）. バークレー先生のADHDのすべて　ヴォイス）

National Institute for Health and Clinical Excellence（2008）. NICE clinical guideline - 72 Attention deficit hyperactivity disorder - Diagnosis and management of ADHD in children, young people, and adult. NICE website（http://guidance.nice.org.uk/CG72）

Taylor, E., Doepfner, M., Sergeant, J. et al.（1998）. European clinical guideline for hyperkinetic disorder. *Eur. Child Adolesc Psychiatry*, **7**, 184-200.

Taylor, E., Doepfner, M., Sergeant, J. et al.（2004）. European clinical guideline for hyperkinetic disorder - First upgrade. *Eur. Child Adolesc Psychiatry*, **13**（Suppl.1）S1/7-S1/30.

Whitham, C.（1991）. *Win The Whining War & Other Skirmishes*. London : Perspective Publishing.（上林靖子・中田洋二郎・藤井和子ほか（訳）（2002）. 読んで学べるADHDのペアレントトレーニング―むずかしい子にやさしい子育て―　明石書店）

岩坂英巳・井澗知美・中田洋二郎（2004）. AD/HDのペアレント・トレーニングガイドブック―家庭と医療機関・学校をつなぐ架け橋―　じほう

岩坂英巳（編）（2012）. 困っている子をほめて育てるペアレント・トレーニングガイドブック　じほう

大隅紘子・伊藤啓介（監）（2005）. 肥前方式親訓練プログラム―ADHDをもつ子どものお母さんの学習室―　二瓶社

上林靖子（監）（2009）. ペアレントトレーニング―発達障害の子の育て方がわかる！　講談社

上林靖子（監）北道子・河内美恵・藤井和子（編）（2009）. 発達障害のペアレント・トレーニング実践マニュアル　中央法規

上林靖子・齋藤万比古・北道子（編）（2003）. 注意欠陥／多動性障害-ADHD-の診断・治療ガイドライン　じほう

上林靖子・井澗知美（2010）. ADHDのペアレントトレーニング　精神科治療学, **25**(7), 931-939.

齋藤万比古・渡辺京太（編）（2006）. 注意欠陥／多動性障害-ADHD-の診断・治療ガイドライン　改訂版　じほう

齋藤万比古・渡辺京太（編）（2008）. 注意欠陥・多動性障害-ADHD-の診断・治療ガイドライン　第3版　じほう

〔庄司敦子〕

3) 薬物療法

1 はじめに

『注意欠如・多動性障害-ADHD-の診断・治療ガイドライン』(ADHD の診断・治療指針に関する研究会,齋藤万比古・渡部京太編)は我が国の指導的な児童精神科医を結集して作成された。研究会は ADHD の臨床と研究から得られた新たな知見と社会的環境に即して,初版より改訂を重ね,2008年第3版を出版し,今日の ADHD 臨床の指針となっている。本稿では,これにそって我が国の児童期の薬物療法の概要を紹介する。このガイドラインに著された薬物療法の基本を土台に,幼児期の治療を模索しなければならないと思われるからである。またこのガイドラインが作成されたのち,第2の ADHD 治療薬ストラテラが承認されたので,これについても触れる。

2 児童期 ADHD の薬物療法

ADHD 治療薬は,その症状である多動性,衝動性,注意欠陥を軽減する薬物であり,中枢刺激薬を用いた治療をめぐる議論のなかで発展してきた。これらの行動コントロールに刺激薬が有効であることは,行動に障害のある子どもの施設の一人の精神科医 Bradley(1937)の慧眼によって発見された。彼の施設に於いて治療を受けていた子どもたちの気脳造影法検査時の烈しい頭痛を緩和する目的で使用された刺激薬が,行動の改善をもたらしたことを目撃し,試験的な治療へと導いたのである。彼の論文には,試験投与中に,学校での行い,情緒的な反応が緩和したなど広汎な変化が報告されている。しかしながら,多動・衝動性・注意力欠如を中核症状とする神経生物学的障害であるとする今日の ADHD 概念が生まれたのは,この論文の後40年あまりを経てのことであった。同時に,これらの薬物を治療薬として取り入れるにあたって,薬効と依存性薬物に象徴されるその利益とリスクをめぐる,峻烈な論争が続いてきた。欧州と北米,アジアの国々でのこの問題へのとらえ方は異なっていた。我が国では,規制薬物の指定もあり,ADHD への効用は承認されないままに,適用外使用として慎重な取り扱いが続いてきた。

中枢刺激薬がその症状の改善に効果的であることが広く認められるに至ったのは,アメリカ精神医学会の診断基準が DSM-IIIR から DSM-IV へ移行することで,今日の ADHD 概念が広く浸透し,薬物作用,臨床研究・実践を発展させたことによるものである。ADHD の基礎研究からは,治療薬の薬理学的機能について,シナプス間隙において,ドパミン,ノルエピネフリンの濃度をたかめ神経伝達機能を高めることにあることが明らかにされた。そして,これらの薬剤が脳内でどのように作用し効果がもたらさ

れるのか，薬理作用の解明へと発展した．中枢刺激薬の安全性，有効性，忍容性について，対照群を無作為に設定した2重盲検による大規模で多様な治療法の比較研究が行われ，薬物療法の有効性安全性の問題にも一定の結論を得た．さらに，種々の刺激薬の徐放剤が開発され，非刺激薬がADHD治療薬として承認されるなどこの10年足らずの間にADHDの薬物療法が開かれた．

薬物療法の適用について：我が国のガイドラインでは，診断を確定し，親ガイダンスや学校と連携するなど，心理社会的介入を2～3ヵ月行ってなお改善しない，あるいは深刻化する場合に薬物療法を適用することを提唱している．軽症の場合は，心理社会的介入によって対応でき，薬物療法が適用されるまでにいたることはほとんどない．中程度の場合は，積極的に心理社会的介入を行っても行動が改善しない，あるいは重症化するような場合，薬物療法を行うことになる．重症では，心理社会的介入による効果を待たずに，薬物療法を積極的に取り入れることが求められる．

しかし薬物療法か心理社会的介入あるいは教育・療育的介入かは，二者択一の問題ではない．薬物療法の効果は，ペアレントトレーニング，教育的支援，ソーシャルスキルトレーニング，行動強化などと組み合わせることで，最も優れた効果をもたらすことが米国の多施設共同研究（MTA）[1]で明らかにされ，今日の基本的指針となっている．

3 ADHD治療薬

我が国でADHD治療薬として承認されている薬物はコンサータとストラテラの2種類である（図表4-9）．この2つは，世界的に広く用いられている薬物となっている．前者は中枢刺激薬の徐放剤，後者は非刺激薬である．

コンサータは，中枢刺激薬メチルフェニデートの放出制御型徐放錠で，服薬後12時間にわたって効果が持続するように設計されたカプセル剤で，用法は朝一回である．メチルフェニデートはADHD治療薬として最も古くから使用されてきた薬剤のひとつであるが，その作用時間は3～4時間であるために，学校生活時間全般に効果を持続させるためには1日2～3回の服薬が必要であり，学校での服薬にまつわる問題が議論を呼んできた．学校で服薬支援をするべきか，昼の服薬も家族の責任でするべきかという議論が交わされた．我が国でADHDの承認薬の第1号となったコンサータは12時間にわたる作用を持続するのでこの問題は回避できるようになり，もっとも広く使用されている刺激薬となっている．

ストラテラは，選択的ノルアドレナリン再取り込み阻害剤であり，非刺激薬である．中枢刺激薬の依存性に関する懸念が最大の問題点であったなかで，それを解決することができる薬剤として，開発され登場したものである．

薬理作用：コンサータ，ストラテラともに，シナプスでのトランスポーターに結合することで，シナプス間隙のドパミンやノルアドレナリン濃度を上昇させ，神経伝達機能を高めているものである．

図表 4-9　厚生労働省医薬食品局承認されている ADHD 治療薬

商 品 名	コンサータ錠	ストラテラ
一 般 名	メチルフェニデート徐放剤（MPH OROS）	アトモキセチン（ATX）
薬品分類	中枢刺激薬	ノルアドレナリン再取り込み阻害薬
剤　　型	放出制御型徐放錠	カプセル
（注）	浸透圧を利用した放出制御システム（OROS）を応用してメチルフェニデート塩酸塩（MPH）を持続的に放出するとともに，コーティング層にもメチルフェニデートを含有し服用後早期からの効果の発現をもたらすよう設計されている	
作用機序	脳内の受容体やトランスポーターに結合することでシナプス間隙の神経伝達物質（ドパミンやノルエピネフリン）の濃度を上昇させ，前頭部の脳機能を活性化する	前頭前野で，トランスポーターに結合することで，シナプス間隙の神経伝達物質（ドパミンやノルエピネフリン）の濃度を上昇させ，神経伝達を高める
含 有 量	18 mg，27 mg，36 mg	5 mg，10 mg，25 mg，40 mg
適　　用	ADHD　6歳以上	ADHD　6歳以上
用　　量	18 mg 錠から漸増，最大 54 mg まで，増量は 1 週間以上の間隔で行う	0.5 mg/kg/day から開始，0.8 mg/kg/day，1.2 mg/kg/day～1.8 mg/kg/day または 120 mg まで。1 週間以上の間隔で漸増する，1 日 2 回に分けて投与，至適用量にて維持量とする
用　　法	朝 1 回服用	1 日 2 回服用（朝・夕）
効果持続時間	12時間	至適用量で，24時間を通じて効果を示す
主な副作用 小児臨床試験における	食欲減退　（42.1%） 不眠　（18.5%） 体重減少　（12.0%） 頭痛　（8.3%） 悪心　（5.6%）	頭痛　（22.3%） 食欲減退　（18.3%） 傾眠　（14.0%） 腹痛　（12.2%） 悪心　（9.7%）

　副作用としては，小児の臨床試験で観察された，頻度の高いものを表に示した。特に食欲減退は，コンサータでもストラテラでも高率である。対象が小児で，長期にわたって服用することを考えると，成長への影響は注意深く観察しなければならない問題である。コンサータによる食欲減退は，薬物の作用発現時間中に認められる。いつものように給食をたべないが，薬剤の有効時間を過ぎると，回復するので，食事時間や間食で補いながら栄養補給を心がけることが望ましい。ストラテラでは服薬開始時，あるいは増量時にみられる。薬物療法については，学校との情報の共有がこの点でも重要であろう。

　不眠は，コンサータを服用中の子どもにしばしば見られるものである。メチルフェニデートには覚醒状態を保つ作用があることを考えると，その間に眠気をもたらさないことは本来の薬理作用である。実際には，12時間という薬効時間をこえて，寝付きが悪いと訴えられる。睡眠習慣は日常生活様式とも関わり，生活リズムの乱れと，学校への適応の問題が重なっている場合，対応に苦慮することになる。

　禁忌（投与しないこと），慎重投与が添付文書中に記載されている。ADHD では，とくに，児童期によく見られる過度の不安・緊張・興奮性のある患者，運動性チック・

図表 4-10 米国 FDA によって ADHD の子どもに，適用が承認されているメチルフェニデート剤

薬　剤	用　量 (mg/day)	剤　型	作用時間 (時間)	FDA 承認年齢	備　考
短時間作用型					
メチルフェニデート (Ritalin)	25-60	錠　剤	3-4	6歳以上	分2～3
メチルフェニデート (Methylin)	5-2.0 mg/kg/day または 60 mg	液／	4	6歳以上	
d-メチルフェニデート (Focalin)	2.5-1.0 mg/kg/day または 20 mg	錠　剤	4	6歳以上	
中間作用型					
メチルフェニデート (Ritalin SR)	20-60	徐放錠	5-6	6歳以上	
メチルフェニデート (Metadate ER)	10-2.0 mg/kg/day または 60 mg	玉状カプセル	6-8	6歳以上	学校の時間をカバーする1回量
メチルフェニデート (Methylin ER)	10-2.0 mg/kg/day または 60 mg	玉状カプセル	6-8	6歳以上	学校の時間をカバーする1回量
メチルフェニデート (Ritalin LA)	10-60	玉状カプセル	7-9	6歳以上	学校の時間をカバーする1回量，カプセルを開放して内容をアップルソースにかけて服用しても良い。
メチルフェニデート (Metadate CD)	10-2.0 mg/kg/day または 60 mg	玉状カプセル	8-9	6歳以上	学校の時間をカバーする1回量
長時間作用型					
メチルフェニデート (Concerta)	18-2.0 mg/kg/day または 72 mg	oros カプセル	9-12	6歳以上	学校の時間と放課後をカバーする1回量
d-メチルフェニデート (Focalin XR)	5-1.0 mg/kg/day または 30 mg	玉状カプセル	9-12	6歳以上	学校の時間と放課後をカバーする1回量，カプセルを開放して内容をアップルソースにかけて服用しても良い。
メチルフェニデート (Quillivant XR)	20-60	液	9-12	6歳以上	使用時，瓶を10秒以上強く振る
メチルフェニデート (Daytrana Patch)	10 mg patch strength-1.0 mg/kg/day または 30 mg patch strength	貼付	9-12	6歳以上	9時間まで，腰部に貼る，12時間有効

トゥレット症候群は，慎重投与とされている。その他てんかん，行動障害，薬物依存の家族歴を有していることなどである。近年では青年期から成人まで治療対象が拡大しているので，心血管障害や内蔵の機能の障害など入念に検討することが必要となる。薬物療法を検討する際には，薬物の説明をする冊子をもとにして，もれなく禁忌，慎重投与についてのチェックをすることをルーチンとするべきである。

コンサータかストラテラか：我が国のガイドラインでは，これら2種を第1選択薬と位置づけ，第2選択薬を第1選択に用いなかったもう一方と定めている。両者は有効性

図表4-11 非刺激薬：ADHD治療薬（米国FDAで承認されているもの）

薬　物	用　量 (mg/day)	剤　型	効果持続 (時間)	FDAに承認されている年齢	刺激薬の併用	投与階数 時間
アトモキセチン （ストラテラ）	0.5 mg/kg/day-1.4 mg/kg/day または100 mg 未満	カプセル	24	6歳以上の子ども，青年	No	1日1回，または，2回分与
グアンファシン XR	1～4	徐放剤	24	6歳以上の子ども，青年	Yes	朝または夕，1回
クロニジンER	0.1～0.4	徐放剤	12	6歳以上の子ども，青年	Yes	2分して1日2回，同一量でないときは就床時を多くする
グアンファシン （エスタリック） α-2受容体作動薬 *	1～4	0.5 mg		6歳以上の子ども，青年	Yes	2～4回／日投与
クロニジン （カタプレス） α-2受容体作動薬 *	0.1～0.4	0.075 mg 1.5 mg	4時間	6歳以上の子ども，青年	Yes	1日2～3回

には差異がないとされているが，1日という単位で効果を確認できるコンサータに対して，ストラテラは漸増法で3週間から4週間を経て，至適用量に達するという効果発現のプロセスの違いは第1選択薬の決定上の重要な薬物の特性である。学校生活上の支障が深刻である場合には即効性の高いことが選択の理由となろう。一方家庭でも朝から就寝まで，烈しい混乱が続いている事例では，ストラテラを漸増することを選択することになる。単剤を原則にしつつも併用が必要になることもある。コンサータでスタートして家庭での混乱が激しい時，食欲不振が長期にわたる時には，もう一方に切り替えることを考えるなども日常的に経験している。

補足
　コンサータ，ストラテラ以外の薬剤について：第1選択薬として用いられるこれら2剤で，20～30％の子どもでは，十分な効果が得られないといわれている。副作用のため服薬できない，禁忌・慎重投与に該当する疾患を併せ持っているなどの子どもに遭遇することはある。このような場合，非承認ではあるが（適用外であるが），効果についての報告がある，あるいは海外では承認されている薬物を選んで使用されることがある。ちなみに，米国FDAでは，中枢刺激薬のアンフェタミン，非中枢刺激薬では，クロニジン徐放剤，グアンファシン徐放剤が，ADHD治療の承認薬となっている。これらのうち我が国でも医薬品として商品化されているものは，クロニジン（カタプレス），グアンファシン（エスタリック）で，いずれも短時間作用のものである（図表4-10，4-11）。衝動性，攻撃性の強いケースやチックを併存するケースで用いられているようである。我が国では，これらは適用外で使用することになり，用量や作用時間を確かめて，十分な説明と同意を得た上で，医師の責任を自覚して投与することが求められる。

4　6歳未満の幼児の薬物療法

　コンサータ，ストラテラともに，安全性と有効性が臨床試験で確認されているのは，米国でも日本でも6歳以上である。しかし，ADHDについて，基礎的臨床的研究が進むにつれて，幼児期にADHD症状が現れ，日常生活および発達上の支障となることも知られるようになった。20世紀最後の10年に取り上げられた児童期の刺激薬による薬物療法の有効性や安全性についての議論は，米国での組織的な臨床試験（MTA）を通じて一定の結論に達した。同時に薬物の臨床試験の無作為，2重盲検法を基本とする研究のモデルともなった。しかしながら，これらを幼児期に拡大応用できるか否かについては，小規模な研究が報告されているに止まっていた（Kratochvil et al., 2004）。

　21世紀の初頭，NIMHによる研究費助成を受けた幼児期のADHD治療に関する研究（The Preschool ADHD Treatment Study：以下PATS）が実施された。PATSの目的は，ADHDをもつ幼児に，メチルフェニデートの有効性，安全性を明らかにすることであった（Greenhill et al., 2006）。本節では，PATSにより提示された幼児期ADHDの薬物療法の有効性安全性についての知見を紹介したい。

5　薬物療法の適用について

　PATSの対象児は3～5.5歳，DSM-IV診断基準に基づきADHDと診断をされたものである。この臨床研究の対象はConners評価尺度で，多動／衝動性下位尺度で，同年齢性別の標準値より，1.5SD以上，小児用全般的評価尺度CGAS得点が55未満（中等度以上の障害）である，DISC-IVでADHDの基準を満たしているなどであった。適応障害，自閉症，精神病など他の薬物療法が必要となる障害を併存するものは除外されている（詳しくは，Ghuman, Ghuman（2014）参照）。

（1）幼児ADHDにメチルフェニデートは有効か，どんな副作用がみられたか
　研究プロトコルに沿って対象児303人の組み込みのあと，279人の保護者・養育者は，薬物試験の前に，10週にわたるペアレントトレーニング・プログラムに参加した。261人がペアレントトレーニングを終了している。その結果著しい改善があった19人（7％），改善に満足した18人（7％），その他の理由で以後の臨床試験に加わらない人をのぞき，183人が最初の薬物試験であるオープンラベル安全性 - 導入臨床試験の対象となった。

　米国のADHD治療ガイドラインが薬物療法に先がけて心理社会的治療を行うよう推奨していることを踏まえ，その代表的な介入法としてペアレントトレーニングが，幼児期の薬物療法に関する研究プロトコルに組み込まれたことは心理社会的治療を優先しているものである。ここでADHD症状に改善がもたらされ臨床試験の対象外と判定を受けたもの，あるいは親が満足する改善が認められ臨床試験参加を望まなくなり辞退する

ものが、14％ほどあったことは、注目に値する。ここで薬物療法を適用とならなかったり辞退した一群の転帰については今後の課題であろう。

ADHD幼児のメチルフェニデートに対する忍容性：PATSは、薬物導入試験（オープンラベル），クロスオーバー[2]デザインダブルブラインド用量試験，至適用量群とプラセボ群による並行群間比較試験[3]（パラレルブラインド試験），オープンラベル維持療法（至適用量）を、順を追って行った。中度ないし重度の有害事象が認められたものは忍容性がないとして臨床試験の対象から除外された。最初に行われた7日にわたる薬物導入試験は、ダブルブラインドで用いるメチルフェニデート用量に耐えられるかを確認することを目的にしたものであった。オープンラベルで1.25 mg一日1回で開始し、7.5 mg 1日3回まで漸増する。5 mgより少ない用量で中程度から重度の有害事象がみられる場合、忍容性がないとされた。183人がこの導入試験をうけ、11人が忍容性なしと判定された。クロスオーバー・ダブルブラインド用量試験では3人、オープンラベル維持療法で7人合計21人（11％）が、忍容性がないという結果であった。

ADHD幼児にみられた有害事象は、情緒的反応15人（イライラ，落ち着かない，泣く，不機嫌，指しゃぶりなど）、身体症状12人（食欲不振，体重減少，嘔吐，不眠，チック，頭痛，腹痛，便通異常など）であった。特に、導入試験には情緒的反応が9人にみられ、食欲不振，入眠困難，チックなどがこれに続いていた。

PATSの臨床試験離脱者の割合は、学齢児を対象に行われたMTAの1％未満に比較して，高率であった。臨床試験プロトコルそのものが、組み入れから、薬物療法前のペアレントトレーニング，挿入試験，用量を確定するクロスオーバーデザインと至適用量によるダブルブラインド試験とMTAに比べて複雑であり，薬物療法に入る上での親の不安なども含め、臨床試験の組み入れに同意しながら、臨床試験への参加への協力に逡巡しがちであったと考えられる。とりわけ至適用量とプラセボによるブラインド試験は離脱者が多かった。プラセボを割り当てられて対象児の行動が悪化することへの戸惑い、再燃状態への対応なども用意されているが、臨床的な立場から考えると、幼児期の薬物療法への親または養育者のニーズと薬物療法に対する不安をめぐる問題をさらに検討する必要があるのではないかと考えられる。

（2）至適用量：最もよい反応のあった用量

ADHD幼児のメチルフェニデート至適用量：無作為，クロスオーバー，ダブルブラインド，反復観察による用量試験は、プラセボ，3.75 mg, 7.5 mg, 15 mg, 22.5 mg（1日量）で、5週間にわたって、週ごとに用量を切り替えて行われた。このクロスオーバーデザインでの反応の結果，効果なし7人（4％），プラセボに反応のあったもの14人（8％），いずれかの用量で良好な反応があり，至適用量が確認できたもの123人（75％）であった。至適用量が1.25 mg 1日3回のものは24人（15％），2.5 mg 1日3回のものは26人（16％），5 mg 1日3回のもの30人（18％），7.5 mg 1日3回のもの36人（22％），10 mg 1日3回のもの7人（4％）であった（図表4-12）。クロスオーバーの臨床試験の最大容量は7.5 mg 3回であったが、なお増量で改善の余地があるものに，

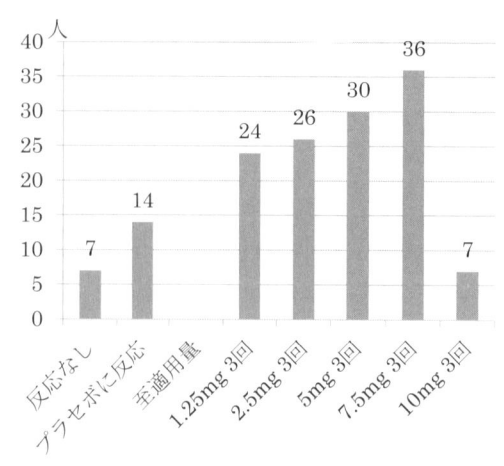

図表4-12 PATS MPH クロスオーバー試験反応

10 mg 3回の臨床試験が行われている。これらの至適用量は，年齢あるいは体重との相関は有意といえなかった。この結果は，幼児期のメチルフェニデートによる薬物療法は1.25 mg 2ないし3回という少量の投与からはじめ，漸増しながら効果判定をていねいに重ねることが求められていることを示している。

（3）長期使用でも効果が維持できるか：継続的な治療効果

PATSの最後の薬物試験では，10ヵ月にわたるオープンラベルによる維持療法が行われている。140人が維持療法に参加し，10ヵ月間終了したものは，95人であった。この試験の間に有害事象のために中断したものは7人（5％）であった。その他の中断は，徐放剤の刺激薬へ切り替え，行動が悪化したり十分な利益が得られないなどによるものであった。この維持療法の10ヵ月は対象児は，月1回薬物療法の医師の診察により，薬物の副作用や効果について評価し，適切な薬物の調整が行われていた。全体では，平均投与量は，開始時14.04 mg（SD7.57）であったのに対し，10ヵ月の終了時には19.94 mg（SD8.66）と増量されていた。初期の治療への反応は，90％が持続していた。10ヵ月間のADHD症状のスコアーは変化は少ないが，日常生活機能では，改善が認められた。

6　まとめ：PATSから学ぶ

PATSは3〜5.5歳のADHDをもつ幼児303人を対象にした薬物療法の有効性安全性についての最初の大規模な臨床試験研究である。その内容を以下に示す。
○対象は，ペアレントトレーニングでの改善が十分でなかった中〜重度のADHD幼児である。
○使用薬物は即時的短時間効果のあるメチルフェニデートである。
○臨床試験は，1）導入時の忍容性テスト，2）クロスオーバーデザインによる用量試験，3）並行試験[*3)]（至適用量とプラセボのブラインド比較試験）4）至適用量を基盤にした維持療法の4段階が行われた。
○薬物導入への忍容性確認試験では，92％が忍容性があった。
○クロスオーバーデザインでの用量ブラインド試験では，7％はメチルフェニデートへの反応による効果がなかった。プラセボに反応があったものも同数であった。いずれかの用量で効果が認められ至適用量を確認できたもの75％であった。
○学齢児を対象とした試験に比べると，試験からの離脱者が多かった。
○離脱に至る有害事象では，情緒的な反応（不機嫌，イライラ，泣くなど）が多くみら

れた。
○至適用量は，1.25 mg 3 回から，10 mg 3 回まで対象による差が大きかった。
○臨床試験での至適用量による10ヵ月の維持療法は，月1回の副作用効果のチェックと容量の調整を伴った。この間に用量の増加したもの（平均5 mgの増加）があり，症状の改善効果は持続し，日常生活機能にも改善が認められた。

これらの PATS の結果は，3 歳から 5 歳の ADHD をもつ幼児は，メチルフェニデートに対する忍容性があり，有効性を有していることを示している（Kratochvil et al., 2011）。少量からゆっくりと漸増してゆくことなど，安全に用いるための示唆に富んだ研究であるといえよう。

メチルフェニデートを一日量3.75 mg，7.5 mgという用量で調整することが必要となり，メチルフェニデートの散剤が服用しやすい。我が国の現在の2種の薬剤では，幼児対象に至適用量を調整するには困難である。幼児の薬物療法については，組織的な臨床経験の知見を蓄積解析する取り組みが必要であろう。

> 補足
> アトモキセチンについては2重盲検試験が2011年に報告されている。その概要は，5-6歳の幼児 ADHD 101人を対象に，8週間のアトモキセチンとプラセボ対照2重盲検試験である（Kratochvil et al, 2011）。用量漸増は0.5 mg/kgから始め，最大1.8 mg/kgであった。平均一日用量は1.4 mg/kgであった。評価尺度では対照群にくらべ改善がみられたが，ADHD 症状や日常生活上の機能障害が残っていた。有害事象は，軽度から中程度の消化器症状，食欲不振，体重減少，眠気が挙げられていた。臨床試験を終了したのは93人で8人は途中離脱していた。

注
1) MTA cooperative group (1991)：米国 NIMH による多施設共同で行った臨床治療研究で，児童期の ADHD の治療に焦点を当てて取り組まれた。
2) クロスオーバー：各被験者は2つ以上の試験治療を行う順序をランダムに割付けられる。
3) 並行群間比較試験：被験者をいくつかの試験群にランダムに割り付け試験群ごとに異なった治療を行い，試験群間の比較を行う。

参考となるリソース

Barkley R. A. (ed.) (2014). *Attention-Deficit hyperactivity Disorder : A Handbook for diagnosis and Treatment.* 4th ed. New York : Guilford Press.

Bradley, C. (1937). The Behavior of Children Receiving Benzedrin. In Solanto, M. V., Arnsten, A. F. T., & Castellanos, F. X. (2001). *Stimulant Drugs and ADHD Basic and Clinical Neuroscience.* Oxford : Oxford University Press.

Ghuman J. K., Ghuman H. S. (ed.) (2014). *ADHD in preschool children, assessment and treatment.* Oxford : Oxford University Press.

Greenhill L., Kollins S., Abikoff H., McCraken J., et al. (2006). Efficacy and safety of immediate release methylphenidate treatment for preschoolers with ADHD. *J. Am. Acad. Child*

Adolesc Psychiatry, **45**(11), 1284-1293.

Kollins S., Greenhill L., Swanson J., Wigal, S., et al., (2006). Rationale, design, and methods of the Preschool ADHD Treatment Study (PATS). *J. Am. Acad. Child Adolesc Psychiatry*. **45**(11), 1275-1283.

Kratochvil, C. J., Greenhill, L. L., March, J. S., Burke, W. J., & Vaughan, B. S. (2004). The role of stimulants in the treatment of preschool children with attention-deficit hyperactivity disorder. *CNS Drugs*, **18**(14): 957-966.

Kratochvil C. J., Vaughan B. S., Stoner J. A., Daughton J. M., et al. (2011). A double-blind Placebo-controlled study of atomoxetinein young children with ADHD. *Pediatrics*, **127**(4), 862-868.

齋藤万比古・渡部京太（2008）．注意欠陥・多動性障害-ADHD-の診断・治療ガイドライン第3版　じほう

Vitiello B., Abikoff H. B., Chuang S. Z., Kollins S., et al. (2007). Effectiveness of methylphenidate in the 10-month continuation phase of the Preschoolers with Attention-Deficit ／ Hyperactivity Disorder Treatment Study (PATS). *J Child Adolesc Psychopharmacol.* **17**(5), 593-603.

〔上林靖子〕

第 5 章
家族への支援

1 家族支援の動向

　我が国における発達障害児の支援としては，従来，発達障害児本人を対象にした支援が中心であったが，近年では，家族への支援の重要性が指摘されるようになった。

　米国では，個別障害者教育法（Individuals with Disabilities Education Acts：IDEA 2004）によって障害のある子どもの教育が規定されている。IDEA の基本原則の一つに，親の参加を前提とし，親を対等なパートナーとして位置づけることが挙げられる。出生時から2歳までの Part C では早期介入システム，その後の3歳から21歳までの Part B では公的教育システムにおいて支援を行う。特に，Part C では，家族のニーズを聴取し，家族とともに個別家族支援計画（Individualized Family Service Plan：IFSP）を策定し，子どもと家族を支援していく体制をとる。IFSP は，①子どもの生活と家族を対象にすること，②子どもと家族の成果を求めること，③家庭および地域社会において障害のない子どもたちと同様の自然環境を設定することを特徴としている。また，IDEA から認可された「ペアレントセンター」が各州に少なくとも1箇所は設置されている。その基本理念は，①保護者が保護者を支援する，②保護者を子どもにとって最良の支援者に育成する，というものである。②については，保護者に子どもの障害理解を促進させる活動として，子どもの発達支援に有効なペアレントトレーニングを保護者向けに行っている。

　このような米国における家族支援の重視と積極的な行政による取り組みの動向を受けて，我が国においても，近年，家族支援の重要性は認識されるようになってきた。平成17年4月に施行された発達障害者支援法の第13条に「都道府県及び市町村は，発達障害児の保護者が適切な監護をすることができるようにすること等を通じて発達障害者の福祉の増進に寄与するため，児童相談所等関係機関と連携を図りつつ，発達障害者の家族に対し，相談及び助言その他の支援を適切に行うよう努めなければならない」と発達障害者の家族への支援が謳われたことは家族支援施策の大きな分岐点となった。その後も，厚生労働省では，発達障害者支援体制整備事業として，自閉症，学習障害，注意欠陥多動性障害などの発達障害のある人や家族に対し，ライフステージを通じた一貫した支援体制の強化を図るため，都道府県及び指定都市で，ペアレントメンターの養成とその活動を調整する人の配置を推進している。ペアレントメンターとは，発達障害児の子育て経験のある親が，自分の経験を活かして，発達障害の診断を受けて間もない子どもの親に対して相談や助言を行う人のことである。

　また，我が国の家族支援の取り組みは，ペアレントトレーニングとして広まる傾向にあるが，研究者や熱心な指導者がいる機関を中心に行われている場合が大半であり，全国で組織化された取り組みには至っていない。

2 親の立場と親支援

　親への支援といっても，親の立場と役割によって支援のあり方が異なってくる（**図表5-1**）。親の立場には主に3通りが考えられる。まず，子どもの障害が受容できないために不安や混乱を起こしている場合あるいは発達障害児の子育てに困っている場合であり，親は自分自身の支援を必要とする被支援者である。一方，専門家が発達支援を行うには，一番長い時間子どもに接している親の協力が欠かせない。専門家の発達支援に協力して自らも支援に加わる親は共同支援者である。しかし，最も重要なのは，親は，支援協力という非主体的な存在ではなく，子どもを生活の中で支援する最も重要な支援者である。親が主体的に支援者として機能していけるようにエンパワメントしていくことこそが，親支援の最終目標と言える。このように，親には，被支援者，共同支援者，支援者という異なる立場があり，親支援プログラムは，それらの立場を想定して作成していくことが求められる。

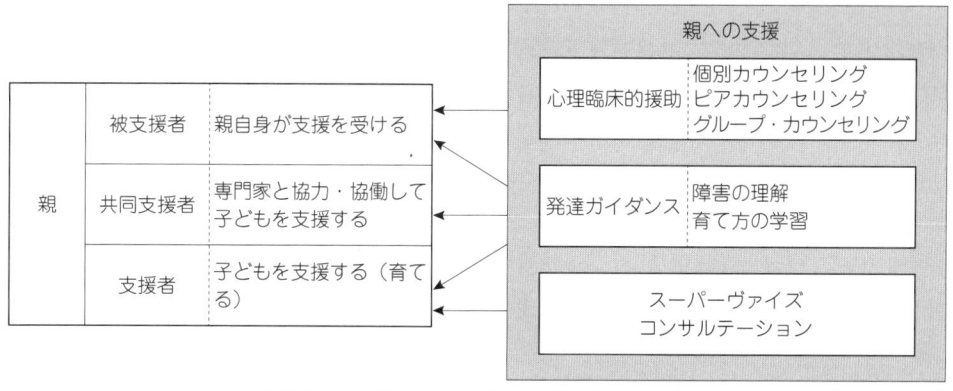

図表 5-1　親の立場に応じた親支援のあり方
（出所）　尾崎ほか（2010）を改変.

3 発達障害の家族支援プログラム

（1）家族支援プログラムの現状

　近年，様々な家族支援プログラムが提案されている。もっとも，ショプラー（Schopler, E.）は，TEACCHプログラムの創設時より，親を共同療育者（co-therapist）と呼んで，専門家と親が連携して自閉症の支援を行うことを提唱しており，すでに家族支援の重要性は認識されていたものであった。しかし，我が国では，長い間，支援対象はあくまで子どもであり，支援者は専門家であるという捉え方が強固であったことを鑑みると，様々な家族支援プログラムが創案され，家族支援が積極的に行われる近年の傾向は大きな変革とも言えよう。

家族支援プログラム（表2D）は，療育法の分類と同様に，その背景理論から行動的アプローチ，発達論的アプローチ，包括的アプローチに分けることができる。また，その他にも，家族支援の主要な目的であるエンパワメントを目指したアプローチも提案されている。各プログラムの詳細な説明は，次節に譲り，以下，家族支援プログラムをアプローチごとに概観していく。

（2）行動的アプローチに基づくプログラム

　行動的アプローチの主なプログラムとして，ペアレントトレーニング（Parent Training），トリプルP（Positive Parenting Program：Triple P），コモンセンスペアレンティング（Common Sense Parenting）がある。これらは，子どもの行動に着目し，親がそれらの行動に上手く対応できる方略を身につけることを目指している。したがって，ターゲットは子どもの行動であり，目標はその行動変容である。そのため，親にとっては，対応方法が明確で，また対応の成果もはっきりと見えるので，大変わかりやすい。

　我が国では，家族支援といえばペアレントトレーニングと捉える人がいるように，ペアレントトレーニングが最も普及している。実際には，肥前方式親訓練プログラム，田川方式（福岡県立大学）親訓練プログラム，奈良医大ADHD家族教室プログラム，精研方式PTプログラム，新潟大学方式親のスキル訓練プログラムなど，応用行動分析や行動療法の考え方に基づき親が子どもの行動への対処方法を学ぶという基本のもとに，様々なアレンジが施されている。専門家にとっては，構造化がゆるやかなため自分の考えやアイデアを盛り込みやすいことが，我が国における普及の要因となっていると考えられる。

　トリプルPは，5段階の介入レベルから構成されており，親子の状態によって受講する段階を選べるところに特徴がある。親にとっては，具体的な子育て技術を学べる点でわかりやすいが，ファシリテーターになるためには，半構造化された介入方法を学ぶ研修が必要である。トリプルPは，様々な対象に対応した5段階のプログラムを設けているが，それ以外に，発達障害児の親を対象にしたステッピングストーンズ・トリプルP（Stepping Stones Triple P）がある。

　また，被虐待児の親支援として，コモンセンスペアレンティングがある。これは，アメリカで開発されたペアレンティングトレーニングのプログラムであり，暴力や暴言を使わずに子どもを育てる技術を親に伝えることで，虐待の予防や回復を目指すものである。発達障害児については虐待される割合が高いことが知られている。また，虐待に至らなくても，育てることが難しいことから親は感情的に叱りやすい。そのような発達障害児の親が子育てを学ぶ方法としても有効であり，実際に，発達障害児の親に焦点をあてた研修会も開催されている。

（3）発達論的アプローチ

　DIR/FloortimeモデルやRDIといった発達論的アプローチは，第2章で子どもへの療育方法として述べたように，子どもの社会認知発達を促すために，他者との社会的相

互作用に焦点を合わせている。その際，乳幼児期の子どもにとって最も近くにいてかつ最も親密な関係をもつ親との相互作用が適切に行われるように介入を行っている。実際のプログラムは，親が子どもとの相互作用のやり方を学び，それを家庭で実施することから構成されている。したがって，DIR/Floortime や RDI は，親を共同支援者あるいは支援者として位置づける支援方法であると言えよう。

（4）包括的アプローチ

包括アプローチである TEACCH と SCERTS モデルについても，第 2 章ですでに述べている。これらの療育方法では，専門家が子どもに支援することを主要な方法としているが，一方では，親との連携を不可欠のものと捉え，親を共同支援者として位置づける取り組みを行っている。

TEACCH では，親が体験から得た子どもへの対応や情報は大変有効なものと捉え，専門家が親から得た子どもの情報を取り入れていく姿勢をとっている。また，TEACCH プログラムは，自閉症児者への時間や空間を超えた一貫性の支援を目指すものであるが，そのためには親と専門家との連携が欠かせない。親を共同療育者とし，親と専門家が同じ目標をもって療育を行うことによって一貫した支援が可能となる。親が共同療育者となるための親支援プログラムが行われる。

SCERTS モデルは，社会コミュニケーション，情動調整，交流型支援の 3 領域から構成されているが，このうち交流型支援が，家族支援に相当する。SCERTS モデルでは，基本的にアセスメントやプログラムの作成，実行において，家族と協同することが求められており，それは，この交流型支援領域の中で実行に移される。子どもの療育への親の参与が療育計画を成功に導く重要な要因であるとさえ考えられている。

これら TEACCH や SCERTS モデルが，子どもへの支援と親支援の双方を行っているのに対して，NAS アーリーバードプログラム（NAS Early Bird Programme）や More Than Words プログラムは，親支援だけに焦点を合わせたプログラムである。NAS アーリーバードプログラムは，英国自閉症協会（National Autistic Society：NAS）によって開発された自閉症児をもつ親向けのプログラムである。これは，子どもが自閉症の診断を受けてから 10 週の間に，親が自閉症について様々なことを学ぶプログラムである。英国では，研修コースが各地域に設定されている。また，More Than Words プログラムは，親を対象にして，子どもの発達段階や障害特性に合わせた対応方法を習得する内容で構成されている。子どもの様々な年齢や発達状況に合わせて，多様な方略や技法が用意されている。プログラムを学んだ親は，家庭の日常生活の中でそれらの方略や技法を使って，親子の相互作用を行っていく。

（5）親のエンパワメント

前述した親支援のプログラムでは，具体的な目的が掲げられ，それを目指した方法が提案されているが，それらを習得する過程で親はエンパワメントされていくことを想定しているものが多い。

最初から親のエンパワメントを目指したプログラムも存在するが，これらのプログラムの対象は，定型発達児の親を対象にしたものがほとんどである。よく知られているプログラムとしては，Nobody's Perfect プログラムが挙げられる。これは，1980年代にカナダ保健省などを中心に開発された親教育プログラムであり，「完璧な親などいない」をコンセプトとして，リスクのある（若い，片親，孤立している，所得が低い）親を対象に，グループで話し合いながら自分にあった子育て方法を学ぶものである。発達障害に焦点化されたものではないが，育て難い子どもである発達障害児をもつ親はリスクをもっているとも言えるので，このプログラムを実施することは，発達障害児の親のエンパワメントに有効であろう。

　親支援プログラムではないが，発達障害児の親を支援する教材として，サポートブック（Support Book）が提案されている。我が子の障害や発達状況を学校や保育機関などに伝えるために，親が子どもの様子を書き記しておく記録帳である。専門家と協働して子どもの支援にあたるためには，親は子どもの状況をきちんと把握することが必要である。このサポートブックを作成することによって，親は子どもを客観的かつ的確に理解することができ，専門家とも対等に意見をかわすことができるだろう。このような姿勢は，親のエンパワメントにつながっていく。

参考となるリソース
（以下に紹介されている療育法については，その項を参照）
Catano, J. W.（1997）． Nobody's Perfect． Ottawa：Health Canada.
　　（キャタノ，J. W.　子ども家庭リソースセンター（編）　向田久美子（訳）（2002）．ノーバディズ・パーフェクト　ドメス出版）
Data Accountability Center（2009）． IDEA Data.
　　https://www.ideadata.org/IDEAData.asp
服部陵子・宮崎清美（2008）．家族が作る自閉症サポートブック　明石書店
厚生労働省（2005）．発達障害者支援法
　　http://www.mhlw.go.jp/topics/2005/04/tp0412-1b.html
厚生労働省（2009）．発達障害者支援施策の概要
　　http://www.mhlw.go.jp/bunya/shougaihoken/hattatsu/gaiyo.html
野口啓示（2012）．むずかしい子を育てるコモンセンス・ペアレンティング・ワークブック　明石書房
尾崎康子・小林真・水内豊和・阿部美穂子編（2010）．よくわかる障害児保育　ミネルヴァ書房
Schopler, E.（1995）． *Parent survival manual*． New York：Plenum Press.
　　（ショプラー，E.（編著）　田川元康（監訳）（2003）．自閉症への親の支援—TEACCH 入門—　黎明書房）
Nobody's Perfect Japan：http://homepage3.nifty.com/NP-Japan/

　　　　　　　　　　　　　　　　　　　　　　　　　　　　　　　　　　（尾崎康子）

表2D　家族支援の一覧表

療育タイプ	名　称	創始者と創始年代	対　象	目　的	内　容
行動的アプローチ Behavioral Approach	ペアレントトレーニング Parent Training (PT)	1960年代から始まるASDのためのPTと1970年代から始まるADHDのためのPTがある。	ASD児及びADHD児の親	親が子どもの発達状態を理解し、子どもへのかかわり方を知り、子どもにあった支援ができる。	親は、グループトレーニングを受けて、子どもの望ましい行動への強化や不適切な行動への対応方法を習得する。
	ステッピングストーンズ・トリプルP Stepping Stones Triple P	1970年代にオーストラリア・クイーンズランド大学のSanders, M.によって開発。	発達障害児（幼児〜青年）の親	子どもとの効果的なかかわり方や問題行動に対する対処スキルを学ぶ家族支援プログラム。	トリプルPの発達障害児を対象にしたプログラム。トリプルPの基本を踏まえて、発達障害児が起こしやすい行動に焦点を合わせて対処スキルを学び、家庭で親が実施する。
	コモンセンスペアレンティング（幼児版） Common Sense Parenting (CSP) of Toddlers and Preschoolers	米国の児童福祉施設ガールズ・アンド・ボーイズタウンで開発。幼児版は、ボーイズタウン病院小児科医Russel, A.らによって作成。	被虐待児、発達障害児の親	親が子どもを育てる技術を学ぶことによって、虐待の予防や回復を目指す。	虐待を対象に開発されたが、発達障害の親を対象にした研修会も行われている。子どものマネジメントスキル訓練、問題解決訓練、ストレスマネジメントなどが行われる。
発達論的アプローチ Developmental Approach	DIR/Floortimeモデル DIR/Floortime Model	1980年代に、米国のGreenspan, S.とWieder, S.によって創設。	ASD児、ADHD児	発達理論に基づき、子どもの感覚の発達、運動スキル、認知情動発達、コミュニケーションを向上させる。	子どもの発達支援を目的にしているが、親を支援者に位置づけるプログラム。親子遊びを通して、相互作用が頻繁に取れるように、親は子どもに働きかける。
	対人関係発達指導法 Relationship Development Intervention (RDI)	1980年代に、Gutstein, S. E.が始め、米国のテキサスにConnections Centreを中心に広めていった。	ASD児、ADHD児	社会的認知の発達プロセスにそって、子どもの社会性のスキルと対人関係発達を促す。	子どもの発達支援を目的にしているが、親を支援者に位置づけるプログラム。親は、RDIプログラムに基づき、家庭において親子相互作用を伴う活動を実施し、子どもの社会性や対人関係の発達を促す。
包括的アプローチ Comprehensive Approach	TEACCHにおける親の支援 Treatment and Education of Autistic and related Communications-handicapped Children	1960年代に、ノースカロライナ大学のSchopler, E.によって創設。	ASD児者の親	ASD児者に新たなスキルを教え、弱点を補うように環境を変えることによって適応能力を向上させる。	TEACCHでは、親と専門家が連携してプログラムを遂行していくという立場を取っている。親の観点をプログラムや研究プロジェクトの立案に取り入れていく。
	サーツモデルの交流型支援 Transactional Support in SCERTS model	2000年に、米国のWetherby, B. M.とPrizant, A. M.が、多くの治療方法論を組み立てて、新たにモデルの体系化を行った。	ASD児（就学前〜小学生）の親	ASD児の理解力、言語、社会情動の発達及び感覚処理を向上させるために、家族と専門家が協同して行う。	サーツモデルには、コミュニケーション、情動調整、交流型支援の3領域があるが、この内、交流型支援が、家族に焦点を当てた介入である。
	NASアーリーバードプログラム National Autistic Society (NAS) EarlyBird Programme	1997年に英国の自閉症協会によって開発。	ASD児の親	子どものコミュニケーションスキルを向上させ、子どもの行動を理解できるように、親を支援する。	親は、グループトレーニングを受け、ASDの特徴、コミュニケーション発達支援法、問題行動への対処法を学ぶ。
	More Than Wordsプログラム	1999年に、カナダのトロントにあるヘイネンセン	ASD児及びその他の発達	日常生活において親子間に応答的な相互作用	アセスメント、グループワーク、個別ビデオセッションなどによっ

	More Than Words	ターの Sussman, F. によって開発。	障害児（0〜5歳）の親	を取り入れ，環境を操作することによって，子どもの社会的コミュニケーションと言語スキルを促進する。	て，親は，子どもの発達段階にあった応答的相互作用を促す方略を学び，家庭の日常生活において実践する。
親のエンパワメント Empower-ment for Parents	Nobody's Perfect プログラム Nobody's Perfect (NP) Parenting Program	1980年代にカナダ保健省などを中心に開発。	若い，片親，孤立，低所得などリスクをもつ，0〜5歳児の親	親がもっている子育てスキルを高め，新たなスキルを習得し練習する。自分の長所や能力に気づくことによって，親としての自信をつける。	発達障害を対象にあげてないが，リスクをもつ親として共通した内容となっている。子どもの健康，安全，しつけなどについて学び，グループワークを通して，他の親とサポートしあえる関係を作る。
	サポートブック Support Book	1980年代に自閉症児の親が発案。	ASD 児及びその他の発達障害児の親	支援者が支援を行う時に役立つように，親が，子どもの特性や接し方の情報をまとめる。	コミュニケーションの特徴，接し方の工夫，日常生活の援助，生育歴などを記載したり，医療機関からもらった診断書や知能検査の結果等をファイリングする。

4　家族支援の方法

表 2D において，基本的な内容が説明されている．以下では，その中の主要な療育を取り上げて，詳細に説明していく．

1) ペアレントトレーニング (PT)
2) トリプル P
3) NAS アーリーバードプログラム：NAS EarlyBird Programme
4) More Than Words プログラム

1) ペアレントトレーニング（PT）

1　ペアレントトレーニングとは

　ペアレントトレーニング（Parent Training：PT）とは，応用行動分析学や行動療法の考え方をベースとして，養育者が子育てに関するより適切なスキルを獲得するためのプログラムであり，単なる知識だけでなくロールプレイやモデリングやホームワークといった積極的なワークから構成される。

　実施形態としては，支援者と保護者の1対1で行う形や，グループで行う形など様々な形態がある。実施回数や期間はプログラムによって様々であるが，我が国では数回のシリーズ講座がグループ形式で開催されることが多い。ベースとなる実施機関は，病院，地域の療育機関，大学の相談室，親の会，NPO法人，特別支援学校などであり，保護者の負担費用も実施機関によって様々である。療育機関では子どもの療育プログラムと合わせてPTが実施される場合もあるが，PT単独で実施されている場合が多い。

　松尾・野村・井上（2012）の調査によると，我が国で現在普及しているグループPTの主な対象年齢は，低年齢の子どもの保護者（乳幼児～小学生低・中学年）が主流であり，青年期以降の子どもの親を対象としたものは少ない。PTの対象は発達障害以外の知的障害を伴う子どもの親にも適用できるが，現在普及しているプログラムはADHDや知的障害を伴わない発達障害に限定しているものが多い。

　プログラムの内容としては，子どもの望ましい行動への強化や不適切な行動への対応方法などの講義，参加者同士やスタッフが家庭での子どもとのかかわりについて話しあったり，ロールプレイを行ったりする演習がセットで行われるスタイルが多く，ホームワークやストレスマネジメントが加わる場合もある。プログラムの中での子どもの行動変容の目標は，問題行動の減少と身辺自立や基本的な生活習慣，望ましいコミュニケーションスキルの獲得などである。子どもの行動変容を目標とする場合，PTだけでは限界もあるため，並行して子どもに対する療育が実施されることが望ましい。

　PTの目的は，①保護者が子どもの発達の状態を理解する，②子どもへのかかわり方を知る，③子どもにあった支援ができる，④子育て仲間ができる，⑤子どもの支援について周囲の人に伝えることができる（井上ほか，2008）などが挙げられる。PTの効果としては多くの研究で，保護者のストレスや抑うつ傾向の改善，問題行動の減少，適応行動の増加，発達促進などが報告されている。

　特に米国ではADHDへの包括的治療の二本の柱として，薬物療法と心理社会的アプローチが科学的なエビデンスとして重要視されてきているが，この心理社会的アプローチの中でもPTの役割は大きなウエイトを占めている（上林ほか，2003）。

2　ペアレントトレーニングの歴史

　現在我が国で実践されている PT は様々なプログラムがあるが，研究的な源流としては自閉症スペクトラムを対象にした PT と ADHD を対象にした PT の 2 つの流れがある（Brookman-Frazee et al., 2006）。

　自閉症スペクトラム障害（ASD）に対する PT は応用行動分析学（Applied Behavior Analysis：ABA）をベースにして1960年代から，療育効果の般化や維持を促進するための方法の一つとして，療育プログラムの中に組み込まれ実践や研究が発展してきた。その後，親が家庭で子どもに教えるスキルは，身辺自立スキル，コミュニケーションスキル，社会的スキル，学習スキル，問題行動の低減など多様なものに拡大し，PECS（Picture Exchange Communication System：絵カード交換式コミュニケーションシステム）や早期高密度行動介入（Early Intensive Behavioral Intervention）のようなプログラムの中にも組み入れられ発展してきた。

　これに対して ADHD を対象に発展してきた PT のもう一つの流れは，家庭における養育環境の悪化や親子の相互交渉の悪循環が子どもの問題行動の生起に関係するといった背景から，親のストレスや夫婦の機能などの家族の要因を評価し，親のかかわり方の変容だけでなくストレスマネジメントを含めたプログラムとして発展してきた。

　近年，我が国においてもこの 2 つのタイプの PT は，互いの要素を取り込みながら融合しつつある（井上，2012）。今後，子どもの年齢や障害種やその程度，親のニーズや養育タイプ別に，PT にどのような要素を取り入れていくことが効果的か検討されることが必要である。

3　ペアレントトレーニングの実際

（1）ペアレントトレーニングの例

　他の家族支援プログラムと PT が異なる特徴は，モデリングやロールプレイ，家庭で実践するためのホームワークなど積極的なアプローチが組み込まれていることである（Kaminski et al., 2008）。

　PT のプログラムに組み込まれるアプローチは，研究者やプログラムによって様々であるが，その多くは行動分析学の「強化の原理（周囲とのかかわりによって行動が増えたり減ったりする仕組み）」をベースに，対象となる子どもの特性や目標設定（問題行動の改善や適応行動の獲得など）をふまえて，子どもへの適切なかかわり方を系統的に学習できるように構成されている。

　プログラムの中でよく扱われる内容として，強化の原理，ほめ方／叱り方，声かけの仕方・伝え方，環境調整，視覚支援，支援ツールの利用，ストレスマネジメント，学校や園との連携の仕方，サポートブックの作り方，困った行動への対応，きょうだい児への対応などがある。

第5章 家族への支援

図表5-2 家庭療育課題設定型 PT の例

回数	講義	グループワーク	ホームワーク
1	オリエンテーション	自己紹介	検査などの記入
2	ほめ上手になろう	いいところ探し	ほめようシートの実施
3	観察上手になろう	目標行動の設定 ほめようシートの発表とふり返り	ほめようシートの実施
4	整え上手になろう	手続き作成表の作成 ほめようシートの発表とふり返り	課題の実施と記録
5	伝え上手になろう	手続き作成表の修正	課題の実施と記録
6	教え上手になろう	手続き作成表の修正	課題の実施と記録
7	サポートブックを作ってみよう	サポートブックの作成	サポートブックの作成
8	まとめ	サポートブックの発表	

図表5-2に現在，鳥取大学井上研究室を中心に行われている家庭療育課題設定型PT の例を示す。井上ら（2008）のプログラムは，知的障害，自閉症，その他の発達障害など幅広い障害に対応し，幼児から学齢児までの子どもをもつ親が「ほめ上手」「観察上手」「整え上手」「伝え上手」「教え上手」という5つのセクションから子どもとの適切なかかわり方を学ぶことができる。特に親が家庭での課題をみつけ，実際にスタッフと指導プログラムを立てて実践しながらすすめていくホームワーク（家庭療育課題）を含むことを特徴としている。参加者である親の位置づけとしては「共同治療者」という立場ではなく，子どもへのかかわり方の改善と親同士のコミュニケーションを中心とした親自身のメンタルヘルスの改善を目指したものである。

参加者の数は10名程度，1セッションは2時間程度で8～9回の隔週連続講座で構成される。毎回のセッションは講義とグループ演習からなっている。参加者の募集は地域の医療機関や通園施設の医師や保育士など支援者を通して行われ，必要に応じて事前の面談を行う。参加決定は，参加者に事前にプログラムの目的，内容，費用，回数などについて十分な説明と同意を得た上で行われる。グループ PT のため，参加者である親自身に重篤な精神疾患などがなく，少なくともグループ場面での話し合いなどができる状態であることを参加基準にする。親の状態に応じてグループで行う PT よりも個別面接が適している場合はそちらを紹介する。

実施に際しては子どもの障害種類の異なる2名のペアレント・メンターに参加してもらうことを推奨している。ペアレント・メンターとは同じ発達障害のある子どもを育てた経験のある先輩の親で一定の研修を受けて地域で活動している人である（井上ほか，2011）。

発達障害の親の障害受容に関する研究の中には，医師などの専門家からの助言よりも同じ立場の仲間の存在という要因が障害受容を促進させるということを示しているものもあり，障害診断・告知後の PT においては，特にペアレント・メンターが重要な役割を果たす。メンターには，講座の中で必要に応じて子育て体験を語ってもらったり，手順書や絵カード，スケジュールボードなど，自分が子育てで使用した支援グッズなどを実際に持ってきてもらったりして紹介してもらう。メンターのうち1名は知的障害がある児のメンター，もう1名はアスペルガーや ADHD など知的障害をもたない児のメ

ンターであることが体験や支援グッズのバリエーションの観点から望ましい。

　講義や演習は「子育てが楽しくなる5つの魔法」子育て支援講座ワークブック（井上ほか，2008）に基づいて「ほめ方」「環境調整」「指示の出し方」「支援の方法」「課題分析」などの内容の講義とワークが実施される。これらの内容はそれぞれ専門用語を排して「ほめ上手」「観察上手」「整え上手」「教え上手」「伝え上手」という5つの視点に整理されている。各セッションの内容については以下の通りである。

① オリエンテーション

　PTの目的とスタッフや参加者の自己紹介，参加者の心理特性をアセスメントする。PTでよく用いられる心理尺度としてはBDI（Beck Depression Inventory：日本語版ベック抑うつ質問表），STAI（State-Trait Anxiety Inventory：新版STAI状態-特性不安検査），GHQ（The General Health Questionnaire：GHQ精神健康調査票）などがある。これらの結果と自己紹介などの参加者の様子を手がかりに，PTの中で個別に必要な配慮を行っていく。例えばニーズのある参加者への補助スタッフの配置，席の位置や指名や進行での配慮などである。後半はアイスブレイキングとしてストレッチや呼吸法などのリラクゼーションを取り入れる。

② ほめ上手

　行動が増えたり，減ったりするには，その特定の行動の後にもたらされる結果が関与している。例えば「正の強化」とは，その行動の後に子どもにとって好ましい結果がもたらされるとその行動が増加するという原理である。強化の原理は子どもの望ましい行動の獲得や不適切な行動の改善に重要な原理である。

　このセッションでは「上手なほめ方」を強化の原理にそって学習する。上手にほめるためには，まず何をほめるかという対象となる行動を明確にする必要があるが，これを「いいところ探し」というワークで学習する。次に，ほめるタイミングや子どもに応じたほめ方のバリエーションを増やしていくことを学習する。具体的な例としてトークン・エコノミーシステムを紹介する。

　トークン・エコノミーシステムとは望ましい行動に対して，トークンと呼ばれるシールや花丸やスタンプやポイントを与え，それらをためることで好みの物や活動と交換できるシステムのことである。親子で目標を決めて取り組むことができ，行動の達成度が視覚的に示されるため達成感が得られやすく，目標達成まで我慢することでセルフコントロールも身に付きやすくなる。年齢に応じた形に変化させることで，労働と報酬の体験的理解にも発展させることができる。

　ホームワークとしては実際に家庭で家族や子どもをほめてみて，相手がどのような反応をするのか，自分のほめた気持ちは相手に伝わったのかを体験してもらうものとして，「ほめてほめてほめまくろうシート」を実施する。

③ 観察上手

　子どもの行動，特に困った行動へのアプローチを考えていく場合，行動が起こってしまった後の対応に追われがちである。このセッションでは子どもの行動を「きっかけ」と「行動」と「結果」に「三分割」する行動随伴性について学び，困った行動がどんなときに生じ，どのような対応や結果によって維持されているかに気づくことで，困った行動を起こさない事前の工夫や，起こってしまった時の対処などに生かせるようになることを目指す。まず行動を具体的に定義するワークを行い，次に困った行動に関する事例の記述を読んで，行動随伴性を考えるワークを行う。内容としては高度であるが，困った行動への対処を学ぶファーストステップとして重要である。

④ 整え上手

　視覚支援やスケジュールは，子どもが一人でできることを増やすために，重要な支援方法である。このセッションでは困った行動を事前に防ぐ環境整備の方法や，適切な行動を引き出しやすい視覚的な構造化の方法などを家庭で取り入れられる形で理解してもらうことを目指す。例えば，スケジュールの示し方として，時間やルール等の目に見えないものを視覚的に示す方法，気になる刺激の除去など環境調整の具体的な方法を写真で確認しながら学習する。「環境を整えてみよう」というワークでは，環境調整されていない場面を示して，どのように変えていくと過ごしやすくなるのかをグループで考えていく。例えば朝の食事がなかなか進まないという状況について，食事中はテレビを消す，こたつを取り去る，声かけを簡潔にする，食事開始時間を早めるなどのアイデアを参加者の意見の中から拾い上げていき，最後に実施者がまとめて整理する。またメンターに自分の家庭で実際に使用しているスケジュールや支援グッズをもってきてもらい，紹介するコーナーも設定する。

⑤ 伝え上手

　このセッションでは，子どもにとってわかりやすく簡潔で具体的な指示など，適切な声かけの仕方や注意の引き方，写真や約束を使った見通しをたてやすい指示を使えるようになることを目指す。例えばワークの「挨拶ができない」という例題では，「ちゃんとご挨拶をしなさい！」と背後から注意している絵に対して，適切なわかりやすい指示に変えられるようグループで話し合ったり，意見を述べたりしてもらう。例えば，参加者から「ちゃんと挨拶しなさい」という曖昧な声かけを，「○○ちゃんをみて言おう」「大きな声でおはようといいましょう」などと具体的な表現に言い替える他，背後からでなく前に回って注意を引いてから指示を出すこと，声かけだけでなく挨拶すべき友達の方を指差す，といった工夫を引き出していく。

⑥ 教え上手

　子どもに新しいことを教えていくときのコツについて学習する。行動を細かく分解して考えていく課題分析や，行動連鎖の最後から教えていくバックワードチェイニングな

どの技法，行動に対する援助（プロンプト）とその除去（フェイディング）の技法などについても学ぶ。

　このセッションのワークでは課題分析やプロンプトの方法の学習以外に，家庭で子どもと一緒に行う課題を1つ決め，その課題を行うための「手続き作成表」の記入を行う。この手続き作成表の記入とホームワークによって，今まで学習した「ほめ上手」「整え上手」「伝え上手」などの知識を，家庭で自らの子どもを指導するという実際のかかわりの中で確認し，定着を図ることができる。

　家庭療育課題として取り上げられる内容は，幼児であれば「着替え」や「入浴」「洗面」「歯磨き」などの身辺自立に関することが多く，児童期では，「簡単な家事の手伝い」や「整理整頓」や「学校の宿題」などの日常的な生活の中で出会う課題が多いが，それぞれの参加者の子どものニーズに合わせて参加者自身が選択する。参加者が家庭療育課題を選定する際に，参加者が決めかねて悩んでいたり，実施が難しそうな課題を選んでしまいそうな場合，スタッフが教えやすく獲得しやすそうな課題を一緒に考えたり，課題を一緒に選んだりといったサポートを行うと良い。参加者は家庭で自分が立てた課題を実施して記録をとり，次のセッション時にはその記録をもとにスタッフやグループで見直しを行う。この演習の中では課題数を多くこなすことよりも，1つでも成功体験を積んでもらうことが目標となる。家庭での記録をもとにスタッフを交えたグループで話し合うことで，課題が成功したか否かだけではなく，うまくいったときやいかなかったときの違いや工夫について共有し，お互いにアイデアを出し合うことができる。

　グループワークは，このほか日頃の悩みや地域の情報を交換したり，サポートブックや支援グッズを作ったりなど，参加者のニーズによって柔軟に設定する。

4　ペアレントトレーニングの課題

　松尾ら（2012）は我が国のPT実施者を対象にして，実施環境や実施内容，運営する際の課題等について質問紙調査を行った。結果，PTは33機関中32機関でグループによる連続講座として実施されており，子どもの診断名は多様で対象年齢段階はほとんどが小学生以下であった。また実施者が感じる課題としては「通常の業務に加えてPTを実施する上での時間的負担」，「スタッフ養成と確保」「参加者からの質問への応答が困難などの専門性を高める研修の不足」などが挙げられた。

　多くの機関ではPT専門のスタッフを雇用することは困難であり，既存の職員がPTを勉強し実践に取り組むことになる。しかしながら，効果的なスタッフ養成の研修プログラムの提供が未だ遅れているため，多くの職員は自力で取り組まざるを得ない現状にあるといえる。

　式部ら（2010）は，兵庫県内3ヵ所の保健機関において就学前の発達の気になる子どもの親を対象に，保健師をグループ演習のファシリテーターとしたPTを実施した。その際，保健師スタッフに対してはグループ演習のマニュアルを作成し，事前と事後に研修を行っている。結果，参加した親の不安尺度の得点が有意に低減し，プログラムの

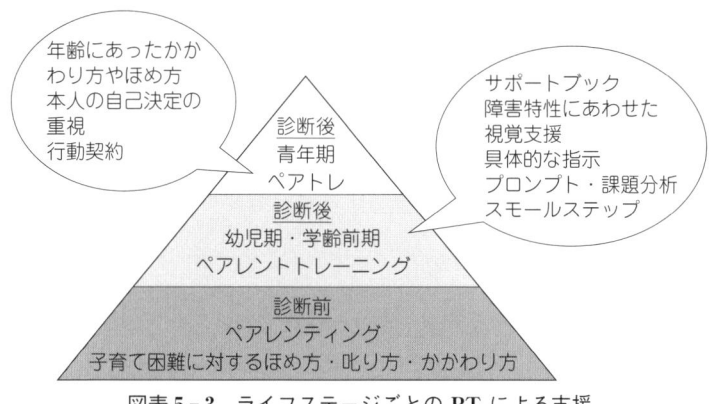

図表5-3 ライフステージごとのPTによる支援

年齢にあったかかわり方やほめ方
本人の自己決定の重視
行動契約

診断後
青年期
ペアトレ

サポートブック
障害特性にあわせた視覚支援
具体的な指示
プロンプト・課題分析
スモールステップ

診断後
幼児期・学齢前期
ペアレントトレーニング

診断前
ペアレンティング
子育て困難に対するほめ方・叱り方・かかわり方

（出所）井上（2012）．

効果とともに，スタッフ研修に対しても肯定的な評価を得ている。

　PTを運用するメインのスタッフについては高い専門性が求められる。PTの参加者である親のニーズは多種多様であることに加え，参加者の特性に配慮しつつ疑問やニーズに的確に応え，共感的に寄り添いながら共に考えていくことが求められる。したがって，PT実施者の身につけるべき基本的な知識としては，①発達障害の特性と基本的な支援の理解と技能，②親の子育てのストレスや心理状態に対する理解と技能，③行動変容法（ABA）に対する理解と技能，④カウンセリングに対する基礎知識と技能に加えて，⑤PTのプログラムや運用に関する理解が必要であろう。必要な経験としては，発達障害支援の経験だけでなくPTへの参加体験やグループワークの演習経験があること，最低1クールのスーパーバイズを受けることが望ましいと考える。リーダーとなる職員の異動によってPTが実施できていた機関においても実施が困難になっているケースもあり，スタッフ養成についてはスタッフの異動を考慮した継続性が求められる。

　現在，様々なPTプログラムが提唱されており，新たに始める地域でどのような選択をしていけばよいかという問題もある。それぞれの専門家や研究機関が各々のPTプログラムの共通性と特徴についての共通理解を深めるとともに，プログラムの共通のプラットホーム部分について検討していくことが重要である。さらに次のステップとして共通のプラットホームを学べるカリキュラムを作成し，その上にかぶせる形で様々な応用プログラムや技法のバリエーションを学習できるような，汎用性のある効果的なスタッフ養成プログラムを開発・実施することがPTを広く定着させるために必要であると考える。

　最後にライフステージに沿ったPTの発達的連続性について述べる。PTの参加者の子どもの年齢段階によるバリエーションとして井上（2012）は確定診断前のハイリスク児をもつ親を対象とした「ほめる子育て」を学ぶペアレンティング，診断後に障害特性に基づいた具体的なかかわりや療育を学習できるPT，加えて思春期におけるかかわり方を学ぶPTを挙げている。親の支援ニーズは子どもの年齢によっても大きく変化する。特に反抗や拒否など大人との関わり方が大きく変化していく思春期の子どもをもつ親を対象にしたPT（松尾・井上，2012）では，年齢相応のほめ方／しかり方や行動契

約，認知行動療法による親自身のストレスマネジメントなど，親子関係の「編み直し」を中心とした内容にシフトしていくことが必要である。

　このようなライフステージごとのPTによる家族支援システムと既存の地域にある各年齢段階の本人支援プログラムとを組み合わせていくことにより，支援の連携や継続性が保たれPTの効果の維持と発展という課題を克服できるのではないかと考える。

参考となるリソース

Brookman-Frazee, L., Stahmer, A., Baker-Ericzen, M. J., & Tsai, K. (2006). Parenting interventions for children with autism spectrum and disruptive behavior disorders: Opportunities for cross-fertilization. *Clinical Child and Family Psychology Review*, **9**, 181-200.

井上雅彦・野村和代・秦基子（2008）．子育てが楽しくなる5つの魔法　アスペエルデの会

井上雅彦・吉川徹・日詰正文・加藤香（2011）．発達障害の子どもをもつ親が行う親支援　学苑社

井上雅彦（2012）．自閉症スペクトラム（ASD）へのペアレントトレーニング（PT）　発達障害医学の進歩　**24**　診断と治療社

Kaminski, J. W., Valle, L. A., Filene, J. H., & Boyle, C. L. (2008). A meta-analytic review of components associated with parent training program effectiveness. *Journal of Abnormal Child Psychology*, **26**, 567-589.

松尾理沙・野村和代・井上雅彦（2012）．発達障害児の親を対象としたPTの実態と実施者の抱える課題に関する調査　小児の精神と神経，**52**(1)，53-59.

松尾理沙・井上雅彦（2012）．思春期の発達障害児を持つ親のためのペアレント・トレーニングプログラムの開発　発達研究（発達科学研究教育センター紀要），**26**，185-190.

上林靖子・齋藤万比古・北道子（2003）．注意欠陥/多動性障害―AD/HDの診断・治療ガイドライン―　じほう社．

式部陽子・橋本美恵・井上雅彦（2010）．保健士を中心とした発達の気になる子どものペアレント・トレーニングの試み　小児の精神と神経，**50**(1)，83-92.

U. S. Department of Health and Human Services (2009). Parent Training Programs: Insight for Practitioners. Atlanta.: Centers for Disease Control.

　　　　　　　　　　　　　　　　　　　　　　　　　　　　　　　　　（井上雅彦）

2) トリプルP

1　トリプルPとは

英文の名称を Positive Parenting Program と言い，頭文字が３つのPであることから，トリプルPと呼ばれている。日本語では，前向き子育てプログラムと呼ばれている。

子育てに必要な情報をわかりやすく簡潔にまとめ，実行することによりすぐに成果が出るように工夫されているパッケージである。容易にできる方法を活用して，日常生活に変化をもたらすことにより，子どもが変化し，親の心身の健康が良好となる。方法の内容はいわゆるペアレントトレーニングの技術と言われているものと共通部分が多い。変化や効果が確実となるように工夫されていると言える。

コアとなるプログラムは，８週間に及ぶ現在のレベル４グループトリプルPと呼ばれているものに近いが，オーストラリアのクイーンズランド大学で1978年に確立された。効果が科学的に証明され学術誌に掲載されたのが1981年，そしてこのコアプログラムはオーストラリア国内の様々な地域の家族に応用されていった。1993年トリプルPという名称が与えられ，子どもの行動の問題の程度に対応した５段階の介入レベルが設けられ，それぞれの有用性が科学的に証明されていった。５段階の介入を地域全体のシステムと捉えた取り組みがオーストラリアで2005年から始まり，2008年にはアメリカでこのような地域レベルの介入が効果的であることが初めて科学的に証明された。トリプルPはこのように様々な概念を伴うものであるが，家族への介入の内容といった側面を中心に紹介してゆきたい。

2　プログラムの目的

トリプルPは，特定の行動に注目し取り組みながらも，親はこれにより子育てのほとんどの局面に前向きに取り組め，高い応用力を身につけることができる。プログラムの主眼は家庭，学校，地域社会における問題の予防と，子どもがのびのびと育つための家庭環境作りにある。

3　理論的背景

数多くの理論がそのベースにある。

行動科学に基づく行動療法を子どもと家族に対して行ってゆく。具体的な対応法には行動科学の理論に基づくものが数多く盛り込まれている。

子どもの行動が好ましいものになってゆくことを，発達が促され，良い習慣を身に着

けてゆく一環と捉える。様々な要因や人的環境が子どもの発達に影響を及ぼすという発達心理学の論理をベースとして，子どもの発達を促すことを基本の一つに位置付けている。さらに，子どもの行動への影響を危険因子と防御因子に分けることから始まって，子どもの行動への好ましい対応をはじめとした子どもに良い環境を与えてゆこうとする考え方の基礎には発達病理心理学の理論がある。

　プログラムでは，子どもの問題行動についてモニターを行う。問題の起こる前何があったか，問題があってそのあと何が起こったかということを観察して記録する。問題行動の性質や親がどのように関わったかが整理され，解決策につなげやすくなる。このような，応用行動分析の理論も組み込まれている。

　子どもの問題行動の起こるわけを親が意識していない好ましくない行動を子どもが見て真似している場合があると伝え，子どもの良い行動を促す子育て技術に，よい手本を示すという一項を設けている点は，社会学習モデルの理論に基づいている。

　トリプルPでは，親が自己統制を起こすことを大きな主眼としている。親は自分で目標を決め実行してゆく。そして，適切な手段や方法で，思考，感情，行動，注意を調節してゆく。これを，子育て技術を自分のものにしてゆく過程と位置付けている。

4　プログラムの実施方法

（1）対象と指導者

　一般的なプログラムの対象は0歳から12歳までの子どもの親である。ティーントリプルPは，12歳から16歳までの親を対象とし，障害児の親を対象としたステッピングストーンズトリプルPのような特化型のプログラムも用意されている。

　トリプルPの認定指導者（ファシリテーターもしくはプロバイダー等と呼ばれている）の養成講座は，国際的に共通な内容でよく開発されており，獲得される技術の質が保証されている。それぞれのトリプルP認定指導者のトレーニングコースは，参加者の上限を20名とし，レベル4の標準トリプルPコースは，3日間の講義と実習となるトレーニングと，それに続いて4-6週間あとに，2つのグループに分かれて行う1日間の認定試験が行われる。

　養成講座の講師を行うものをトレーナーと呼んでおり，この養成方法は厳格である。臨床心理の学位を有し，創始者であるサンダース教授から直接の講義を2週間うけ，試験に合格した者がトレーナーになれる。トレーナーは，常に最新の情報のアップデートを受け，定期的にトレーナー会議に出席することを義務付けられている。このようにしてトレーナーの資質が保たれ向上されている。

（2）リソース

　養成講座開催時に受講者に配られるものは，指導者用マニュアル，両親に見せるビデオテープ，家族のワークブック，そして，養成講座の間作業して書き込むトレーニングノートである。

家族が用いるものは，レベル4（複数の問題行動がお互いに影響し合って複雑化しているケースの介入）の場合のワークブック，レベル3（単一の問題行動を扱う介入）の場合の，前向き子育ての内容を解説したブックレット，子育てのヒントのしおりであるチップシートなどである。家族の用いるものは，プログラムを行う際に必要になった時点でファシリテーターが注文して入手する。

（3）プログラム構成

　前向き子育ての内容を講義形式で伝えるレベル2セミナートリプルPは，90分を3回，単一の問題行動を扱うレベル3プライマリケアトリプルPは個別の20分の介入を1週間ごとに4回，複数の問題行動がお互いに影響し合って複雑化しているケースの介入のためのレベル4グループトリプルPは，2時間のグループセッションが5回と20分の電話の個別セッションが3回，計8週間である。レベル5は，レベル4終了時にさらに必要と判断された場合，追加で60分のセッションを2，3回行う。内容は必要性に応じて適宜選択される。テレビや新聞などのメディアを用いてトリプルPの認知を高める介入は，レベル1と位置づけられている。

（4）プログラムの実施方法

　トリプルPは，子育ての基本や技術を伝えていく。古くから開発されている基本形であるレベル4グループトリプルPの内容が好例となるので，この育児講座の内容に沿って解説したい。

〈1週目（前向き子育ての5原則，問題行動の起こるわけ，行動記録）〉

　1週目の2時間で，まずはじめに学ぶのは，前向き子育ての5原則である。前向き子育てにとって重要な5つの基本的なポイントは，子育て技術を学ぶ前に確かめておく土台であり，この基本姿勢の理解の上に技術を積み上げることができる。

1. 子どもにとって安全な環境を作る　子どもが自らの関心に従ってのびのびと行動することができ，親も子どもの行動を禁止することが少ない利点がある。
2. 子どもが積極的に学べる環境を作る　子どもが求めてきたときに教えてあげられる環境のことである。
3. 一貫性のあるしつけ　子どもの要求に振り回されない筋の通ったしつけである。どのようにすればいいかは，プログラムから学べる。
4. 現実的な期待　現実に合わない期待からくるストレスを避けることができる。
5. 親としての自分を大事にする　子育てというエネルギーのかかる活動を支える基礎として，この点を押さえている点は極めて重要である。

　1週目のセッションの中では，さらに，子どもの困った行動がなぜ起こるかのからくりが解説される。問題行動の原因について，親は一般的に第3者から指摘されるよりも，親自身が気づく方が受け入れやすい。問題行動の要因を知ることで，劣等感や不安を感じる懸念があるが，プログラムでは，そのような否定的な感情を最小限に抑える。要素

は多かれ少なかれすべての家庭に有ることをグループで共有することにより，それが可能となる。親が困ったと感じるような子どもの行動にうまく対応してゆくには，それがなぜ起こるかを知っていることが助けになる。

　子どもはある行動をしてよいことが起これば，それを繰り返せばよいのだと学ぶ。駄々をこねられて親が折れれば，駄々をこねたことで子どもにとって良いことが起こるので，駄々をこねればうまくいくのだということを子どもは学び，そういった行動が増強されてしまう。こういったからくりを知っていて，駄々をこねることでよいことが起こらないように工夫すれば，そういった行動は収まる。

　人の行動は，対立したストレス状況にあってエスカレートしていくという傾向がある。そういうものだということを理解して，それに陥らないように工夫しようとすると，解決の手口は見つかりやすくなる。子どもに手を挙げてしまうのは，たいていこのように感情がエスカレートした状態である。プログラムではこれに対する対処法を伝える。

　1週目に取り上げる3つめの課題は変化への目標と行動の記録である。増やしたい行動や減らしたい行動をワークブックに書くが，目標自体は，達成可能な具体的なものとする。プログラムが始まった時点で行動の記録をする意義は深い。その行動が本当に有るのか，行動に対する自分自身の反応はどうなのか，行動はいつどのようにして起こるのか，などを知ることができる。また，記録をすることで，行動に変化が起こっているか，目標を達成したかを知ることができる。起こった時間や前後の状況，親の対応を各タイプのもの，一日に何回起こったかをモニターするタイプのものなどがある。このように，充分準備することで，2週目以降習う技術を有効に使ってゆける。どのような技術を使うと適切なのかを自分で判断する材料として生かすことができるからである。記録は，あまり負担にならない，続けられる程度とすることも伝える。

〈2週目（発達を促す10の技術）〉

　発達を促す10の技術は好ましい行動を学ぶ上で効果的であると同時に，問題行動に対応する7の技術のバックアップとしても重要である。子どもの問題行動を解決したくて参加した親は，「問題行動に対処する方法」を学びたいと思っているが，まず，好ましい行動を促す技術の方を学ぶ。そうすると，好ましい行動を行っている時間帯が増え，相対的に問題行動が減っていることを実感することが多い。

　10の技術のうち，3つは，子どもとの建設的な関係を作る3つの技術，好ましい行動を育てる3つの技術，そして新しい技術や行動を教えるための4つの技術である。

　子どもとの建設的な関係を作る3つの技術の一つに，「良質の時を共有する」がある。求めてきたときに充分受け入れられていることを伝えることで，親子で素敵な時間をもつことである。ごく短時間でよいから頻回のほうが良いとされている。ほんの一瞬でも，親子が素敵と感じられる時間があれば，成功である。たとえば半日という長い時間親子が良い時間を共有しなければならないと思うと，それはお互いにとってとても負担になる。短時間でもよくて，むしろタイミングが大事だというコツは，親子関係を楽にする。

　好ましい行動を育てる3つの技術のうち，代表的なものは「描写的にほめる」である。漠然とその子をほめるのではなくて，何か好ましいことをしたときその行動が良かった

図表 5-4　トリプル P の 17 の技術

子どもの発達を促す 10 の技術	子どもの問題行動対応のための 7 の技術
・子どもとの建設的な関係を作る技術 1. 子どもと良質の時を共有する 2. 子どもと話す 3. 愛情を示す ・好ましい行動を育てる技術 4. 子どもをほめる 5. 子どもに注目している気持を伝える 6. 一生懸命になれる活動を与える ・新しい技術や行動を教える技術 7. 良い手本を示す 8. 適時を利用して教える 9. 聞く，説明する，やってみる 10. 行動チャートを使う	・子どもの問題行動対応のための 7 つの技術 1. わかりやすい基本ルールを作る 2. 決まりを破った時の会話による指導 3. 意図的に計画された無視 4. はっきり穏やかな指示 5. 道理として起こる結果を分からせる 6. 問題行動のためのクワイエットタイム 7. 深刻な問題行動のためのタイムアウト

のだということを伝える。そういうことで子どもはどうするのが良いかを，比較的容易に学ぶことができ，好ましい行動が促される。

　新しい技術や行動を教えるための 4 つの技術のうちの代表的なものは，行動チャート，すなわち何か良い行いをしたときにシールなどを貼って，それが増えてゆくのを楽しみに良い行いや習慣を促してゆく。ペアレントトレーニングの技術としてよく使われるものの一つである。

　セッションが終わると宿題が出るが，トリプル P では特にある技術を指定した宿題という出し方はしない。どれを使ってみるかを親に決めてもらうのもトリプル P の特徴で，主体性を育てることを狙っている。一度にたくさん学ぶので，一つ一つの技術の教え方が簡単になっているような印象をもたれることもあるが，応用する段階で，技術の使い方が適切であったかを充分にフォローするので，最初の説明はこれで充分であるといえる。説明自体も，親にわかりやすく伝わるような文言が工夫されているので，効果的に習得できる。

〈3 週目（問題行動に対処する方法，しつけのルーティン）〉

　3 週目のセッションで伝える問題行動に対処する 7 つの技術は，問題行動をいわばやり過ごすための方策である問題行動がひとしきり終わった後，好ましい行動が出てきたときにバックアップしてそれをほめることこそ重要である。いわゆるペアレントトレーニングによく取り上げられている技術と共通のものも多く，好ましくない行動の結果を示す，無視する，指示の仕方，そしてタイムアウト，等がそれに当たる。

　3 週目のセッションではこれに引き続いて，しつけの手順を伝える。これは，いくつかの技術を組み合わせて，問題行動が起こったときの対応の流れのパターンを身につけるものである。対応の流れが分かっていることで，問題が起こったときに，冷静を保つことができる。また，手順によって問題行動が収まったときに，元の状況に戻して好ましい行動が出るのを促す事にも特徴がある。

〈4 週目（サバイバルチップ，ハイリスクな状況に備える）〉

　4 週目のセッションでは，家で子どもと過ごすヒント，サバイバルチップを伝える。

週一度の電話セッション3回を含めた4週間の間，自宅で技術を試し続けることになるので，家で過ごすうえで重要な，注意事項を伝えるわけである。サバイバルチップの内容の主なものは，自分を大切にすることである。それは，助けを得たり休みを取るなどして，無理のないように過ごす方法である。

さらに，4週間分の宿題となるハイリスクの状態に備える計画された活動に取り組む準備をする。親が子育てのほとんどの局面に前向きに取り組むことのできる応用力を身に着けることを狙っている。この応用力の育成に大きい比重をかけているのがトリプルPの特徴である。ハイリスクな状況とは，スーパーマーケットに買い物に行く，パーティーに出席するなどである。ハイリスクな状況に焦点を当てると，学んだ技術を多様に活用するチャンスとなる。ハイリスクの状況下で多数の問題が解決されると，日常生活の変化が効率的に引き出せる。これによって，親も子どもも大きく変わる。この活動においては，親が自分で行う部分が多く設けられているので，親の問題解決能力を育てることができ，親の自信につながる。

〈5，6，7週目（育児技術の家庭での応用）〉

5，6，7週目には電話セッションを行う。一回20分間である。会談は構造化されている。子育て技術の応用や計画された活動がうまくできたらそれを評価してほめ，うまくいかなかったら，どのような改善策がありうるかを親と一緒に考える。親にテキストの参照ページを探すことを促しながら，親自身が，解決策を探すのを助ける。

〈8週目〉

宿題をやる毎日から，元の生活に戻ることについて触れる。宿題はなくなるが，元の状態に戻るのではなく変化が維持されることを伝える。起こった変化を確認し，変化を維持するにはどんな工夫がいるか，変化の維持を妨げる要因に対して，どのような対応があるかなどを伝える。

トリプルPは，このように子どもの行動に対応する個々の技術を習得すること自体に最大の力点があるわけではなく，学んだ技術をもとに応用力をつけるといった総合的な支援となることに力が入れられていることがわかる。これらを親にわかりやすく伝えてゆけるように，セッションでファシリテーターが親に語ることはすべて，内容がマニュアルにシナリオ化して記載されている。

ステッピングストーンズトリプルPは，障害をもつ子どもの親のために開発されており，前向き子育ての原則が2つ多い7つ，発達を促す技術が4つ多い14個，問題行動に対応する技術が4つ多い11個となっている。技術を継続させる時間も若干レベル4グループと異なっている。

5 評価と今後の課題

トリプルP効果は，実際に書いてもらう行動記録の変化からも判定できるが，標準化された尺度によって，介入の前後の変化を確認することで評価をより確実なものとして

いる。評価に用いられる尺度として親の感じる子どもの問題行動には Eyberg Child Behavior Inventory（ECBI），子どもの良い面と扱いの難しさには Strength and Difficulties Questionnaire（SDQ），親の対応の特徴には Parenting Scale（PS），親らしさには Being a Parent Scale（BPS），親としてどんな問題があるかには Parent Problem Checklist（PPC），夫婦関係には Relationship Quality Index（RQI），不安，抑うつ，ストレスには Depression Anxiety Stress Scale Scales（DASS）が用いられる。

　これらの評価指標を用い，プログラムの基本形は，複数の地域集団で効果が証明されている。そのかなりが，無作為対象介入試験のデザインを取っている。日本の地域での実績も，効果が証明された学術論文が増えてきている。自閉性スペクトラム障害の児の親に障害児の親向けのステッピングストーンズトリプルＰを行って効果を証明した報告も出た。

　地域レベルでの比較介入研究の主なものは米国サウスカロライナで行われた。人口5万人程度の18のカウンティを，地域特性で調整して9つの介入地域と9つのコントロール地域に分け，介入地域には5段階すべてのトリプルＰを行い児童虐待が予防できることが証明された。

　現在抱えている課題に関しては，日本でトリプルＰの真価が発揮される程度まで地域と密着して行われている事例に乏しいことであると言える。

参考となるリソース

　日本における情報提供は NPO 法人トリプルＰジャパン（http://www.triplep-japan.org/）が行っている。レベル4グループトリプルＰと，ステッピングストーンズトリプルＰが全国各地で随時行われている。その予定は，NPO 法人トリプルＰジャパンのホームページでも公開されている。プログラムの習得には，年数回行われる養成講座を受講する。NPO 法人トリプルＰジャパンが主催し，北海道から九州まで各地で養成講座が開催された。ファシリテーター養成講座を受講し認定試験に合格した場合，オーストラリアにあるトリプルＰインターナショナルから資格の認定証が交付される。

Fujiwara, T., Kato, N., & Sanders, M. R. (2011). Effectiveness of Group Positive Parenting Program (Triple P) in changing child behavior, parenting style, and parental adjustment : An intervention study in Japan. *J Child Fam Stud*, **20**, 804-813.

石津博子・益子まり・藤生道子・加藤則子・塩澤修平（2008）．前向き子育てプログラム（Positive Parenting Program ; Triple P）による介入効果の検証　小児保健研究，**67**(3), 487-495.

加藤則子・柳川敏彦編（2010）．トリプルＰ　前向き子育て17の技術　診断と治療社

Prinz, R. J., Sanders, M. R., Shapiro, C. J., Whitaker, D. J., & Lutzker, J. R. (2009). Population-based prevention of child maltreatment : the U. S. Triple p system population trial. *Prev Sci*, **10**(1), 1-12.

Sanders, M. R. (1993) *Every Parent : A positive approach to children's behavior.* Addison-Wesley Publisher.

　（サンダース M. R., 柳川敏彦・加藤則子（監訳）（2006）．エブリペアレント　読んで使える

「前向き子育て」ガイド　明石書店）

Sanders, M. R. (1999). Triple P-Positive Parenting Program: towards an empirically validated multilevel parenting and family support strategy for the prevention of behavior and emotional problems in children. *Clin Child Fam Psychol Rev.* Jun, **2**(2), 71-90.

Sanders, M. R., Markie-Dadds, C., Tully, L. A., & Bor, W. (2000). The triple P-positive parenting program: a comparison of enhanced, standard, and self-directed behavioral family intervention for parents of children with early onset conduct problems. *Consult Clin Psychol.* Aug, **68**(4), 624-640.

柳川敏彦・平尾恭子・加藤則子・上野昌江・山田和子・北野尚美・家本めぐみ・梅野裕子・白山真知子・上村信恵・村田浩子・清水里美・藤田一郎・中島範子・久野千恵子（2012）．自閉症スペクトラム障害の子供の家族のためのペアレント・プログラムの実践―グループ・ステッピングストーンズ・トリプルPの効果について　子どもの虐待とネグレクト，**14**(2)，135-152.

Zubrick Stephen R., et al. (2005). Prevention of child behavior problems through universal implementation of a group behavioral family intervention. *Prevention Science*, **6**(4), 287-304.

（加藤則子／柳川敏彦）

3）NAS アーリーバードプログラム：NAS EarlyBird Programme

1　NAS アーリーバードプログラムとは

　NAS アーリーバードプログラム（以下，アーリーバードプログラム）は，自閉症スペクトラム障害（ASD）と診断された就学前の子どもの親を支援する，3ヵ月間の早期介入プログラムである。

　アーリーバードプログラムは英国自閉症協会（The National Autistic Society：NAS）によって開発され，英国サウス・ヨークシャーにある，NAS アーリーバードセンターを本拠地としている。1997年に試験的に実施された後，1998年より本格的に開始した。

　アーリーバードプログラムはまず，子どもが診断された直後の親に ASD についての正しい情報を提供し，親が子どもを理解することを援助する。それから，子どもの発達を最大限に伸ばすことを助ける実践的な方法を紹介する。ASD をもつ子どもと生活を共にする，親の自信を育むことを重んじている。

2　プログラムの目的

　アーリーバードプログラムは親の養育能力と自信を育てることを通して，子どもを支援することを目指している。

（1）子どもの診断直後から就学までの間，親を支援する

　子どもの診断を受けた直後，親は余りのショックにブラックホールに突き落とされた感覚に陥ると言われている。アーリーバードプログラムは混乱と悲しみに打ちひしがれている親が路頭に迷わぬように，診断後できるだけ早い時期に ASD についての正しい情報と適切な養育方法を提供し，支援することを目指している。

　親は情報や支援を渇望するものの，周りの人々から様々なアドバイスを受け，混乱してしまいがちである。アーリーバードプログラムは ASD についての正しい情報や，効果があると言われている様々な養育方法を1つのパッケージとして提供するので，親の理解や習得を容易にする。加えて，プログラムは短期間の，比較的費用のかからない，侵入的でないものであるので，参加する親の負担は少ない。

（2）親を力づけて，子どもを肯定的に理解することを促す

　ASD の子どもの多くは定型発達の子どもの発達状況と異なっており，独特な方法で世界を体験している。そのため，一般に適切とされている養育方法を試してみても効果がないことがしばしばある。また，ASD をもつ子どもにみられる，社会性やコミュニ

ケーション，行動の特異性は，周囲からの理解を得ることが難しい。甘やかしている，子どもの行儀が悪いなどと，親が非難されることは少なくない。親は社会から孤立し，支援を得ることが難しく，ASDをもつ子どもと一緒に生活することに絶望感と多大なストレスを抱えてしまう。

　アーリーバードプログラムは親に自閉症についての知識を提供するだけではなく，自分の子どもの自閉症について正しく理解することを助ける。そして，ASDをもつ我が子と過ごすために役立つスキルを増やすことを支援する。つまりは，親が自分の生活をコントロールする力を与える。

（3）できるだけ早い時期に，親が適切な養育方法を身につけることを援助する

　子どもの年齢が小さいうちから，親が効果的な養育方法を身につけることができると，問題を最小限に防ぐことが可能となる。その結果，親は多くの成功体験を積み上げ，自信を持って子どもを支援することができる。

　"アーリーバード"というプログラムの名前は，鳥が朝早く起きて害虫を食べ，私たちが快適に暮らせる環境を提供してくれることに由来している。

3　プログラムの理念

　アーリーバードプログラムは親との協力関係が不可欠であると考えている。子どもがASDと診断された直後の親には，自分が1人ではないと実感することや，先には光があるという希望を与えられることが必要である。

　グループセッションを通して，親は他の親と一緒に学び，そして他の親から学ぶ機会を得ることができる。"同じ船に乗り合わせた仲間"として体験を共有する。グループ皆と共に進んでいくことは親に大きな力を与え，親の自己肯定感を支える。

　●親と共に進める

　　プログラムを進行するプレゼンターも仲間の一員であり，親と経験を共有する。そのため，プレゼンターはASDをもつ人たちと関わった経験のある専門家であることが求められる。プレゼンターの役割は，できるだけ専門用語を用いずに親と知識や専門的なスキルを共有し，親が問題を解決する力を促すことである。

　　セッションは構造化されたものであるが，話されることは家族の個人的なことであり，それぞれのグループの個性が尊重される。プレゼンターは現在のグループの実例をふんだんに取り上げ，グループの関心やニーズに合わせた内容を織り交ぜながら進める。

　●グループダイナミクスを促す

　　グループセッションは形式ばらない，居心地の良い，ユーモアあふれる雰囲気作りを心がける。自由に意見を述べたり質問をしたりすることを奨励している。グループ

ダイナミクスを重視し，小グループやグループ全体で話し合う時間を十分にとり，互いを支え合うことを大切にしている。他の参加者への肯定的なコメントや建設的な提案，そして経験談は専門家のアドバイス以上に強力である。このような体験の共有は，意見を述べた親にも，話を聞いた親にも利益が生まれ，それぞれの自信や意欲を高める。プレゼンターは親同士や親自身の気づきを大事にし，その時点で親が理解していることを認め，必要以上のアドバイスは控える。

4 理論的背景

アーリーバードプログラムは折衷的なアプローチをとっている。ASDをもつ子どもに対して，これまで実践されてきた優れた方法の寄せ集めで構成されている。プログラムの枠組みはヘイネンプログラムを基にしており，内容にはTEACCHの氷山モデル，STARアプローチ，視覚支援，構造化，PECS，などが盛り込まれている。NASが提唱しているSPELLの枠組みも大事にしている。SPELLは，S：Structure（構造），P：Positive（肯定 approaches and expectations），E：Empathy（共感），L：Low arousal（刺激の少ない），L：Links（つながり）の頭文字をとったものである。

5 プログラムの方法

（1）対象とプレゼンター

プログラムの対象は，就学前までのASDをもつ子どもの親である。4～6家族で実施し，1家族2人までの大人が参加可能である。親の1人はできるだけプログラムを通して出席するように勧め，両親の参加を奨励している。親以外の養育者（祖父母など）の参加も認められている。

プログラムはプレゼンター2人がチームとなって進行する。プレゼンターは，NASアーリーバードセンターが提供しているトレーニングコースに参加し，ライセンスを取得した専門家——自閉症を対象とした実務経験をもっている，教師や心理士，言語療法士など——である。

ライセンストレーニングコースは1999年に開発され2000年よりNASアーリーバードセンターにて定期的に提供されている。2014年4月時点，ライセンス保有者は2000人以上存在する。最も多いのは英国であり，次にアイルランド，デンマーク，ニュージーランドと続いている。

アーリーバードプログラムはNASアーリーバードセンターの他，地方自治体が地域への公共サービスとして英国内外の各地で実施している。ライセンスチームは現在300以上存在し，13000以上の家族にプログラムを提供している。

日本では2011年より民間の医療機関である，まめの木クリニックがプログラムを開始している。

図表5-5　ペアレントブック（右：日本語版　まめの木クリニック，2011）

（2）プログラムで使用する教材

プレゼンターはアーリーバードプログラム・トレーニングマニュアル（初版 Shields, 1999）に沿ってプログラムを進める。セッションではパワーポイントやアーリーバードプログラム・ビデオ（初版 Shields, 1999）を使用する。

プログラムにおいてビデオは重要な役割を担っており，ふんだんに使用される。アーリーバードプログラム・ビデオを使い，親のインタビューや親子の遊びが紹介される。同じグループの参加者だけでなく，過去の参加者からも多くを学ぶことができる。また，家庭訪問のビデオクリップを通して参加者それぞれの子どもを紹介したり，ビデオフィードバックにより自分の子どもへの対応を客観的に観察したりする。自閉症をもつ人たちによって制作された，「A is for Autism」（Webb, 1992）という DVD を観る機会も設けている。当事者本人が感覚の問題など，周りの世界の感じ方や過去の体験を語っており，親が自閉症を理解するためにとても役立っている。

参加者にはテキストとして，アーリーバードプログラム・ペアレントブック（以下，ペアレントブック／初版 Shields, 1999）（図表5-5）が配布される。

ペアレントブックはプログラムの参考資料として利用されるものであり，プログラム中にもプログラム終了後にも役に立つ情報や事例が載っている。各セッションに対応した内容で構成されており，グループセッションで使用するワークシートも含まれている。

教材はプレゼンターと参加者のみ使うことが許可されており，出版されていない。

（3）プログラムの枠組み

プログラムは週1回のグループセッション8回（各回2時間半）と，個別の家庭訪問4回を組み合わせて作られている（図表5-6）。プログラム終了3ヵ月後にはフォローアップが実施される。フォローアップは，参加者の多数決により，グループセッションと個別の家庭訪問のどちらかで行う。

（4）プログラムの内容

アーリーバードプログラムは親が自分の子どもを"どのようにして（HOW）"支援することが最善であるのかを特定するために，子どもが"なぜ（WHY）"他の子どもと違う行動をするのかを理解していくことを大切にしている。

アーリーバードプログラムでは，親が子どもの発達を最大限に伸ばすことを助ける，3つの要素に焦点を当てている。3つの要素は，より合わさった縄のようにお互いを支え合い，プログラムを通して流れている。

図表5-6　プログラムの枠組み

```
プログラム前の家庭訪問
  セッション1　自閉症
  セッション2　自閉症とコミュニケーション
  セッション3　子どもと一緒に取り組む
家庭訪問A　人との遊び（ピープルゲーム）
  セッション4　視覚支援と構造
  セッション5　問題を防ぐ＆遊びのルーティンの発展
家庭訪問B　遊びのルーティン
  セッション6　行動を理解する
  セッション7　行動を管理する―A
家庭訪問C　親が選んだ活動
  セッション8　行動を管理する―B
3ヵ月後のフォローアップ
```

① 自閉症を理解する

最初に，親は「三つ組（Triad of impairment）」（Wing, 1996）や感覚の問題，周りの世界をどのように体験しているのかなど，定型発達の子どもとは異なる，自閉症の子どもの特性を正しく理解する。一般的な自閉症を理解するのではなく，自分の子どもの自閉症を理解することに重きを置いている。

ASDの子どもは定型発達の子どもとは異なる発達の道筋をたどることが多く，また周りの世界を独特な方法で体験している。そのため，一般的な養育方法とは異なる方法が必要となることがある。ASDをもつ子どもの発達を伸ばすためには，まず行動の背景にある特性を理解することが重要である。子どもの特性を正しく理解することにより，適切な問題解決の方法が自ずと導き出され，問題行動を減らすことや防ぐことが可能となる。

自閉症の子どもの特性を知ることは，彼らは"なぜ"コミュニケーションが難しいのかを理解することを助ける。そのため，アーリーバードプログラムではコミュニケーションについて説明する前に自閉症に焦点を当てる。

② コミュニケーションを促進させる

コミュニケーションを促し，相互のやりとりを築くために，親がどのように自分のコミュニケーションを調整したら良いのか具体的な方法（ことばを減らす，反応を待つ，など）を学ぶ。

話しことばよりも非言語コミュニケーションに注目し，注意の共有や代わりばんこ，コミュニケーションに視覚支援を取り入れることを奨励する。

子どもの問題行動は彼らが"どのように"コミュニケーションをしたら良いのかわからないので起こっていることが多い。そのため，アーリーバードプログラムでは行動の管理について説明する前に，コミュニケーションに焦点を当てる。

③ 行動を管理する

　親が子どもの行動を分析することを援助する。TEACCH の氷山モデル（iceberg metapher）（Schopler, 1995）や，STAR アプローチ（Zarkowska & Clements, 1994）といった構造を使って，行動の機能や引き金を探る。子どもの問題行動を未然に防ぐために視覚支援を用いることや，適切な行動を促すための実践的な戦略を学ぶ。

　プログラムはアーリーバード ラーニングサイクル（The NAS EarlyBird Learning Cycle）に沿って，「導入」「説明」「使う」「応用する」の4つの流れで進められる。

● グループセッション

　グループセッションではパワーポイントやビデオなど，多様な視覚支援を最大限に使用している（図表5-7）。各セッションは講義（「導入」「説明」）と，2～4人の小グループやグループ全体での話し合い（「使う」「応用する」）とで構成されている。2人のプレゼンターが進行し，それぞれが分担したテーマを代わる代わる紹介する。セッションの終わりには，学んだ内容を家庭で家族と共有し，ペアレントブックのワークシートを利用して検討するように促す（「応用する」）。

　親がリラックスして参加できるように，毎回飲み物とお菓子を用意する。セッションの間には15分間の休憩を設けている。プレゼンターは退出し，親同士の交流を大切にする。

　プログラムは始め，自閉症の特性を理解することに重きを置いている。子どもが"なぜ（WHY）"そのような行動をするのか，行動の背景を理解するために多くの時間を費やす。それを土台にして，子どもの行動を"どのようにして（HOW）"支援したら良いのかを特定していく。セッション7と8では，参加者の子どもの問題行動について参加者同士で話し合い，解決方法を考える。

　セッション中には，"WHY ボード"と"HOW ボード"という2つのボード（図表5-8）が常に提示されている。学んだ内容のキーワードを，その都度ボードに加えていく。WHY ボードには自閉症の特性，例えば，"社会的相互性"や"字義通りの理解"などが加えられる。HOW ボードには役に立つ支援方法，例えば，"プロンプトを使う"や"計画と根気"などが加えられる。講義や話し合いの際に視覚支援として，いつでも参照できるようになっている。

　講義には ASD をもつ子どもの世界や，子どもへの効果的な対応方法をわかりやすく示すための工夫がなされている。視覚支援が役立つことを説得力のあるものにするために，例えば，初回のセッションでは名札と机それぞれに対応させた色シールを貼っておき，プレゼンターの案内なしに席についてもらう。親はプレゼンターの指示がなくても，色のマッチングに従って自発的に適切な席に着くことができるという体験をする。他のグループセッションでは，時間通りに着席したご褒美として何種類かのおやつの中から好みを選んでもらう。その後，好みは人それぞれであり，同様に ASD をもつ子どもも好みが異なり，さらに特別な好みがある子どももいることを説明する。子どもの活動へ

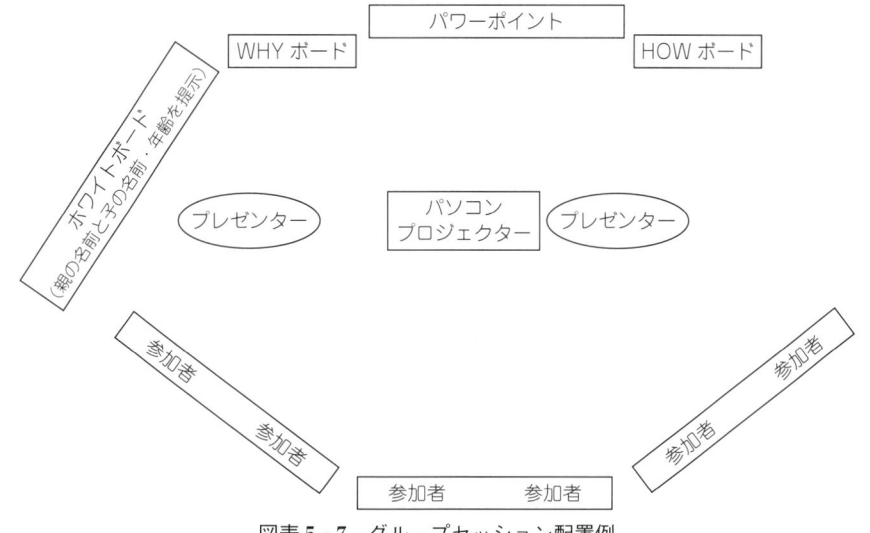

図表5-7 グループセッション配置例

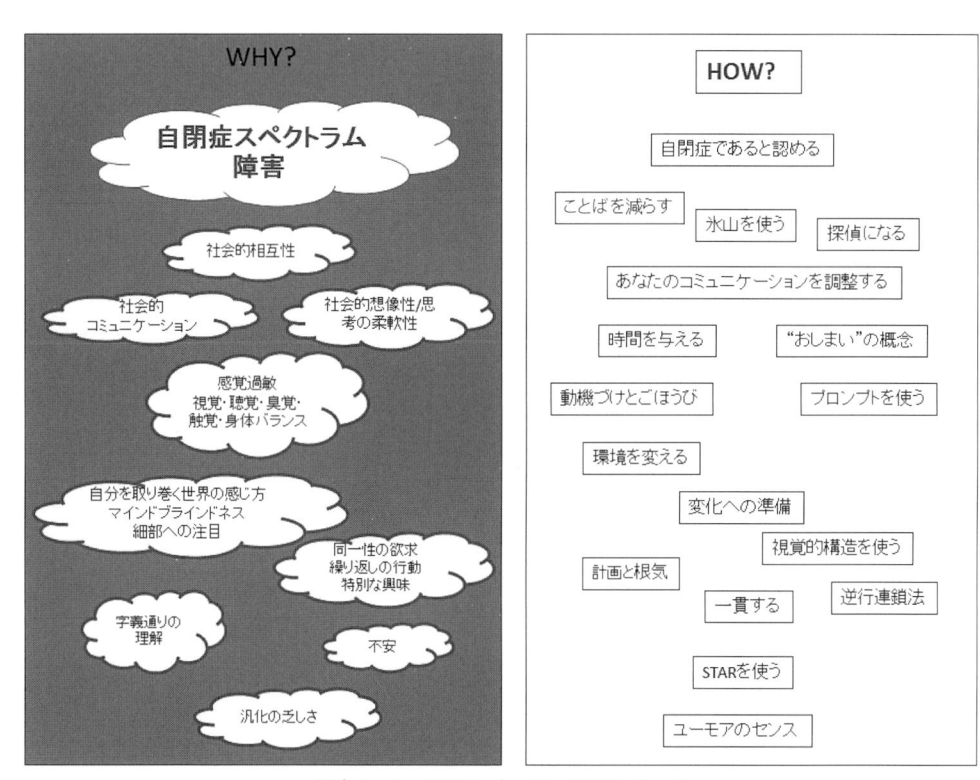

図表5-8 WHYボード・HOWボード

の動機づけとなるご褒美を考える際の参考になる。

　また，プレゼンターがそれぞれ親役と子ども役を実演し，参加者はそれを見て話し合い，学ぶ時間を設けている。例えば，プレゼンターがこれまで学んだテクニックを使って親がコントロールしている遊びと，そうではない遊びの2種類の実演を提示し，どちらの遊びが，なぜ上手くいったのかを参加者に話し合ってもらい，考えを共有する。それを参考にして，次回の家庭訪問で行う，親子の遊びの計画を立てる。

グループセッションで学ぶ主な内容は，以下の通りである。
- 自閉症の人たちは世界をどのように体験しているのか
- コミュニケーションの定型発達・コミュニケーションが発達する条件・コミュニケーションをする理由
- 子どもの学びを助けるテクニック（次に起こることを順番に言う，子どもが考える時間を与える，など）
- なぜ視覚支援を使うのか，どのように視覚支援を使うのか
- 問題行動（こだわり，かんしゃく，トイレなど）について，「氷山」と「STAR」を使って解決方法を考える。

● 個別の家庭訪問

　家庭訪問では親子の遊びをビデオに撮影し，その場でビデオフィードバックすることと，これまでのセッションについての感想を聞いたり質問を受けたりすることを行う。個別の相談に応じることもある。グループセッションのプレゼンター2人，または1人が約1時間訪問する。

　ビデオの撮影とビデオフィードバックはアーリーバードプログラムにとって，なくてはならない要素である。そして，アーリーバードプログラムはグループセッションと個別の家庭訪問とのつながりを重要視している。グループセッションで皆と学んだ知識やテクニックを，家庭で自分の子どもに応用してみることはまた，親の養育能力や自信の向上を支える。

　プログラム前の家庭訪問では，自分の子どもを他の参加者に紹介するために，親子の遊びを撮影する。ビデオクリップを通して参加者それぞれの子どもに"会う"ことができ，ASDをもつ子どもに様々なタイプがあることを知る機会にもなる。

　家庭訪問A～Cのビデオに撮影する親子の遊びは，直前のグループセッションで話し合いながら綿密に計画する。子どもが楽しめる遊びを構造化し，代わりばんこなどのやりとりをする機会を作る。遊びを3～4分撮影し，その場でビデオフィードバックをする。大切であるのは子どもの遊びが成立するかどうか（成果）ではなく，親の行動や反応（過程）に焦点を当てることである。親が自分と子どもとのやり取りを客観的に観察して自己評価し，自信をもつことが最大の目的である。プレゼンターは親自身が上手く行ったところや，さらに発展できそうな部分に気づくように促すことを目指す。ビデオは1分～1分30秒に編集され，次のグループセッションで共有される。親は互いの進歩を認め合い，互いに学び合う。

　家庭訪問Aでは，「人との遊び（ピープルゲーム）」を撮影する。おもちゃなどを使わずに，手遊び歌やくすぐりっこなど，親と子どもとの二者間の注意の共有を必要とする，触れ合い遊びを選ぶ。家庭訪問Bでは「遊びのルーティン」を撮影する。既存の遊びやおもちゃを使うことにはこだわらず，子どもが楽しめるものを使った，三者間の注意の共有を必要とする遊びを選ぶ。家庭訪問Cでは親が選んだ活動を撮影する。最後のセッションで共有し，親は互いの成功を祝福し合う。

6 プログラムの実際

セッション1の一部を，流れに沿って紹介する。

セッション1　自閉症より
① 自閉症とは何か？
・「導入」YES-NO クイズ
　参加者それぞれに YES と NO と書かれた2枚のカードを配る。プレゼンターはクイズカードに書かれている，自閉症について世間一般に言われていることを読み上げる（「脳に関係した発達障害である」「悪いしつけのために起こる」など）。参加者は，それが真実（YES）だと思うか，迷信（NO）だと思うか，カードを挙げて示す。プログラム開始時点での親の理解を確かめ，次の自閉症の「説明」につなげていく。

・「説明」
　パワーポイントを使用して，YES-NO クイズの問いを一つ一つ確認していきながら，自閉症や三つ組，自閉症スペクトラム障害について説明していく。ローナ・ウィングの著作「自閉症スペクトラム」（Wing, 1996）からの引用文も紹介する。
　WHY ボードに学んだキーワード，"社会的相互性" "社会的コミュニケーション" "想像力/思考の柔軟性" を加える。

・「使う」
　小グループで，自分の子どもの自閉症スペクトラムの特徴について話し合う。その際，ペアレントブックのワークシートを参考にする。ワークシートには三つ組の特徴の具体的な行動が挙げられており，現在と過去に見られたかどうかをチェックする欄が設けてある。その後，グループ全体で話し合い，共有する。

・「応用する」
　家庭でワークシートをチェックしながら，自分の子どもの三つ組の特徴について家族と検討し，共有する。

---

7 アーリーバードプログラムのエビデンス

　NAS はアーリーバードプログラムの開始時期から，プログラムの評価を継続している。ライセンス保有チームにはプログラム終了後，出席簿や，参加した親全員が記入したプログラム終了後およびフォローアップ後のアンケートを NAS へ送ることが義務付けられている。
　プログラムの開発にあたり，Hardy（1999）により予備研究が行われた。その結果，

プログラムに参加した親はストレスが減り，コミュニケーションを調整して，子どもにことばを減らして話すようになり，子どもをより肯定的に理解するようになった，ということが認められた。Shields & Simpson（2004）はより大規模な研究を行い，アーリーバードセンターにおいて実施されたプログラムの効果と，ライセンス保有チームによって実施されたプログラムの効果を調べた。両者共に予備研究と同様の効果が認められたことにより，ライセンス保有チームがプログラムを実施しても効果が維持されることが示された。さらに，両者共に子どものコミュニケーションや日常生活スキル，社会性の発達が促されていたことも報告された。Stevens & Shields（2013）はプログラムの前後にアンケートを実施し，最新の評価研究を行った。この研究においても結果に変わりはなく，プログラムが親にとって役に立つものとして受け取られていることが確認された。

　多くの地方自治体のライセンス保有チームによる研究においても，アーリーバードセンターによる公式の評価研究と同様の効果が認められた。Engwall & MacPherson（2003）は，スコットランドのグランピアン州において，予備研究の検証を行った。その結果，自閉症についての正しい知識や理解が親の自信を高め，問題行動を防いだり行動を管理したりするために実践的な戦略を使うことを増やしていることが確認された。加えて，親のストレスが減ったことも報告された。英国サリー州議会は，親は自閉症について理解を深め，自閉症のための戦略を増やすことができ，プログラムに参加して非常に役に立ったと感じている，と報告した。プログラムで学んだことを基にして，親が問題解決の力を高め，自信を持つことができたことも強調した。その他，地方自治体の教育機関の研究（Clubb, 2012）は，親がプログラムに参加して良かった，と評価していることを重視した。自閉症をより理解することができ，効果的な対応方法が増え，孤立感が減ったという結果も報告された。

　日本においては，アーリーバードプログラムの実践と評価を始めたばかりである。
　まめの木クリニック・発達臨床研究所は，参加した親によるプログラムの評価を報告した（森田・庄司・寺村・上林，2013；庄司，2014）。ほとんどの親が自閉症の理解を深め，子どもとのコミュニケーションの方法が変わったと答えており，プログラムを他の親に勧めたい，と述べていた。また，子どもの対応方法の幅が広がり，子育てに自信をもてるようになった，と答える親も多かった。グループセッションの講義やビデオの中で，具体的なやり取りの方法や参加者の例を提示することは，自分にもやれるのではないかと前向きに取り組むことを励まし，自分にもやれたという自己評価を高めたことが示された。そして，紹介された方法にとどまらずに，このプログラムが親自ら問題解決の方法を考える力を伸ばす手助けをしていることも推測された。他の親と一緒に参加したことについては，「安心して話をすることができた。」「心の拠り所になった。」「子育ての共感ができて嬉しかった。」「自分とは違う視点やアイデアが参考になった。」などの好意的な感想が寄せられた。家庭訪問でのビデオ撮影は日本の文化において抵抗を示す親が多いと危惧されたが，とても役に立ったという高い評価を得た。「自分と子どもとのやり取りや遊び方，子どもの様子を客観的に見ることができた。」「家での親子の様

子を見てもらえて良かった。」「ビデオ撮影は緊張と多少のプレッシャーはあったが，そのおかげで子どもときちんと向き合うことができた。」などの意見が挙げられた。

このプログラムが今後，日本においても普及していくことを期待している。

8　アーリーバード プラス プログラム：NAS EarlyBird Plus Programme について

NAS アーリーバードセンターでは，診断が遅れたためにアーリーバードプログラムに参加できなかった ASD をもつ子ども（英国では4〜8歳）の親を支援する3ヵ月間のプログラム，NAS アーリーバードプラスプログラム（以下 アーリーバードプラス）を2003年に開発し，開始している。2004年より，アーリーバードセンターにおいてライセンストレーニングコースが定期的に提供されている。

基本的に親のためのプログラムであるが，教師などの専門家の参加を認めており，親と専門家両者の自信を育てることを支援する。

アーリーバードプラスは家庭と学校に焦点を当て，子どもと一緒に活動する大人が最大限に一貫性をもつことを目指している。親と専門家がチームとなり，情報や計画を共有し，一緒に問題解決することを促す。アーリーバードプログラムの枠組みを使用しているが，子どもの年齢が上がるにつれて必要となる，社会適応のための支援（ソーシャルストーリーズなど）や兄弟姉妹への援助，移行（場所の移動や年次の移行など），その他の内容が追加されている。

参考となるリソース

Clubb, M. (2012). An evaluation of EarlyBird and EarlyBird Plus over seven years: The benefits of parents and school staff being trained together. *Good Autism Practice Journal*, **13**, 69-77.

Engwall, P. & Macpherson, E. (2003). An evaluation of the NAS early bird program. *Good Autism Practice Journal*, **4**(1), 13-19.

Hardy, S. (1999). *An evaluation of the national autistic society's early bird program: Early intervention in autism through partnership with parents*. Middlesbrough.: University of Teesside.

森田美加・庄司敦子・寺村景子・上林靖子（2013）．アーリーバードプログラムを用いた ASD をもつ幼児への発達支援　第一報　第54回日本児童青年精神医学会総会抄録集.

Shields, J., (2000). The NAS EarlyBird Programme: autism-specific early intervention for parents. *Professional Care of Mother and Child*, **10**(2), 53-54.

Shields, J., (2001). The NAS EarlyBird Programme: Partnership with parents in early intervention. *Autism*, **5**(1), 49-56.

Shields, J., & Simpson, A. (2004). The NAS EarlyBird Programme: preschool support for parents of children with autistic spectrum disorder. *Good Autism Practice Journal*, **5**(2), 49-60.

Stevens, J., & Shields, J. (2013). Does attending an NAS Earlybird or Earlybird Plus programme make a difference? *Good Autism Practice Journal*, **14**(2), 82-89.

庄司敦子（2014）．ASDの早期療育 アーリーバードプログラムの概要と臨床実践 第55回日本児童青年精神医学会総会抄録集．

Schopler, E.（ed）（1995）． *Parent survival manual : A guide to crisis resolution in autism and related developmental disorders.*　New York, NY : Plenum Press.

Webb, T.（2012）．　DVD *"A is for Autism"*

Wing, L.（1996） *The autistic spectrum : A guide for parents and professionals.*　London : Constable.
（ウィング，L.　久保紘章・清水康夫・佐々木正美（訳）（1998）．自閉症スペクトル―親と専門家のためのガイドブック　東京書籍）

Zarkowska, E. & Clements, J.（1994）．　*Problem Behaviour and People with Severe Learning Disabilities : The S.T.A.R. Second edition.*　London : Chapman & Hall.

まめの木クリニック：http://mamenoki-clinic.com/
　　まめの木クリニックのホームページである。アーリーバードプログラムを実施している。2015年よりアーリーバードプラスプログラムを開始している。

NAS EarlyBird Centre：www.autism.org.uk/earlybird
　　NAS アーリーバードセンターのホームページである。アーリーバードプログラム，その他のプログラムの概要や，ライセンス取得のための研修などについても掲載されている。

〈森田美加〉

4）More Than Words プログラム

1　More Than Words プログラムとは

　More Than Words プログラム（以下，More Than Words）は，自閉症スペクトラム障害（ASD）児の親のためのヘイネンプログラムの一つであり，家族に焦点を当てた早期介入プログラムである。ヘイネンプログラムとは，1975年にカナダのトロントに政府出資の非営利団体として設立されたヘイネンセンターで開発する一連のプログラムの総称である。ヘイネンプログラムは，子どもが他者との相互作用を重ねることにより言葉発達が促されるという理論的立場に基づき，親が子どもに対して応答的であることを学ぶならば，子どもが日常生活においてコミュニケーションを行う機会を作り出すことができると考えられている。More Than Words は，言語遅滞児の親のためのヘイネンプログラムである It Takes Two to Talk を，1999年に，ASD 児とその親のニーズに合わせて作り変えられたものである。

　More Than Words では，ASD 児がもつ独特のニーズに依拠しつつ，子どものコミュニケーションの可能性を十分に発揮させるのに必要な手段，方略，支援が親に提供される。それにより，子どもがコミュニケーションスキル，ターンテイキングによる社会的相互作用，言語理解を高めることができるように親をエンパワーしていく。

2　プログラムの目的

More Than Words には，以下の3つの目的がある。

(1) 親の教育

　More Than Words は，ASD 児の親を教育することによって，ASD 児の社会的コミュニケーションを促すことを目的としている。親が，子どもの社会的コミュニケーションを促す技術を学ぶことによって，家庭において，日常生活の中で親が子どものコミュニケーションスキルを高めていこうとするものである。具体的には，次の教育が行われる。

　最初に，親が自分の子どもの感覚選好，学習スタイル，コミュニケーションの方法と理由を調べ，子どもの行動を理解することから始める。次に，コミュニケーションや言語の基礎知識を学ぶ。その内容は，①共同注意の重要性，そして，共同注意がコミュニケーション発達に与える影響，②遊びの役割，③コミュニケーションすることを子どもに動機づけるために環境を操作する必要性，④相手との相互作用に子どもが能動的に参加していく重要性などである。

そして，More Than Words が設定するコミュニケーションの4つの発達段階，すなわち，オウンアジェンダ段階，リクエスター段階，早期コミュニケーター段階，パートナー段階を学び，自分の子どものコミュニケーションがどの段階に相当するかを理解する。また，段階ごとに設定された目標に合わせたコミュニケーションの方略を試みる。

（2）コミュニケーションへの介入

親は，More Than Words で，コミュニケーションの基礎知識と介入方法を学び，それを日常生活の中で我が子に実践していく。

More Than Words では，介入をするための沢山の具体的な方略が提案されている。それらの基本は，親子の相互作用の中で，親が応答的方略を適用していくことである。子どものコミュニケーション段階に合わせた目標を設定し，それに到達するための方略を考える。ただし，その目標は，子どもの進展に合わせて随時変更されていく。効果的な介入は，親子の相互作用に自然に溶け込むように，親は文脈に沿って柔軟に方略を適用することにある。ビデオフィードバックのセッションでは，親は，親子相互作用における自分の行動を修正し，そして方略を相互作用にどのように適用すればよいかを理解することができる。これは，結果的に，子どもにコミュニケーションスキルを習得する機会を沢山提供することにつながる。

（3）親への社会的サポート

More Than Words では，言語療法士から受ける社会的サポートと参加者の親から受けるサポートの両方が受けられる。言語療法士は，グループリーダー，療育者，コーチ，カウンセラーなど多くの役割を果たす。一方，参加者は，同じ状況に置かれた者同士の経験を共有することによって，相互に社会的サポートを提供する。

3 プログラムの理念

More Than Words には，下記に示す ASD 児への介入における普遍的要素が組み込まれている。
- 介入は，幼少期早期から集中的に行う。
- 親は，子どものパートナーとして，また主体者として，介入に参加する。
- 介入は，コミュニケーションと遊びに対して行う。
- 介入は，明確な目標を設定し，子どもの個別プロフィールに基づいて行う。
- それらを成し遂げるためには，体系的アプローチが必要である。

4 理論的背景

More Than Words は，言語獲得のための社会語用論に基づいている。それは，コミュニケーションが，子どもと社会的環境である大人との相互作用の文脈において発達

すると考える理論である。したがって，親子の相互作用によって，コミュニケーション発達は促進もすれば，抑制されることにもなる。それは，子どものコミュニケーション能力と子どもが示す行動に親がどのように応答するかで決まる。More Than Words で教えられる方略は，日常生活において自然に生起する親子の相互作用を通して子どもの社会的コミュニケーションスキルを強化することに焦点があてられている。親は，子どものコミュニケーションや言語発達を促すための重要な存在と見なされ，日常生活における子どもとの関係に応答的な相互作用の方法を取り入れ，環境を操作することによって，子どもの社会的コミュニケーションと言語スキルを促進する。

このように，プログラムの理論的枠組みは，社会語用論的アプローチに依拠しているものの，応用行動分析に基づいた方略も多く取り入れられており，自然主義的子ども中心プログラムと行動主義的プログラムの折衷的立場をとっている。すなわち，日常生活での自然なアプローチにおいて言葉を機能的に用いる機会を設けていく中で，応用行動分析のスモールステップによる活動が組み入れられている。また，現在，ASD 児の早期介入として実践されている最善の方法が取り入れられている。すなわち，ASD 児の学習を高めるために，愛着，視点取得，構造化，視覚的サポートを利用している。

5　プログラムの方法

（1）対象と指導者

プログラムの対象は，5歳以下の ASD 児の親である。1プログラムにつき8家族までの親グループを作り，実施する。指導者は，ヘイネンセンターで専門の訓練を受けたヘイネン認定言語療法士あるいは心理療法士であり，通常，クリニックか早期療育センターで行われる。認定療法士の所在地は，カナダおよび米国が中心であるが，それ以外の世界各国にも点在しており，そのリストはヘイネンセンターのホームページで公開されている。

（2）プログラムで使用する教材

ヘイネンセンターでは，More Than Words のために，親にも専門家にも使いやすい教材を提供している。それは，親用ガイドブック，DVD，詳細なリーダーガイドなどである（「参考となるリソース」を参照）。

More Than Words を実施する際に，親用ガイドブックと DVD を使用する。ガイドブックは，ヘイネンセンターにより，1999年に初版（Sussman, 1999），2012年に第2版（Sussman, 2012）が出版されている。このガイドブックには，More Than Words の方略のすべてが網羅されており，親が日常生活で子どもに対してどのように相互交流すればよいかがイラストつきの事例を交えて詳しく書かれている。

また，DVD は，ガイドブックの内容に対応しており，親子の実生活の映像から実際のやり方を学ぶことができる。

（3）プログラム構成
　プログラムの目標は，日常生活で子どもとの相互作用が適正に行えるように，親が障害や発達の知識を学び，実践的なトレーニングを行うこと，さらには，プログラム修了後も親が子どもを支援していけるようにすることである。そのため，プログラムは，①アセスメント，②グループトレーニング，③個別のビデオフィードバックの3つから構成されている。

① アセスメント
　プログラム実施前に，親子相互作用のアセスメントとビデオ撮影を行う。

② グループトレーニング
　プログラムを実施するにあたって，最大8家族のグループが編成される。トレーニングは，全部で7セッションあり，その延べ時間は17.5時間以上である。グループトレーニングのセッションは，ガイドブックとDVDを使って行われる。ガイドブックをもとに，親は，自分の子どもの独特の学習スタイルと感覚優位を学び，子どもの行動を理解する。また，コミュニケーションや言語の発達の基礎を学ぶことにより，自分の子どものコミュニケーション段階を把握し，子どもの段階に合わせた相互作用ができるようにする。また，DVDでは，実際の親子の相互作用のモデルが示され，親はそれを見てやり方を学ぶ。

　プログラムで学ぶ主な内容は，次の通りである。
- 子どもが学ぶための最善の方法とコミュニケーションの動機づけ
- 子どもが一定のやり方で行動する理由とその行動を増減する方法
- 親が知っている子どもの情報を使って具体的目標を決める方法
- 子どもとより長くそしてより意味ある相互作用を行う方法
- 子どもの理解を助けるために絵やプリントを使うときのヒント
- 子どもが理解できるように話すためのヒント
- 子どもの遊びスキルを向上させる方略
- 子どもに友達を作る方法

③ ビデオフィードバック
　個別のビデオフィードバックを1家族につき3セッション行う。担当の言語聴覚士が親子の相互交流の様子をビデオで撮影し，ビデオに映された相互作用を見て，親と言語聴覚士で話し合う。

　親は，プログラムで学んだ子どもとの相互作用の方法を日常生活に適用していくが，ビデオフィードバックのセッションは，それらの日常生活の相互作用をチェックする機能をはたしている。ビデオフィードバックのセッションでの言語療法士との話し合いによって，親は子どもとの相互作用をどのように修正していけばよいかを理解する。それは，家庭の日常生活での親子の相互作用に反映され，子どものコミュニケーションスキルの向上につながっていく。

6 プログラムの内容

主なプログラム内容を以下に示す。

① 自分の子どものコミュニケーションを知る

　最初に，親は自分の子どものコミュニケーションについて以下の項目についてチェックし，自分の子どものコミュニケーションの状態を把握する。

(1) 子どもの好き嫌い

　子どもが好きなことを知ることが，子どものコミュニケーションの動機づけを知ることにつながる。たとえば，家中を走り回ることが大好きな子どもがいたら，走ることを利用してコミュニケーションを図っていく（図表5-9）。

(2) 子どもの感覚選好

　子どもの感覚特性を観察し，固有感覚，触覚，聴覚，視覚，嗅覚，味覚に対する過敏あるいは鈍麻をアセスメントする。またそれが行動にどのように表れているかを評定する。例えば，音に対する過敏性の評定を図表5-10に示す。自分の子どもの感覚選好を知って，それに合わせたコミュニケーションをしていく。

(3) 子どもが使っているコミュニケーション方法

　主なコミュニケーション方法としては，

- 泣き叫ぶ
- 興味をもっている人の横に行く
- ジェスチャーや表情を使う
- 欲しいものに手差しする
- 欲しいものの所に他の人の手を持っていく
（クレーン行動）（図表5-11）
- 欲しいものを見る
- 指さしをする
- 言葉を話す

などがあり，自分の子どもがどの方法を使っているか

図表5-9　家中を走り回ることが好きなベンジャミン

　子どもは音に過敏で，それを避ける。
　□ 耳をふさぐ
　□ 家電を使う時に泣き叫ぶ
　　（たとえば，皿洗い機，掃除機，ドライヤー）
　□ 優しい声で話すのを好む
　□ とっても小さな音を聞くことができる
　□ その他　_____

図表5-10　音に対する過敏性の評定

図表 5-11 クッキーが欲しいので大人の手を引っ張っている

図表 5-12 オウンアジェンダ段階の女児

図表 5-13 リクエスター段階の男児とその父親

を知り、それを使って親子の相互作用を展開する。

(4) 子どものコミュニケーション段階

子どもの相互作用の能力、コミュニケーションの方法と理由、理解力によって、コミュニケーション段階を4つに分ける。親は、自分の子どものコミュニケーション段階を査定する。

1. オウンアジェンダ段階（the Own Agenda stage）（図表 5-12）

この段階の子どもは、一人遊びを好み、親に関心がないように見える。子どもは、親にメッセージを送ることで、親に要求が伝わることを知らない。これは、前意図的コミュニケーション段階である。

2. リクエスター段階（the Requester stage）（図表 5-13）

この段階の子どもは、自分が行動することで親に何かを伝えられることを理解している。くすぐりっこやイナイイナイバーなどの遊びを好み、途中でゲームを止めると、親の顔を見て、もっと続けてやってほしいと要求することができる。

3. 早期コミュニケーター段階（the Early Communicator stage）

この段階では、身ぶり、発声、絵、単語を使って、親に自分の要求を伝えようとする。また、要求以外の理由でコミュニケーションすることが始まる。

4. パートナー段階（the Partner stage）

この段階の子どもはパートナーである親と簡単な会話ができるようになる。学校でしたことや誕生日に欲しいものなども話すことができるが、会話の内容が難しくなると途中で会話を止めてしまったり、慣れない場面では会話のルールを把握できない。

② 目標を立てる

前項までに調べた子どものコミュニケーションの方法や理由をもとに、子どもの目標を設定する。目標は、コミュニケーション段階ごとに4つの目標を立てる。

1. 親や他の人と相互交流する

図表 5 - 14　父親がベンジャミンを追いかけて遊んでいる

図表 5 - 15　父親がショーンの真似をして，机をスプーンで叩いている

2. 新しいコミュニケーション方法を取得する
3. コミュニケーションするための新しい理由を加えていく
4. 親が言っていることと子どもの世界で起こっていることを結びつけて理解する

　これらの目標の具体的内容は，コミュニケーション段階ごとに異なる。子どものコミュニケーション段階に合わせて具体化していくことが求められる。

③　コミュニケーションを促すための方略

　More Than Words で，提案されている様々な応答的方略を下に挙げる。実際の具体的内容は，コミュニケーション段階ごとに考える。

1. 子どもを中心にした方略
   - 子どもに従って行動する（図表 5 - 14，図表 5 - 15 参照）
   - 子どもを観察する，待つ，聞く
   - 子どもの目線にあわせて向かい合う
2. 相互交流を促す方略
   - ルーティンにおける相互作用を促す
   - 手がかりを与えて，やりとりを促す
   - 相互交流に持ち込んでから，子どもに従って行動する
3. 言語モデリング方略
   - （何かを言わせるために）子どもの行動をわざと邪魔する
   - 少ししか言わない（単純で，短い文章）
   - 重要な言葉を強調する
   - 話すペースを落として，子どもの応答を待つ
   - 繰り返して言う
   - 範囲を広げる

　これらのうち「子どもに従って行動する」を例にとって説明すると，これは，親が子どもを一方的に導くのではなく，親が子どもの興味や意図などに合わせて行動することを表している。子どもは，親が自分に合わせてくれることによって，無理なく注意や行動を親と共有することができる。具体的には，以下の方法が提案されている。

子どもの興味に合わせる方法（図表 5 - 14）：親が子どもに遊びを提案しても，子どもが無関心な場合は，親が子どもの関心に合わせていく。

例えば，ベンジャミンに追いかけっこをしようと誘っても，ベンジャミンは誘いにのってこなかった。そこで，父親は，ベンジャミンが走るのが好きなことを知っているので，ベンジャミンが走り回っている時に，それを自分から追いかけることで，遊びに変えた。

子どもの模倣をする方法（図表 5 - 15）：双方向コミュニケーションができない子どもでも，子どもがしていることを親が真似することによって，双方向コミュニケーションが可能になる。

例えば，ショーンは，大人の行動を真似することをしない。ある昼食の時に，ショーンは，スプーンで机を叩いた。父親は，ショーンの真似をして自分のスプーンで机を叩いた。すると，次にショーンは，スプーンで叩いた後に父親を見た。これは，「次は，パパの番だよ」とターンを返していることを表している。

7 More Than Words のエビデンス

More Than Words の効果が幾つかの研究によって検証されている。

McConachie, Randle, & Le Couteur（2005）は，ASD 児の親がプログラムに参加することによって生じる親と子ども双方の変化を調べた。その結果，プログラムに参加した親は，参加していない親に比べて，社会的相互作用を促す方略を多く使うようになっており，その方略の中で子どもへの応答性を増加させていた。また，プログラムに参加した親の子どもは，語彙量が増大したことが報告された。同様に，Girolametto, Sussman, & Weitzman,（2007）は，ASD 児とその親 3 組の事例研究によってプログラム参加による社会的相互作用の効果を調べたところ，概ね McConachie et al.（2005）を支持する結果が得られた。

Carter, Messinger, Stone, Celimli, Nahmias, & Yoder（2011）は，More Than Words に親が参加した場合（実験群）と，他の療育プログラムに親が参加した場合（統制群）を比較し，子どものコミュニケーションなどに対する親の応答性が強化されたか，そして，ASD 児のコミュニケーションが増加したかどうかを調べた。被験者は，ASD 児62名（平均月齢20.25ヵ月）とその親62名である。同じ基準になるよう実験群と統制群に分けられた。介入は12週行われ，3 時点で親の応答性と子どものコミュニケーションを測定した。その結果，プログラム終了時とその 4 ヵ月後に，実験群の親は統制群の親よりも応答性が高かった。これは，McConachie et al.（2005）の研究結果と一致している。また，子どものコミュニケーションでは，特に限定した玩具で遊ぶ子どもにおいて，プログラム修了から 4 ヵ月後に実験群が統制群よりも向上した。このことは，物への関心が低い ASD 児に有意な変化が生じたことを示している。

More Than Words の効果に関する主な研究は，上記の 3 つであるが，いずれも，親がプログラムを受講することによって，親の応答性と子どものコミュニケーションが向

上することを示しており，プログラムのエビデンスを検証したと言える。

参考となるリソース

Carter, A., Messinger, D., Stone, W., Celimli, S., Nahmias, A., & Yoder, P. (2011). A randomized controlled trial of Hanen's "More Than Words" in toddlers with early autism. *Journal of Child Psychology and Psychiatry*, **52**(7), 741-752.

Girolametto, L., Sussman, F., & Weitzman, E. (2007). Using case study methods to investigate the effects of interactive intervention for children with autism spectrum disorders. *Journal of Communication Disorders*, **40**, 470-492.

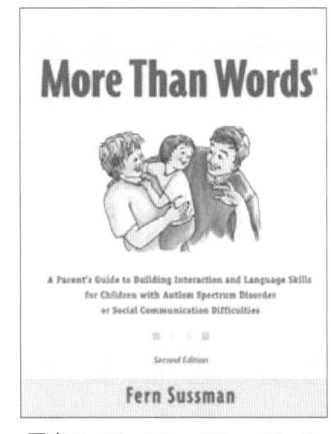

McConachie, H., Randle, V., & Le Couteur (2005). A controlled trial of a training course for parents of children with suspected autism spectrum disorder. *Journal of Pediatrics*, **147**, 335-340.

Sussman, F. (1999). *More Than Words*: A guide to helping parents promote communication and social skills in children with autism spectrum disorder. Toronto: The Hanen Centre.
More Than Words 初版のガイドブックである。

Sussman, F. (2008). *More Than Words*® DVD: *Promoting the communication development of children with autism spectrum disorder and other social communication challenges*. Toronto: The Hanen Centre.
More Than Words の初版と第2版のガイドブックに対応した DVD である。

Sussman, F. (2012). *More Than Words*®: *A parent's guide to building interaction and language skills for children with autism spectrum disorder or social communication difficulties. 2nd ed.* Toronto: The Hanen Centre.
More Than Words 第2版のガイドブックである（図表5-16）。

The Hanen Centre: http://www.hanen.org/Home.aspx
ヘイネンセンターのホームページである。他のプログラムとともに，More Than Words の概要が掲載されている。

図表5-16　More Than Words のガイドブック

（尾崎康子）

執筆者紹介（執筆順，執筆担当）

尾崎　康子（おざき・やすこ，相模女子大学人間社会学部，編者紹介参照）第1章，第2章1～3，4-2）②，4-3）③，第4章1～3，第5章1～3，第5章2-4）

三宅　篤子（みやけ・あつこ，国立精神・神経医療研究センター，編者紹介参照）第2章3-3）①

神尾　陽子（かみお・ようこ，国立精神・神経医療研究センター）第2章3 コラム

井上　雅彦（いのうえ・まさひこ，鳥取大学大学院医学系研究科）第2章3-1）①，第5章4-1）

稲田　尚子（いなだ・なおこ，東京大学大学院教育学研究科）第2章3-1）②

黒田　美保（くろだ・みほ，福島大学子どもメンタルヘルス支援事業推進室）第2章3-1）③

橋本　創一（はしもと・そういち，東京学芸大学教育実践研究支援センター）第2章3-1）④

広瀬　宏之（ひろせ・ひろゆき，横須賀市療育相談センター）第2章3-2）①

吉井　勘人（よしい・さだひと，山梨大学大学院総合研究部教育人間科学域）第2章3-2）コラム

長崎　　勤（ながさき・つとむ，実践女子大学生活科学部）第2章3-2）コラム

服巻　智子（はらまき・ともこ，大阪大学連合大学院小児発達学研究科）第2章3-3）①，3-3）③，3-4）①，3-4）③，3-4）④

吉田　仰希（よしだ・こうき，岩手県立盛岡みたけ支援学校奥中山校）第2章3-3）②

今本　　繁（いまもと・しげる，ABC研究所）第2章3-4）②

岩永竜一郎（いわなが・りょういちろう，長崎大学大学院医歯薬学総合研究科）第2章3-5）

トート・ガーボル（Toth Gabor，相模女子大学学芸学部）第2章3-5）コラム①

齋藤　雅英（さいとう・まさひで，日本体育大学体育学部）第2章3-5）コラム②

藤井　和枝（ふじい・かずえ，浦和大学こども学部）第3章1，2，3-1），3-2）

河内　美恵（かわうち・みえ，まめの木クリニック・発達臨床研究所）第4章4-1）

庄司　敦子（しょうじ・あつこ，まめの木クリニック・発達臨床研究所）第4章4-2）

上林　靖子（かんばやし・やすこ，まめの木クリニック・発達臨床研究所）第4章4-3）

森田　美加（もりた・みか，まめの木クリニック・発達臨床研究所）第5章4-2）

加藤　則子（かとう・のりこ，十文字学園女子大学幼児教育学科）第5章4-3）

柳川　敏彦（やながわ・としひこ，和歌山県立医科大学保健看護学部）第5章4-3）

編者紹介

尾崎康子（おざき・やすこ）
東京教育大学大学院教育学研究科博士課程単位取得退学
財団法人小平記念日立教育振興財団日立家庭教育センター主幹研究員，富山大学人間発達科学部教授を経て
現　在　相模女子大学人間社会学部教授　博士（心理学），臨床発達心理士スーパーバイザー，臨床心理士
著　書　『こころを育む楽しい遊び──2.3.4歳児における保育臨床の世界』（編著）ぎょうせい，2004.
　　　　『幼児の筆記具操作と描画行動の発達』風間書房，2008.
　　　　『よくわかる障害児保育』（共編著）ミネルヴァ書房，2010.
　　　　『ぬりえの不思議──心と体の発達に見るその力』（共著）ぎょうせい，2010.

三宅篤子（みやけ・あつこ）
東京大学大学院教育学研究科教育心理学専門課程博士後期課程満期退学
横浜市総合リハビリテーションセンター臨床心理士，同事業団戸塚地域療育センター通園係長，横浜市中山みどり園副園長，中央大学文学部兼任講師，帝京平成大学現代ライフ学部児童学科教授を経て，
現　在　独立行政法人　国立精神・神経医療研究センター　精神保健研究所児童・思春期精神保健研究部客員研究員／淑徳大学総合福祉学部実践心理学科兼任講師　臨床発達心理士スーパーバイザー
著　書　『発達障害とキャリア支援』（共著）金剛出版，2014.
　　　　ショプラーほか『自閉児発達障害児　教育診断検査　三訂版──心理教育プロフィール（PEP-3）の実際』（共訳）川島書店，2007.
　　　　ソールニア／ヴェントーラ『自閉症スペクトラム障害の診断・評価必携マニュアル』（共訳）東京書籍，2014.

乳幼児期における発達障害の理解と支援②
知っておきたい　発達障害の療育

2016年3月20日　初版第1刷発行　　〈検印省略〉

定価はカバーに表示しています

編著者	尾　崎　康　子
	三　宅　篤　子
発行者	杉　田　啓　三
印刷者	坂　本　喜　杏

発行所　株式会社　ミネルヴァ書房
〒607-8494 京都市山科区日ノ岡堤谷町1
電話代表（075）581-5191
振替口座 01020-0-8076

©尾崎，三宅ほか，2016　冨山房インターナショナル・藤沢製本
ISBN 978-4-623-07210-1
Printed in Japan

新しい発達と障害を考える本（全12巻）

学校や日常生活の中でできる支援を紹介。子どもと大人が一緒に考え，学べる工夫がいっぱいの絵本。AB判・各56頁　本体1800円

① もっと知りたい！　自閉症のおともだち
内山登紀夫監修　伊藤久美編

② もっと知りたい！　アスペルガー症候群のおともだち
内山登紀夫監修　伊藤久美編

③ もっと知りたい！　LD（学習障害）のおともだち
内山登紀夫監修　神奈川LD協会編

④ もっと知りたい！　ADHD（注意欠陥多動性障害）のおともだち
内山登紀夫監修　伊藤久美編

⑤ なにがちがうの？　自閉症の子の見え方・感じ方
内山登紀夫監修　伊藤久美編

⑥ なにがちがうの？　アスペルガー症候群の子の見え方・感じ方
内山登紀夫監修　尾崎ミオ編

⑦ なにがちがうの？　LD（学習障害）の子の見え方・感じ方
内山登紀夫監修　杉本陽子編

⑧ なにがちがうの？　ADHD（注意欠陥多動性障害）の子の見え方・感じ方
内山登紀夫監修　高山恵子編

乳幼児期における発達障害の理解と支援①

知っておきたい 発達障害のアセスメント

尾崎康子・三宅篤子編　B5判304頁　本体3500円

●よりよい支援のために適切なアセスメントを——。国内外で行われている乳幼児を対象にした発達障害のアセスメントの全体像と，各アセスメント・ツールの位置づけがわかるよう解説。障害ごとのアセスメントの特徴，ツール開発の経過，それぞれのツールの位置づけなどについて総合的に説明することで，背景理論の理解のもとに支援につなげることができる専門的知識を提供する。

ミネルヴァ書房

http://www.minervashobo.co.jp/